Bärbel Schön

Therapie statt Erziehung?

Bärbel Schön

Therapie statt Erziehung?

Chancen und Probleme der Therapeutisierung pädagogischer Arbeit

VAS

Bibliografische Information der Deutschen Bibliothek

Die Deutsche Bibliothek verzeichnet diese Publikation in der Deutschen Nationalbibliografie; detaillierte bibliografische Daten sind im Internet über http://dnb.ddb.de abrufbar.

Herstellung: VAS, Wielandstr. 10, 60318 Frankfurt am Main
Vertrieb: Südost Verlags Service GmbH, Am Steinfeld 4, 94065 Waldkirchen
Printed in Germany · ISBN 3-88864-405-4

Inhalt:

Einleitung

Meine Publikation „Therapie statt Erziehung“ erschien zum ersten Mal im Jahr 1989. Das dort beschriebene Phänomen der Verschiebung vom erzieherischen zum therapeutischen Deutungsmuster hat mich seitdem nicht mehr losgelassen. Der Band wurde 1993 in einer erweiterten Auflage noch einmal aufgelegt und ist inzwischen vergriffen. Die These der Verschiebung vom erzieherischen zum therapeutischen Deutungsmuster hat nach meiner Überzeugung nach wie vor ihre Gültigkeit. Ich habe ich mich aber nun entschlossen, den Band völlig neu zu bearbeiten und auch aktuellere Entwicklungen einzubeziehen.

Ich fokussiere vorhandene theoretische Ansätze, insbesondere Erkenntnisse, Methoden und Techniken aus dem Kontext der humanistischen Therapie. Meine Fragestellung lautet, ob und inwieweit solche Ansätze in das erzieherische Denken eindringen und erzieherisches Denken und Handeln verändern. Eingebettet in grundlegende gesellschaftliche Strukturveränderungen vollzieht sich ein Wandel in der Sichtweise der individuellen Entwicklung und der Einstellung zum Individuum. Die „Psychologisierung der Pädagogik“ (Reichenbach/ Oser 2002) wird hier vorrangig im Hinblick auf die Therapeutisierung der Pädagogik behandelt. Sie ist in den letzten fünfzehn Jahren deutlich vorangeschritten, zeigt sich nicht zuletzt auch im zunehmenden „konstruktivistischen“ und „systemischen“ Denken in der Erziehungswissenschaft.

In diesen oft geradezu als innovativ gefeierten Ansätzen gibt es neben einigen fruchtbaren Momenten viele banale Aussagen. Es gelingt dort allerdings häufig, durch eine Vielzahl kaum verständlicher hochtrabender Begriffe einen Nimbus von Wissenschaftlichkeit und Paradigmenwechsel zu erzeugen. Dieser beeindruckt offenbar viele, obwohl nur alter Wein in neue Schläuche gegossen wird und der Erkenntnisgewinn gegen Null tendiert.

Die Therapeutisierung der Erziehung konkurriert mit der Medizinisierung der Kindheit. Diese behauptet, Auffälligkeiten beim Kind seien Symptome einer Krankheit, die mit Medikamenten behandelt werden könnten oder müssten. Die Medizinisierung zeigt sich am deutlichsten in einem im letzten Jahrzehnt neu entdeckten Phänomen, der „Aufmerksamkeits-Defizit-Störung", kurz ADS oder ADHS (Aufmerksamkeitsdefizitsyndrom mit Hyperaktivität) genannt. Die Buchtitel, die sich damit beschäftigen, füllen meterweise die Bücherregale. Eine Fülle von Medizinern, Psychologen, Therapeuten und nicht zuletzt Eltern und Lehrer beschäftigen sich mit diesem Phänomen. Bis heute ist allerdings unklar, um was für eine Störung es sich hierbei handelt. Ist das Aufmerksamkeitsdefizitsyndrom eine Krankheit, eine – möglicherweise lebenslange – Behinderung, eine Beziehungsstörung in der Familie? Handelt es sich um ein gesellschaftlich bedingtes Syndrom, das mit der Modernisierung und der Beschleunigung unseres Lebensrhythmus zu tun hat? Vielleicht ist dieses Syndrom aber auch einfach nur eine clevere Marketing-Erfindung. Wenn die Kindheit selbst als Krankheit definiert wird, bedarf sie der kontinuierlichen pharmazeutischen Behandlung und eröffnet damit einen riesigen gewinnträchtigen Markt.

Meine Arbeit zeigt auf, dass sich in der gegenwärtigen gesellschaftlichen Entwicklung ein Prozess der Verschiebung vom erzieherischen zum therapeutischen Deutungsmuster vollzieht. Ich beschreibe, welche Veränderungen damit in Gang kommen und mit welchen Widersprüchen und Ambivalenzen dieser Prozess – insbesondere für die pädagogische Arbeit – einhergeht. Das Therapeutische wird heute zunehmend als ein eigenes Lern- und Entwicklungsfeld für professionelle Pädagogen definiert und akzeptiert. So wirbt z. B. der Junfermann-Verlag im Jahr 2003 für seine Bücher mit dem Slogan „Coaching für das Leben".

Wir befinden uns in einem Prozess, in dem die Psyche des Menschen von den unterschiedlichsten Gruppierungen her ein hohes

Maß an Aufmerksamkeit für sich beanspruchen kann. Mit Schlagworten wie „emotionale Intelligenz", „soft skills" oder „Bildung der Gefühle" (Dörr/ Göppel 2003) wird die Bedeutung eines angemessenen Umgangs mit Emotionen für Erfolg in Schule, Beruf oder Familie hervorgehoben.

Ohne intensive Auseinandersetzung mit verschiedenen psychiatrischen und psychotherapeutischen Paradigmen und - vielleicht noch wichtiger - ohne dass ich mich persönlich auf Selbsterfahrung und therapeutische Prozesse eingelassen hätte, wäre dieses Buch sicher nicht geschrieben worden. Es verdankt seine Existenz auch einer Krise meiner persönlichen wie beruflichen Entwicklung. Durch diese wurde ich herausgefordert, meine bisherigen persönlichen Erfahrungen, meine beruflich gewonnenen Erkenntnisse und Handlungskompetenzen und meine zukünftige Entwicklung neu zu überdenken. In diesem Zusammenhang habe ich vieles erfahren und gelernt, was in der wissenschaftlichen Ausbildung und den in der Hochschule gepflegten Arbeits- und Diskussionszusammenhängen als irrelevant gilt oder sogar tabuisiert ist.

Auch in der Lehrerausbildung stehen Theoriebildung und die empirische Erforschung von realen Erziehungs- und Bildungsprozessen im Zentrum. Ausbildung und systematisches Training von Kompetenzen insbesondere im Bereich des sozialen Lernens, des Umgangs mit Konflikten, der Gesprächsführung hingegen erfolgen relativ selten. Dass in der Lehrerausbildung neben Sachkompetenz auch Sozialkompetenz und Selbstkompetenz zum Tragen kommen sollten und dass eine Schulung in therapeutischem Denken und Sehen hierzu einen Beitrag leisten könnte, ist heute weniger umstritten als bei der ursprünglichen Veröffentlichung des Buches, hat sich aber bei weitem noch nicht durchgesetzt. „Selbsterfahrung" ist immer noch kein genuiner Bestandteil der Ausbildung.

An den Pädagogischen Hochschulen, die es nur noch in Baden-Württemberg gibt, haben Schulpraktika zwar eine große Bedeutung, doch auch dort steht die „technologische Bewältigung des Stundenhaltens" eher im Vordergrund als Fragen des eigenen Erlebens und dessen reflexive Bearbeitung. Um Ansatzpunkte für solche biographisch orientierten Kompetenzentwicklungen zu gewinnen, habe ich mich auf Lernprozesse eingelassen, die zunächst nicht auf berufliche Verwertungsinteressen bezogen waren. Zwar hatte ich eine vage Idee, dass das, was dort zu lernen ist, hilfreich sein könne, aber die Herangehensweise an Problemfelder war mir zunächst fremd. Ich habe dadurch wieder die Fähigkeit zurückgewonnen, mich grundsätzlich als Lernende zu begreifen und mich damit auch dem durchaus mit Angst besetzten Risiko auszusetzen, Fehler, Irrtümer und Schwächen einzugestehen.

Sich mit eigenen Schwächen und Stärken auseinander zu setzen, sich Fehler zu erlauben und sich auf das Risiko einzulassen, Neues auszuprobieren, halte ich inzwischen für eine stark vernachlässigte, teilweise tabuisierte Kompetenz für alle, die in lehrenden Berufen arbeiten. Solche Haltungen würden nicht zuletzt ermöglichen, die Schwierigkeiten, die Schüler in Lernprozessen mitunter haben, besser nachzuvollziehen und angemessener damit umzugehen.

Ich unternehme den Versuch einer ganzheitlichen Betrachtungsweise und der Grenzüberschreitung von meinem Metier, der Erziehungswissenschaft, hin zur (Psycho-)Therapie. Dies hat sicherlich Vor- und Nachteile. Als Vorteil sehe ich die ganzheitliche Betrachtung eines Phänomens. Auch wenn ich in der Psychotherapie nicht zu Hause bin, sehe ich mit dem Blick der Außenstehenden möglicherweise schärfer, was dem Insider unter der Brille von Routine und Gewohnheit verborgen bleibt. Als Nachteil vermerke ich, dass ich die fachwissenschaftliche Diskussion innerhalb der Psychologie und Psychotherapie nicht in allen relevanten Dimensionen nachzeichnen kann. Wer an letzterem interessiert ist, sei auf die entsprechende fachwissenschaftliche Literatur verwiesen.

Gruppenerfahrungen in verschiedenen Kontexten, zwei Jahre Ausbildung als „Psychodrama-Assistentin", Fortbildungen im Improvisationstheater waren eine „Schule des Lebens", die in dieses Buch mit einfließen, ohne dass diese Erfahrungen hier im einzelnen beschrieben werden. Meine Ausbildung als Wissenschaftlerin, in der ich gelernt habe, Theorien, Methoden und Institutionen im Hinblick auf ihre impliziten Vorannahmen kritisch zu hinterfragen und nach ihrem „heimlichen Lehrplan" (Zinnecker 1986) zu fragen, hat mir geholfen, diese Erfahrungen reflektierend einzuordnen.

Inzwischen greife ich regelmäßig auf verschiedene therapeutisch inspirierte Methoden und Techniken zurück, um Lehrveranstaltungen lebendiger zu gestalten. Insbesondere fließen diese Methoden ein in ein Lehrforschungsprojekt zum biographisch bedeutsamen Lernen, das ich mit meiner Kollegin Barbara Methfessel seit nunmehr zehn Jahren lehrend und forschend erprobe und von uns laufend weiterentwickelt wird (vgl. Methfessel/ Schön 2002; Schön 2003; Merkelbach/ Schön 2005). Wenn Lehrende oder Studierende des Lehramts die eigene Lebens- und Lerngeschichte aufschlüsseln und reflexiv durchdringen, verfügen sie über eine wichtige - und prinzipiell verfügbare - Ressource zur Entwicklung und Stabilisierung professioneller Kompetenzen.

In der im Folgenden entwickelten Argumentation verfolge ich eine doppelte Perspektive: Das therapeutische Deutungsmuster impliziert nach meiner Einschätzung eine sinnvolle Erweiterung und Akzentverschiebung erziehungswissenschaftlicher wie sozialisationstheoretischer Fragestellungen. Dazu möchte ich einige Anregungen geben. Es beinhaltet aber auch problematische Zuspitzungen und Verkürzungen, wenn es als Ersatz für erziehungswissenschaftliche Erklärungsansätze herhalten muss. Davor möchte ich warnen.

Die Resonanz auf die vorherigen Auflagen dieses Buches und die Erfahrungen mit biographisch bedeutsamem Lernen in der Lehrerbildung haben mich ermutigt, die hier vorgelegten Fragen weiter zu verfolgen. In der Neuauflage werden manche Aspekte deutlicher herausgearbeitet, andere hinzugefügt, ohne dass ich den grundlegenden Gedankengang verändert habe.

Ich danke der Pädagogischen Hochschule Heidelberg für die Gewährung eines Forschungssemesters, insbesondere meinen Kolleginnen und Kollegen, dass sie die damit für sie verbundene Mehrbelastung auf sich genommen haben. Studierende, mit denen ich viele Facetten des Themas immer wieder erörtert habe, verdanke ich neue Ideen und eine schärfere Profilierung meiner Thesen. Ich hoffe, dass die Lektüre nicht zuletzt auch für diese ein Gewinn ist.

1. Vom erzieherischen zum therapeutischen Deutungsmuster

Meine Arbeit thematisiert, wie in der Einleitung bereits angedeutet, einen Prozess der Verschiebung vom erzieherischen zum therapeutischen Deutungsmuster. Ich beschreibe welche Veränderungen damit in Gang kommen und mit welchen Widersprüchen und Ambivalenzen dieser Prozess – insbesondere für die pädagogische Arbeit – einhergeht. Ich behaupte, dass „das Therapeutische" im weiteren Sinne in immer mehr Bereiche vordringt und zunehmend als ein eigenes Lern- und Entwicklungsfeld für professionelle Pädagogen und Laien definiert und akzeptiert wird.

Eingebettet in grundlegende gesellschaftliche Strukturveränderungen vollzieht sich ein Wandel in der Sichtweise des Individuums und der Gruppe. Dabei gewinnt das therapeutische Deutungsmuster gegenüber dem erzieherischen Deutungsmuster zunehmend an Boden. Das Erzieherische wird mit Skepsis betrachtet, zuweilen geradezu verpönt. Therapeutisch inspirierte Ideen und Verfahrensweisen treten an deren Stelle.

1.1 Vom „Struwwelpeter" zum „Anti-Struwwelpeter"

Was ist unter den Begriffen erzieherisches beziehungsweise therapeutisches Deutungsmuster zu verstehen? Um diese Frage zu beantworten, nehme ich zunächst eine vereinfachte Gegenüberstellung vor. Dabei beziehe ich mich auf eine wohlbekannte Geschichte – die vom Struwwelpeter. Sie erschien 1831 zum ersten Mal und ist heute noch ein gängiges Bilderbuch für Kinder. Auch Studierende an einer Pädagogischen Hochschule, in den achtziger Jahren des letzten Jahrhunderts geboren, kennen dieses Bilderbuch in aller Regel, auch wenn sie längst unter den Bedingungen „veränderter Kindheit" aufgewachsen sind. Im Struwwelpeter heißt es: „Der Friederich, der Friederich, das war ein arger Wüterich." Wir wissen alle, wie es weitergeht: Seiner Bosheit folgen quasi mit Naturgewalt die Konsequenzen. „Da biss der Hund ihn in das Bein, recht tief bis in das Blut hinein. Der bitterböse Friederich, der schrie und weinte bitterlich." (Hoffmann 1986, ursprünglich 1831).

Waechter bringt 1970 den Anti-Struwwelpeter heraus. Zweifellos handelt es sich hier um ein Produkt der antiautoritären Bewegung. Waechter arbeitet sich systematisch am Struwwelpeter ab. Durch seine Geschichten entlarvt er die Struwwelpeter-Geschichten als Narrationen einer autoritären Erziehungshaltung, bei dem absolute Unterordnung und Gehorsam gefordert sind. Auch bei Waechter ist Friederich ein arger Wüterich. Doch da heißt es dann weiter: „Mit der Peitsche in der Hand kommt Friederichs Vater angerannt, er schlägt den Knaben gar so sehr und schreit und schlägt ihn immer mehr und sperrt den Friederich obendrein in einen dunklen Keller ein." Von dort wird Friederich von anderen Kindern befreit: „Los", ruft Max, „wir helfen Dir", und so geh'n sie alle vier dorthin, wo man überlegt, aber keine Kinder schlägt."

In der bewussten Neuakzentuierung der alten Struwwelpeter-Geschichte zeigt sich exemplarisch die Ablösung des erzieherischen durch das therapeutische Deutungsmuster. Dennoch gibt es auch Gemeinsamkeiten. Beide Deutungsmuster, das erzieherische wie das therapeutische, stimmen in folgenden Aspekten überein:

- Die Erfahrungen in der frühen Kindheit sind für die weitere Entwicklung außerordentlich bedeutsam.
- Personale Begegnungen und Beziehungen prägen die Entwicklung und Veränderung des Kindes.
- Manche Verhaltensweisen von Kindern sind problematisch und bedürfen der Intervention.
- Es gibt bestimmte Methoden, um Veränderungen des Verhaltens und der Entwicklung der Person zu bewirken.

Sie unterscheiden sich jedoch darin, was sie als problematische Entwicklung ansehen und wie sie Veränderungen erreichen wollen. Das erzieherische Deutungsmuster impliziert eine direkte Beobachtung des manifesten Verhaltens („er fing die Fliegen in dem Haus und riss ihnen die Flügel aus") und die individuelle Verantwortlichkeit des Täters. Tat und Täter werden moralisch bewertet, sie werden nicht analytisch voneinander getrennt. Es kommt zu individuellen Schuldzuschreibungen. Die Personen erfahren heftige Sanktionen, diese werden drastisch beschrieben. („Da biss der Hund ihn in das Bein, recht tief, bis in das Blut hinein. Der bitterböse Friederich, der schrie und weinte bitterlich"). Die Sanktionen bedürfen keinerlei Rechtfertigung, mögen sie auch noch so grausam sein. Offenbar hat der Autor keine Angst, dass die kindlichen Adressaten durch solche Beschreibungen traumatisiert werden könnten. Statt dessen erwartet Hoffmann, dass die Kinder durch die Geschichten dazu animiert werden, „brav" zu sein, d.h. die dort geforderten Regeln und Normen fraglos zu akzeptieren.

Der Struwwelpeter mit seinen sogenannten „lustigen Geschichten" schreckt vor keiner Drohung zurück, um dem Kind die Notwendigkeit des Gehorsams plastisch vor Augen zu führen. Ungehorsamen Kindern werden ohne Betäubung mit der Schere die Daumen amputiert. Sie erleiden den Tod durch Verbrennen oder Verhungern. Wer nicht gehorcht, muss mit Verstümmelung oder Tod rechnen – so die eindeutige Botschaft des erzieherischen Deutungsmusters.

Im therapeutischen Deutungsmuster wird das beobachtbare, manifeste Verhalten einer Person in einen größeren Kontext eingeordnet. Der Anti-Struwwelpeter symbolisiert dieses andere Denken. Waechter lenkt die Aufmerksamkeit auf den Vater des Jungen. Er unterstellt implizit, dass das Kind deshalb böse ist, *weil* es von seinem Vater geschlagen und eingesperrt wurde.

Dass hinter jedem gewalttätigen Menschen eine grausame Biographie steckt, eine Kindheit, in der das Kind misshandelt oder vernachlässigt wurde, gehört heute zum beinahe unhinterfragbaren „Wissensbestand". Nicht das Kind ist das „eigentlich" böse Subjekt, sondern Vater oder Mutter. Sie haben durch die falsche Erziehung des Kinder oder durch Vernachlässigung diese Bosheit des Kindes erst erzeugt.

Die individuelle Verantwortlichkeit des Kindes für seine böse Tat wird so in Abrede gestellt oder zumindest relativiert. Die Schuldzuschreibung an das Kind wird zugunsten einer Schuldzuschreibung an die Elterngeneration abgelöst. Im therapeutischen Deutungsmuster finden wir die Behauptung, dass ein auffälliges Verhalten Gründe hat. Das Verhalten des Kindes hat einen – möglicherweise verdeckten – Sinn. Diesen Sinn gilt es durch Entschlüsselung des Kontextes, durch Aufdeckung der Ursachen solcher persönlichen Verhaltensweisen zu entschlüsseln. Beim Anti-Struwwelpeter ist Friederich ein misshandeltes Kind, das Hilfe braucht. Seine Gewalttätigkeit ist Ausdruck seiner Lebensgeschichte.

Im therapeutischen Deutungsmuster wird die moralische Bewertung des Kindes durch eine umfassendere und differenzierte Beschreibung des Verhaltens ersetzt.Tat und Täter werden voneinander getrennt. Der sanktionierende Umgang wird durch einen um Verständnis ringenden, empathischen, unterstützenden Kontakt ersetzt („Sie gehen dorthin, wo man überlegt, aber keine Kinder schlägt"). Das Kind wird als authentisches Subjekt begriffen, das unter allen Umständen ein Recht auf menschenwürdige Behandlung hat, also auch dann, wenn es selbst gewalttätig geworden ist.

Die entsprechende Behandlung bewirkt aber auch – das erscheint uns heute als naiv – automatisch das „gute" Kind. Sanktionen werden überflüssig, die Bosheit des Kindes basiert ausschließlich auf der Bosheit des Vaters. Überlegungen und ein vernünftiger Umgang der Pädagogen mit dem Kind führen zum guten Kind, das nicht gewalttätig wird.

Insgesamt kommt es so zu einer Neueinschätzung abweichenden Verhaltens. Das therapeutische Deutungsmuster enthält die Aussage, dass aggressives Verhalten Ausdruck einer gestörten individuellen Entwicklung ist. Der bitterböse Friederich ist nicht von Natur aus böse, sondern hat in seiner Lebensgeschichte etwas erlebt, was ihn böse gemacht hat. Auch wenn dieser lebensgeschichtliche Kontext – noch – nicht bekannt ist, hat er ein Anrecht auf eine menschenwürdige Behandlung. Dies beinhaltet, dass er nicht geschlagen wird und dass sich seine Erzieher Überlegungen machen, wie er zu behandeln sei. Solche Fähigkeiten zur Kontrolle der eigenen Emotionen und zur Reflexion des eigenen erzieherischen Verhaltens werden heute von Eltern und allen, die in pädagogischen Professionen tätig sind, erwartet.

Ein gewalttätiges Kind bedarf der Therapie und nicht der Strafe! Diese Überzeugung ist Ausdruck der Verschiebung vom erzieherischen zum therapeutischen Deutungsmuster. Therapie ist notwendig, weil es lernen soll, weder andere noch sich selbst zu schädigen und seine Not und seine Bedürfnisse nach Anerkennung, sozialem Kontakt und Selbstverwirklichung anders auszudrücken. Dass Menschen „von Natur aus“ die Fähigkeit und das Bedürfnis haben, sich selbst zu bestimmen, ohne Menschen oder Sachen zu zerstören beziehungsweise im negativen Sinne zu beherrschen, soweit sie nicht selbst gestört sind oder von anderen in ihrem Kern angegriffen werden, gehört in die grundlegende Überzeugung der humanistischen Therapiekonzepte.

Ein Zitat von Gruen (1986, S. 145) steht exemplarisch für diese therapeutische Grundüberzeugung:

> *Ein Selbst, das in Autonomie gründet, kann nicht mit Destruktivität leben. Das Zerstörerische am Menschen hat sich entwickelt. Es ist ihm nicht angeboren, sondern braucht im Gegenteil eine komplizierte Entwicklung (...). Wenn Anpassung an die soziale Realität die Spaltung der Seele verlangt und diese zum Grundsatz der Entwicklung macht, wird der Mensch böse.*

Dieses positive Menschenbild bewirkt eine Bereitschaft, hinter die Fassade des „Bösen“ zu schauen. Das Subjekt, auch wenn es böse ist, soll verstanden werden. Die Aufgabe des Erziehers besteht nicht darin, das Kind zu unterdrücken oder zu bestrafen sondern den Kontext zu verstehen, in dem sich das Verhalten des Kindes entwickelt hat. Im Aufdecken des persönlichen Sinns einer Bosheit soll das dahinterliegende Gute entdeckt und entfaltet werden.

Ganz anders der Struwwelpeter: Da geht es nicht um Verständnis für das Kind, sondern um die Unterordnung des Kindes unter fraglos gültige Normen. Das Kind hat zu gehorchen, anderenfalls drohen drastische Konsequenzen. Die von Hoffmann konstruierten Geschichten übersetzen diese Normen (essen, was auf den Tisch kommt, nicht mit Feuer spielen, nicht am Daumen lutschen...) in den Verstehenshorizont des Kindes. Die Kinder sollen anhand dieser Geschichten lernen, was sie tun und lassen sollen. Diese Intention dürfen wir dem Autor unterstellen, selbst wenn die Geschichten von den Rezipienten vielleicht anders aufgefasst werden (manche Kinder scheinen Spaß an solchen Geschichten zu haben, weil die Beschreibung des Bösen sie fasziniert, nicht weil sie die dort beschriebenen Konsequenzen erwarten).

Das elterliche Gebot verweist dabei in vielen Fällen auf die Naturgewalt, auf lebensbedrohende Folgen von Feuer oder Sturm. Eine kritische Auseinandersetzung mit den Normen oder gar eine Verhandlung mit den Eltern wird so im Keim erstickt. Der Struwwelpeter symbolisiert zweifellos den Befehlshaushalt, der erst in den siebziger Jahren des 20. Jahrhunderts vom Verhandlungshaushalt abgelöst wird (vgl. Büchner 1995).

Betrachtet man die Verhaltensnormen, die in den Struwwelpetergeschichten thematisiert werden, genauer, zeigt sich ein breites Spektrum. Es gibt sowohl plausible Forderungen wie die Warnung vor dem Spiel mit dem Feuer, als auch die uns heute eher obskur anmutende Forderung, nicht am Daumen zu lutschen.

Auch wenn im Struwwelpeter durchaus Kinder beschrieben werden, bei denen man heute vermutlich ADHS (der Zappelphilipp) oder ADS (Hans-Guck-In-Die-Luft) diagnostizieren würde, kann daraus nur geschlossen werden, dass die Phänomene damals schon bekannt waren. Sie wurden aber nicht als Syndrom einer Krankheit angesehen. Der Clou der Geschichten besteht vielmehr darin, dass die beschriebenen Verhaltensweisen als unartig oder böse klassifiziert werden.

Es handelt sich aus der Perspektive des Autors gerade nicht um behandlungsbedürftige Krankheiten, die der medizinischen Behandlung bedürfen, sondern um Bosheiten. Die Geschichten zeigen nicht bemitleidenswerte, arme Kinder, eher bemitleidenswerte Eltern, sie arm dran sind, weil ihre Kinder den elterlichen Geboten nicht folgen. Von den Kindern wird erwartet, dass sie ein entsprechendes Verhalten aufgeben, damit es ihnen nicht so schlecht ergeht wie denen, von denen im Struwwelpeter berichtet wird. Die Kinder gelten nicht als krank, als medizinisch behandlungsbedürftig. Ritalin war noch nicht erfunden!

Bei aller Grausamkeit spricht aus den Geschichten auch ein Zutrauen in die Fähigkeiten der Kinder zur Selbst-Disziplinierung. Die Struwwelpeter-Geschichten handeln von Kindern, die Verantwortung für das eigene Verhalten übernehmen können. Man erwartet von Kindern, dass sie in der Lage sind, nicht herumzuzappeln oder zu träumen oder am Daumen zu lutschen. Verhaltensauffälligkeiten gelten als Probleme, die vom Kind mit Willensanstrengung, mit Selbst-Disziplinierung bewältigt werden können. Das ist eine ganz andere Konstruktion als die einer Krankheit oder Behinderung, die medikamentös behandelt werden muss.

Die Ablösung des erzieherischen Deutungsmusters durch das therapeutische Deutungsmuster zeigt sich, wenn das Kind mit seinem Handeln nicht mehr als böse, als ungehorsam angesehen wird sondern als krank und damit nicht verantwortlich für sein Handeln. Damit eröffnet sich auch die theoretische Perspektive, um ein Aufmerksamkeitsdefizitsyndrom als Krankheit zu beschreiben.

Die Beschreibung kindlicher Auffälligkeiten, deren – vermeintliche – Ursachen und die Konsequenzen für die Behandlung des Kindes werden uns im Verlaufe der Argumentation immer wieder beschäftigen.

Auffällig ist in vielen Struwwelpeter-Geschichten die Funktion der „Natur“. Sie ist es, die negative Sanktionen des ungehorsamen Verhaltens bewirkt. Paulinchen kommt durch das eigenhändig ausgelöste Feuer um. Hans Guck-in-die-Luft fällt ins Wasser und die Fische lachen ihn aus. Der Hund setzt sich gegen die Bosheit des Kindes zur Wehr. Wo nicht die Natur als Strafinstanz auftaucht, treten anonyme und darum vielleicht besonders bedrohliche Instanzen als Strafende auf. Nicht die Mutter schneidet den Daumen ab, sondern der (ansonsten unbekannt bleibende) Schneider. Nicht der Vater bestraft die Kinder für ihre Rassendiskriminierung, sondern der Nikolaus.

In vielen der Struwwelpeter-Geschichten erleben die Kinder Schmerzen und Pein, weil sie sich über die Gebote und Verbote der Eltern hinwegsetzen. Sie erleben die unmittelbaren Konsequenzen ihres ungehorsamen und uneinsichtigen Verhaltens. Die Eltern bleiben dabei im Hintergrund. Die Bestrafung erfolgt durch Naturgewalt. Welche Funktion hat diese Narration? Es ist unmittelbar plausibel, dass damit die Notwendigkeit des Gehorsams zwingend erforderlich wird. Wenn die Natur selbst das abweichende Verhalten konsequent bestraft, wird eine Auseinandersetzung mit den Normen oder Kritik an ihnen gegenstandslos. Wenn die Eltern lediglich Vermittler/Überträger dieser Naturgewalten sind, können die Regeln nicht außer Kraft gesetzt werden.

Das erzieherische Deutungsmuster basiert auf einer hierarchischen Konstruktion, bei dem der Erwachsene oben und das Kind unten ist. Der Erwachsene ist dem Kind in jeglicher Hinsicht überlegen. Er ist der überlegene Experte, der mit quasi religiöser Gewissheit weiß, was gut und böse, was für Kinder richtig und was falsch ist. Er kann Auskunft darüber geben, was das Kind lernen muss, um in der Zukunft zu bestehen. Anpassung an das Gegebene, Unterordnung unter Naturgewalten oder gesellschaftliche Verhältnisse und Gehorsam gegenüber Eltern und Autoritäten erscheinen als unhinterfragbar. Diese sichere Gewissheit und eindeutige hierarchische Überlegenheit macht erzieherische Eingriffe in die kindliche Entwicklung nicht nur sinnvoll, sondern notwendig. Das Kind ist Erziehungsobjekt, der Erwachsene Erziehungssubjekt. Er sucht das Kind dahingehend zu beeinflussen, dass es sich so verhält und entwickelt, wie er dies fraglos für richtig hält. Er kann sich dabei auf eine hierarchisch verfasste Gesellschaft stützen, in der Normen fraglos gesetzt sind und Unterordnung und Anpassung für die meisten Menschen überlebensnotwendig sind.

Einige der in den Struwwelpeter-Geschichten thematisierten Verhaltensnormen gelten auch heute noch als notwendige und sinnvolle Verhaltensmaxime. Wir verbieten Kindern das unbeaufsichtigte Spielen mit dem Feuer und die Gewalt gegenüber Menschen und Tieren. Wir verurteilen Rassendiskriminierung und die Ausgrenzung Fremder. Eltern und Lehrer reagieren besorgt auf Anzeichen von

Nahrungsverweigerung und einige wissen, dass Magersucht durchaus tödlich enden kann. Andere Verhaltensnormen erscheinen uns heute als fragwürdig. Das Daumenlutschen etwa wird von der heutigen Erwachsenengeneration in der Regel toleriert. Es gilt als Verhalten, dass sich ohne erzieherische Eingriffe „von alleine auswächst“. Kinder müssen nicht mehr jede Suppe essen, die auf den Tisch kommt. Viele werden auch nicht gezwungen, ihren Teller leer zu essen. Eher werden sie gefragt, worauf sie Appetit haben und beim gemeinsamen Essen in der Familie stehen mehrere Alternativen zur Auswahl auf dem Tisch. (Magersucht und Fettsucht gibt es dennoch!)

Jedes menschliche Zusammenleben erfordert Normen, in denen geregelt ist, welche Rechte und Pflichten die einzelnen Gesellschaftsmitglieder haben und was Kinder lernen müssen, um gesellschaftlich handlungsfähig zu werden. Es ist eine Aufgabe der Erwachsenen, Kinder einerseits vor drohenden Gefahren zu schützen und ihnen andererseits Lern- und Erfahrungsmöglichkeiten zu eröffnen. Lernumgebungen können so gestaltet werden, dass Kinder lernen wollen. Was das erzieherische vom therapeutischen Deutungsmuster unterscheidet ist weniger die Verhaltensnorm sondern eher der Kontext, in dem ein Verhalten betrachtet wird und der Weg, auf dem normenkonformes Verhalten erzeugt werden soll.

In traditionellen *hierarchischen* Gesellschaften gibt es klare Traditionen und Routinen. Rechte und Pflichten sind häufig ungleich verteilt. Positionen sind durch Stand und Geschlecht vorgegeben. Sie werden nicht durch Leistung erworben. So ist z.B. klar geregelt, welches Geschlecht und welche Altersgruppen spezifische Aufgaben zu erfüllen haben und welche Sanktionen abweichendes Verhalten nach sich zieht. Normen sind in diesen Gesellschaften gesetzt, sie sind nicht verhandelbar oder reflektierbar. In traditionellen Gesellschaften hat daher Gehorsam einen hohen Stellenwert in der Erziehung. Das Kind soll lernen, Regeln zu akzeptieren und danach zu handeln. Die Autorität des Erwachsenen ist gesellschaftlich gestützt.

In *demokratischen* Gesellschaften hat das Individuum einen höheren Stellenwert. Chancengleichheit, individuelle Förderung, subjektive Bedürfnisse, Interessen und Wünsche haben eine große Bedeutung. In diesen Gesellschaften ist das Zusammenleben nicht mehr so stark durch Tradition getragen, sondern muss erst kommunikativ und interaktiv zwischen prinzipiell gleichberechtigten Menschen hergestellt werden. Die Normen sind hinterfragbar und veränderbar. Darüber hinaus gilt das Verhalten eines Individuums als Ausdruck einer Lebens- und Lerngeschichte. Die Verwobenheit des Verhaltens mit der Biographie ist so stark, dass es nicht ohne weiteres geändert werden kann. Es unterliegt nicht der eigenen Verantwortung und Disziplin Verhalten zu verändern, sondern hat eine lange Geschichte, in die es eingebettet ist.

Das therapeutische Deutungsmuster geht davon aus, dass auch „böse“ Verhaltensweisen von einem positiven Streben, zum Beispiel nach Kontakt, geprägt sind. In der Freisetzung dieses Kerns soll das positive Streben entdeckt werden, damit die Aufhebung von Verboten und Fremdkontrolle ermöglicht wird.

Mit dem Wandel vom „bösen“ zum verhaltensgestörten Kind erfolgt eine grundlegende Akzentverschiebung in der Bewertung von manifesten Verhaltensweisen und entsprechenden „Charaktereigenschaften“ von Kindern. Aus Verhaltensweisen, die prinzipiell der Selbstkontrolle des Kindes zugänglich sind, werden Verhaltensweisen, die Ausdruck einer schwierigen und oft zunächst unverständlichen Lebensgeschichte sind. Das bedeutet, Abschied zu nehmen vom traditionellen Begriff von Erziehung, nicht aber eine Rückkehr dazu, „Kinder wieder wie kleine, aber ständig größer werdende Erwachsene“ zu behandeln, wie Giesecke (1985, S. 10 ff) argumentiert. Vielmehr tendiert die Entwicklung nach meiner Einschätzung dahin, sehr viel sorgsamer, sensibler und aufmerksamer mit der Psyche des Kindes umzugehen, es quasi therapeutisch zu behandeln. Vereinfacht kann man das so formulieren:

Aus dem bösen Kind wird das neurotische, gestörte, verhaltensauffällige Kind, aus dem artigen, lieben, das gesunde, in seinem Ausdruck und Kontakt ungestörte Kind. An die Stelle der Erörterung von Erziehungsmaßnahmen schiebt sich die Analyse von Ursachen und Symptomen von Störungen, Auffälligkeiten, Beziehungsschwierigkeiten. Dabei erfolgt tendenziell eine Ablösung moralischer Kategorien durch psychologische Diagnosen, Bewertungen und Heilverfahren. Der Struwwelpeter gilt heute nicht mehr als erzieherisches Leitbild. Das therapeutische Deutungsmuster hat sich in der Praxis aber noch nicht durchgesetzt. Es rührt nicht zuletzt an Tabus wie die der hierarchischen Überlegenheit des Erwachsenen.

Dreitzel (1985) erläutert am Beispiel der Gestalttherapie, in welchem gesellschaftlichen Kontext das therapeutische Deutungsmuster entstanden ist. Es handelt sich, so seine These, um die subjektive Seite des Modernisierungsprozesses. In der allmählichen Entwicklung des Zivilisationsprozesses, wie er von Elias beschrieben wurde, erfolgt eine grundlegende Veränderung der Sozialisation. Das Individuum entwickelt ein anderes Verhältnis zur inneren und äußeren Natur und gewinnt eine andere Auffassung von der Qualität abweichenden Verhaltens. An die Stelle moralischer Argumentionsschemata von Gut und Böse treten therapeutisch inspirierte Schemata von Gesundheit und – psychischer – Krankheit. Sie fragen bei irritierenden Verhaltensweisen, ob sie dieses Verhalten moralisch verwerflich finden oder es als eine therapeutisch verständliche neurotische Reaktion betrachten.

Dreitzel zeichnet diese Entwicklung differenziert nach. Er verweist auf die allmähliche *Reglementierung* vieler bis dato als „natürlich" oder „normal" angesehenen Verhaltensweisen:

- beim Essen, beim Schlafen, im Hinblick auf Sexualität, Nacktheit, Ausscheidungsprozesse, Säubern des Körpers, Umgang mit Körpergeruch und Geruch allgemein, Anfassen und Berühren des eigenen wie des fremden Körpers;
- im Hinblick auf alle *Formen emotionalen Ausdrucks*, besonders aber im Hinblick auf *Aggressivität;*
- im alltäglichen Umgang miteinander, dazu gehören Rituale des Begrüßens und Verabschiedens, Anreden, Umgang der Geschlechter miteinander.

Aus soziologischer Perspektive, so seine Analyse, lassen sich drei Phasen unterscheiden:

- Im 17. und 18. Jahrhundert erfolgt eine äußerliche Normierung des Alltagsverhaltens, besonders ausgeprägt in der Höfischen

Gesellschaft der Aristokratie. Hierzu gehört die *Ehre* als wichtiges Regulativ. Der einzelne erlebt sich als Mitglied und Repräsentant seiner Gruppe. Wird die Ehre der Gruppe beleidigt oder gekränkt, wird real oder symbolisch der ursprüngliche Zustand wieder hergestellt (als Beispiel lässt sich die Blutrache anführen).

- Im 19. Jahrhundert werden die Verhaltensstandards verinnerlicht. Gegen die extreme Formalisierung des Verhaltens in der Aristokratie setzt das Bürgertum eine Internalisierung von Tugend und Leistungsmoral. Es bahnt sich eine Trennung von Lust und Leistung an. Gleichzeitig erfolgt eine Separierung der öffentlichen Sphäre (Erwerbsarbeit, Arbeit, Leistung) von der jetzt „privaten" Sphäre des Emotionalität in Ehe und Familie. Diese familiären Beziehungen werden stärker emotionalisiert, Erwerbsarbeit wird als entfremdet erfahren (Joborientierung). In diese Phase gehört die *Schuld.* Das Über-Ich, das Gewissen wird ausgebildet. Die Schuld bezieht sich nicht mehr auf die Gruppe sondern auf das Individuum. Dem entspricht auch das moderne Strafrecht als „Schuldstrafrecht". Es ahndet die Schuld des Individuums.
- Im 20. Jahrhundert erfolgt allmählich eine Auflockerung der Umgangsformen. Es kommt zu einem allgemeinen Informalisierungsprozess bei gleichzeitig hoher Affektkontrolle. Die Verinnerlichung der Gefühlskontrolle ist nun so stark, dass gefahrlos eine Lockerung der äußeren Verhaltensstandards möglich wird. In diesen Zusammenhang gehört die *Scham.* Schamgefühle werden jetzt wichtiger als Schuldgefühle. Die Menschen reagieren heftiger und stärker auf den Verlust der Interaktionskompetenz als auf eine absichtliche Verletzung von Normen.

Die Verschiebung vom erzieherischen zum therapeutischen Deutungsmuster ist hier zu verorten. Anstelle eines moralischen Deutungsmusters gegenüber alltäglichen Verhaltensweisen setzt sich mehr und mehr ein therapeutisches Deutungsmuster durch.

Dreitzel verortet das therapeutische Deutungsmuster – hier bezogen auf die Gestalttherapie – in den folgenden sechs Thesen:

1. *Die gestalttherapeutische Arbeit am Spüren von Körperempfindungen und am Ausdruck von Gefühlen ist Arbeit ge-*

gen die Affektverdrängung in unserer Zivilisation und gegen die Ghettoisierung der Emotionalität in Kleinfamilie und Paarbeziehungen.

2. *Die Gestalttherapie kennt kein Über-Ich und kein Realitätsprinzip, sondern nur die Bedürfnisse des Organismus und die Ich-Funktionen der Orientierung und der Handhabung der Umwelt, sie ist damit potentiell subversiv gegenüber jedem gesellschaftlichen status quo.*

3. *Die Gestalttherapie verfügt über eine politisch relevante, nicht resignative Aggressionstheorie. Aggression heißt zunächst einmal das unumgängliche Aus-Sich- Herausgehen des Organismus in die jeweilige Umwelt, die er mit dem Ziel der Befriedigung seiner Bedürfnisse berührt, verändert und sich teilweise einverleibt. Dies beinhaltet Initiative - Zerstörung - Vernichtung (herausgehen, berühren, zupacken, zurechtbiegen, runterholen, anbringen, raufsetzen, anstoßen, verarbeiten, analysieren, diskutieren, anregen, widersprechen, erledigen, wegräumen, rauswerfen, abwaschen, wegschmeißen, abstoßen ...) entscheidend ist, ob diese Tätigkeiten angetrieben werden von dem was das Individuum wirklich braucht. Je mehr bei der Aggression wirkliche Berührung stattfindet, desto geringer der Schaden.*

4. *Die Gestalttherapie verfügt über eine ökologische Theorie der Neurose. Der Organismus ist nicht isoliert von seiner Umwelt sondern ein lebendes Systems, das angewiesen ist auf den Austausch von Energie, Materie und Information mit übergreifenden Systemen. Die Theorie des Kontaktprozesses sieht eine immer prekäre Balance zwischen den Bedürfnissen des Organismus und der Erhaltung der inneren und äußeren Umwelt als der Quelle aller Nahrung und dem Reservoir von allem Neuen. Selbstregulierung bezieht sich immer auf das Organismus/Umfeld-Feld als Ganzes. Im vollen Kontakt gehen wir im Du oder in der Sache auf, verlieren unser Selbst. Sorge um die Umwelt, besorgt sein um andere Menschen(„care") gehört dazu.*

5. *Für die Gestalttherapie ist der Kontaktprozess die Basis für die Beziehungen und damit auch für die Institutionen – und nicht umgekehrt.*

6. *Die Gestalttherapie sieht nicht nur das Unbefriedigende am Mangel sondern auch das Unbefriedigende an der Übersättigung. Sie unterscheidet zwischen Wachstum als Regeneration und Bereicherung der Lebenskräfte und pathologischem, das Organismus/Umfeld-Feld zerstörendem Wachstum.*

Im Kontext dieser Therapeutisierung kommt es zwangsläufig auch zu einer veränderten Sichtweise der kindlichen Entwicklung. Es ist nicht leicht, zu beurteilen, wer schlimmer dran ist, der Zappel-Phillipp, dem im Kontext des erzieherischen Deutungsmusters Bosheit und mangelnder guter Willen unterstellt wird oder dem „verhaltensauffälligen“ Kind, das nun der Therapie und Behandlung bedarf. Das Kind hat einen neuen Namen bekommen, die Probleme sind damit allerdings nicht gelöst. Nach wie vor gibt es Kinder, die mit ihrem Verhalten auffallen, die sich nicht einfügen, die stören oder anderen Gewalt zufügen. Verschiedene Expertengruppen streiten nun darum, wie diese Verhaltensauffälligkeiten oder -störungen angemessen behandelt werden müssen.

Was eine „Verhaltensstörung“ oder „Verhaltensauffälligkeit“ ist, woran man sie erkennen kann, wie viele Kinder davon betroffen sind, ob man das Verhalten am besten ignoriert oder wie man gezielt und systematisch damit umgehen muss, wird nun zu einem Streit zwischen verschiedenen Experten und unterschiedlichen wissenschaftlichen Schulen. Diesem Problem wird im 4. Kapitel weiter nachgegangen.

Groddeck (1988, S. 91) betont, dass Rogers mit dem heute weithin üblichen Begriff „Klient“ eine demonstrative programmatische Abweichung von den damals üblichen Begriffen vornahm (Probant, Versuchsperson, Patient etc.). Er wollte damit die Selbständigkeit des Hilfesuchenden konzeptionell von Anfang an unterstreichen. Dieses Moment ist allerdings in der gegenwärtigen Einstellung zum Hilfesuchenden, obwohl sich der Begriff des Klienten weithin durchgesetzt hat, nicht immer erkennbar.

Die Verschiebung vom erzieherischen zum therapeutischen Deutungsmuster steht für den Verfall eines früher selbstverständlichen Wissens über das, wie Kinder sind, wie und was sie werden sollen und wie man solche Erziehungsziele fördern kann. Sie zeigt an, dass dieses Wissen sich – vermutlich unwiderruflich – aus dem Lebenszusammenhang, der Lebenswelt, herauslöst und den Charakter einer quasi religiösen oder naturwüchsigen Selbstverständlichkeit verliert. Beck (1986, S. 205) spricht vom Anfang eines neuen Modus der Vergesellschaftung, der mit Individualisierung und Pluralisierung bezeichnet werden kann. Diese Individualisierung und Pluralisierung erfordert ein verändertes Erziehungsverständnis, allerdings nicht deren Abschaffung, wie manche zu glauben scheinen.

Ein Zusammenleben mit Kindern in Familie oder Schule ohne Erziehung, d.h. ohne zielgerichtete Beeinflussung ihres Verhaltens, kann es nicht geben. Eine unreflektierte und schematische Setzung von Normen und Regeln, bei denen die jeweiligen Personen und deren Kontext unberücksichtigt bleiben, ist ebenso obsolet wie der Verzicht auf jegliche Grenzsetzung. Das macht pädagogische Arbeit und deren Reflexion komplexer als viele wünschen. Eine Mutter, die teilnahmslos zuschaut, wenn ihr Kind einem anderen mit Gewalt ein Spielzeug entreißt, das ihm nicht gehört, signalisiert damit, dass das in Ordnung ist.

Kinder sind von Natur aus neugierig. Sie probieren aus, was sie tun können und lassen müssen und welche Konsequenzen ihr Verhalten hat. Sie beobachten in aller Regel dabei sehr genau, wie ihre Eltern sich dazu verhalten und ziehen daraus ihre Schlüsse. Das Kind braucht neben liebevoller Zuwendung und Aufmerksamkeit auch Normen und Grenzen, an denen es sich orientieren kann. Dafür gibt es keine Patentrezepte, erst recht keine, bei denen strukturelle Probleme des Aufwachsens ignoriert werden.

Mit der Pluralisierung gibt es eine Konkurrenz von unterschiedlichen Normen, die nicht zuletzt zur Verunsicherung führen. Das macht pädagogische Arbeit komplexer, als viele wünschen. Vielleicht gibt es deswegen immer wieder die Propagierung und die begierige Rezeption von Konzepten, die einfache Lösungen schwieriger Probleme behaupten. Dabei ist es im Grund beliebig, ob „Mut zur Erziehung" oder als der neueste Schrei „Konfrontative Pädagogik" (Weidner /Kilb 2004) gefordert wird oder das „In sich hinein fühlen" die „Suche nach dem verlorenen Glück" (Liedloff 1980) ermöglichen soll.

1.2 Sozialisationstheoretischer Hintergrund

Im Folgenden soll erläutert werden, was die Verschiebung zum therapeutischen Deutungsmuster bedeutet und in welchem gesellschaftlichen Kontext sie sich vollzieht. In der Deutung von Erziehungs- und Entwicklungsprozessen vollzieht sich nicht nur eine Liberalisierung, sondern eine qualitative Veränderung.

Dies meint nicht, dass sich nun alle Leute in eine Therapie begeben, obwohl auch der Trend hierzu zunehmen wird. Es bedeutet vor allem, dass sich in das Alltagsverständnis von Erziehung und Entwicklung Elemente aus dem therapeutischen Deutungsmuster einfließen.

Die These bedeutet *nicht*, dass aus Lehrern Therapeuten werden (sollen), auch wenn ihre Ausbildung Selbsterfahrungselemente und kommunikative Kompetenzen enthalten sollte. Die Verschiebung vom erzieherischen zum therapeutischen Deutungsmuster meint eine grundlegende Veränderung der Konstruktion von Erziehung und Entwicklung, die zwangsläufig nicht auf Kinder beschränkt ist. Es handelt sich um eine existentielle Veränderung in Bezug auf den Umgang mit Menschen und insbesondere auf den Umgang mit dem *Fremden drinnen* (den verwirrenden Gefühlen, den Ängsten, den Aggressionsbedürfnissen) *und draußen*. Das andere Geschlecht, die andere Nation oder Rasse, Behinderte oder Diskriminierte, Menschen, deren Lebenswelt und Deutungsmuster nicht unmittelbar zugänglich sind, sollen nicht mit moralischen Kategorien abgewertet werden sondern als prinzipiell Gleichberechtigte anerkannt werden.

Die sozialen Bewegungen, die es seit den sechziger Jahren des letzten Jahrhunderts gegeben hat, lassen sich unter diesem Aspekt auf einen gemeinsamen Nenner bringen. Studentenbewegung, Frauen- und Friedensbewegung, Schwulengruppen und Öko-Freaks sind Ausdruck einer grundlegenden Neuorientierung. Ihnen ist gemeinsam, dass sie scheinbar natürliche Umgangsweisen mit Abweichungen, Behinderungen, Schwächen als politische Herrschaft begreifen und ihre Randpositionen nicht länger in falscher Bescheidenheit akzeptieren (vgl. dazu Benard 1981). Parolen wie „black is beautiful“ verdeutlichen schlaglichtartig die notwendige neue Bewertung der herrschenden Vorurteile. Die vermeintliche Minderwertigkeit aufgrund von Rasse, Geschlecht oder Handicaps wird in Frage gestellt und verurteilt. „Die Stärke weiblicher Schwäche" (Baker Miller 1976) etwa signalisiert ein Infragestellen der vermeintlichen Gleichheit der Geschlechter die damit begründete Unterdrückung von Frauen. Homosexuelle, gerne als Schwule diskriminiert, bezeichnen sich selbst als „Schwulis" und führen als Tunten verkleidet Demonstrationen für ihre Rechte durch. Es geht nicht länger um Anpassung an herrschende Normen und Werte, sondern um ein Recht auf demokratische Teilhabe für Verschiedene. „Die Scham ist vorbei" (Meulenbelt 1978), signalisiert die psychodynamische Entwicklung, die hier zum Tragen kommt (vgl. dazu auch Schön 1998).

Die Sprachlosigkeit hört auf. Es wird ein offensiver Umgang mit vermeintlichen Fehlern, Schuld, Defiziten propagiert. Die Grenzen der bis dahin herrschenden Normen werden überschritten. Ein Bürgermeisterkandidat, der sich im Wahlkampf offen zu seiner Homosexualität bekennt und sie bejaht („und das ist gut so") wäre wohl zwanzig Jahre zuvor noch geächtet worden. Am Ende des 20. Jahrhunderts wird seine Äußerung umgehend zum geflügelten Wort. Er wird (trotzdem oder gerade deshalb?) gewählt und kann „mit dem Mann an seiner Seite" öffentlich auftreten.

„Es ist normal, verschieden zu sein". Eine Pädagogik der Vielfalt (Prengel 1993) tritt – jedenfalls in der Theorie – an Stelle normierter Curricula, bei der möglichst alle zur gleichen Zeit mit der gleichen Methode das Gleiche lernen sollen.

Auch das Verhältnis von Lob und Strafe in der Erziehung ändert sich. Nur exemplarisch sei hier eine Gegenüberstellung von zwei Schulordnungen vorgenommen:

Schulordnung 1912

Reißen an den Haaren - für Lehrer nicht erlaubt

Verstöße gegen die Schulordnung wurden nicht selten durch körperliche Züchtigung geahndet. Dafür gab es exakte Anweisungen, wie folgender Erlaß zeigt:

1. Die körperliche Züchtigung darf nur in Fällen ganz ungebührlichen Verhaltens, zu welchen offenbare Widersätzlichkeit, freches Lügen, rohes und unzüchtiges Betragen, mutwillige Beschädigung der Utensilien und fremden Eigentums, beharrliche Trägheit und Gleichgültigkeit, Verhöhnung älterer oder gebrechlicher Personen und dergl. zu rechnen sind, angewendet werden und zwar in der Regel erst nach vorausgegangener Androhung und erfolglosem Gebrauche der übrigen, dem Lehrer in hinreichender Zahl und Abstufung zu Gebote stehender Strafmittel.

2. Geschlecht, Alter,Temperament und Gesundheitszustand der Kinder sind, wenn körperliche Strafen zur Anwendung kommen müssen, tunlichst zu berücksichtigen. Bei Kindern unter acht Jahren sowie Mädchen ist daher die körperliche Züchtigung nach Möglichkeit zu vermeiden.

3. Die Züchtigung darf nur in den freien Gängen des Schulzimmers vollzogen werden, und zwar in der Regel erst am Schlusse der Unterrichtsstunde, jedoch im Beisein der übrigen Kinder der Klasse.

4. Als Züchtigungsmittel darf bei Kindern unter acht Jahren nur eine aus dünnen Reisern bestehende Rute, bei älteren Kindern, insbesondere bei Knaben, ein biegsamer glatter Stock von der Stärke eines Zentimeters gebraucht werden. Das Schlagen mit einem stärkeren oder knotigen Stock, mit einem Lineal oder Violinbogen, mit der Hand oder Faust ist durchaus unstatthaft.

5. Bei Mädchen darf die Züchtigung nur auf den Rücken und den linken Oberarm, bei Knaben auf den Rücken und das Gesäß vollzogen werden. Das Schlagen auf den Kopf oder ins Gesicht, auf die flache Hand oder die Fingerspitzen, das Reißen an den Haaren, Ohren oder anderen Körperteilen, sowie das Stoßen auf den Rücken oder wider die Brust werden als Überschreitungen des Züchtigungsrechtes betrachtet werden.

Quelle: 75 Jahre Busenberg-Grundschule" – Eine Festschrift (Ausgabe von 1993, S.16)

Schulordnung 1987

Klassenordnung der Klasse 2A

Wir sollen uns vertragen.

Wir sollen zusammenhalten.

Wir wollen uns nicht schlagen oder kratzen

Wir reden nicht durcheinander.

Wir verschmutzen keine Tische.

Abfälle werfen wir in den Papierkorb.

Wir nehmen anderen nichts weg.

Wir petzen nicht.

Im Februar 1987

Quelle: 75 Jahre Busenberg-Grundschule" – Eine Festschrift
(Ausgabe von 1993, S.17)

In der Schulordnung von 1912 finden sich exakte Angaben darüber, wo und wie der Lehrer zuschlagen darf. „Spontane“ Prügel mitten in der Stunde sind ebenso untersagt wie das Prügeln eines Kindes ohne Gegenwart der anderen Kinder(!) Möglicherweise erwartete davon eine erzieherische Wirkung auf die anderen Kinder, die die Folgen fehlerhaften Verhaltens drastisch beobachten konnten. Vielleicht erhoffte man sich eine bessere Wirkung auf das bestrafte Kind, dass durch die beobachtenden Klassenkameraden zusätzlich beschämt wurde. Auch eine disziplinierende Wirkung auf den Lehrer, der beobachtet seine Affekte stärker zügeln musste als wenn er mit dem Kind allein und unbeobachtet gewesen wäre, wurde wohl angenommen.

Präzise Angaben finden wir 1912 auch darüber, auf welche Körperteile mit welchen Mitteln geschlagen werden darf. Dass Mädchen nicht auf das Gesäß geschlagen werden dürfen, mag vielleicht ein Hinweis auf sadistische Praktiken mancher Lehrpersonen gewesen sein. Die Angaben über die Praktiken, die in diesem Erlass als Überschreitungen des Züchtigungsrechtes gewertet werden, können wir als Hinweise auf übliche Praktiken lesen: Lineale oder Violin-Bögen wurden auf Schülern zerschlagen. Lehrer boxten mit der Faust. Geschlagen wurde gern auf die zu diesem Zweck auszustreckenden Handflächen oder Fingerspitzen (vgl. dazu auch Flissikowski u.a. 1980).

Wir können diese Art der Strafmassnahmen teils auf die Hilflosigkeit im Umgang mit abweichendem Verhalten zurückführen. Das von den Kindern gezeigte Verhalten weckt beim erwachsenen Gegenüber Angst, weil er offensichtlich die Kontrolle über das Kind und/oder die Situation verloren hat, Wut, weil er sich provoziert oder vorgeführt fühlt, Hass. Teilweise handelt es sich auch um weithin anerkannte Rituale, deren Grausamkeit das Ziel verfolgte, bestimmte Verhaltensweisen „mit Stumpf und Stil auszurotten“.

Auch heute wird noch gelegentlich an Schulen geschlagen. Dabei handelt es sich aber um verbotene Strafmaßnahmen, die – sofern sie bekannt werden – Disziplinarmaßnahmen des Lehrers nach sich ziehen.

Die Klassenordnung von 1987 dagegen enthält direkte Aufforderungen an die SchülerInnen. Das „Wir“ appelliert gleichermaßen an die (gewünschte) Gemeinschaft in der Klasse, wie es die Anordnung/Aufforderung durch die Lehrkraft verschleiert. Die Tatsache, dass die Kinder die Regeln offenbar selbst aufgeschrieben – und wahrscheinlich gemeinsam erörtert haben – macht diese Ordnung zu einem Instrument „weicher“ Kontrolle. Auffällig ist auch, dass nur das – gewünschte – Verhalten in der Klasse thematisiert wird. Das Verhalten etwa gegenüber älteren Menschen z. B. ist nicht (mehr) Gegenstand. Die Schule fühlt sich hierfür offenbar nicht zuständig.

Offen bleibt allerdings, was passiert, wenn die Kinder – trotz des Appells an die Gemeinsamkeit der Gruppe (Wir) und obwohl sie aktiv an der Formulierung der Regeln beteiligt waren – gegen die Klassenordnung verstoßen. Was tun, wenn auch die mehrmalige Erinnerung an die Regeln „vergessen“ wird?

Die Hoffnung, dass Überlegungen (wie beim Anti-Struwwelpeter), Einbeziehung der Kinder und Gespräche immer ausreichen, um ein verträgliches Miteinander zu gestalten, ist gescheitert. In den formellen Schulordnungen ist häufig nur (teilweiser) Ausschluss vom Unterricht oder von der Schule als letzte Disziplinarmaßnahme übrig geblieben. Schlagen, Nachsitzen, in die Ecke stellen, Beschimpfen und Rauswerfen wurden als Strafmaßnahmen geächtet. Nach dem Wegfall solcher als Barbarei geltenden Strafmaßnahmen ist offenbar eine Lücke entstanden – eine Hilflosigkeit, wie denn mit Problemen und Konflikten umzugehen ist.

Insgesamt zeigt sich eine zunehmende Ächtung von körperlichen Strafen in der Kindererziehung wie auch im Hinblick auf Gewalt gegen Frauen. Eltern, die ihre Kinder schlagen, Männer, die ihre Frauen verprügeln, sind nicht mehr gesellschaftlich geschützt. Sie erfahren Ablehnung und Entrüstung in der Öffentlichkeit. Paradoxerweise tritt überhaupt erst dadurch das vorher tabuisierte, verschämt verschwiegene Ausmaß autoritärer Gewalt andeutungsweise zutage.

Erst in den siebziger und achtziger Jahren des letzten Jahrhunderts wurden in der Bundesrepublik Deutschland vorrangig von der feministischen Bewegung Gewalt gegen Frauen, Kindesmisshandlungen, sexueller Missbrauch und Vergewaltigung in der Familie öffentlich thematisiert. Durch die verstärkte öffentliche Diskussion wurde die Schamschwelle der Opfer verringert. Fälle, die früher im Dunkeln blieben, werden bekannt. Es kommt verstärkt zu Anzeigen und Strafverfolgungsmaßnahmen. Dadurch entsteht nicht selten der Eindruck, Gewalt in der Familie sei historisch im Anwachsen begriffen. Es handelt sich dabei aber zunächst nur um Hinweise auf die Verringerung hoher Dunkelziffern.

Es entsteht eine große Aufmerksamkeit für das emotionale Familienklima und die Entwicklung der Kinder. Viele Erwachsene begreifen das eigene Verhalten und Leben als veränderbar und gestaltbar. Das bewirkt eine Bereitschaft, die eigenen Entscheidungen und Verhaltensweisen in Frage zu stellen.

Dies kann unterschiedliche Phänomene umfassen wie z.B. die potentielle Trennung vom Ehepartner; die Bereitschaft, Volkshochschulkurse oder Selbsterfahrungsgruppen zu besuchen; Experten zu befragen. Auf das Interesse und die Verunsicherung der Eltern reagieren auch Sendungen wie die „Super-Nanny“.

Säuglinge stundenlang schreien zu lassen („Schreien stärkt die Lungen“), nach der Uhr zu füttern, sie „wegzulegen“, wird unmodern. Die zwanghafte Orientierung an frühzeitiger Sauberkeit wird ersetzt durch einen fast ebenso zwanghafte Tendenz zum langjährigen Windeln.

Auch hier ist schwer auszumachen, was Ursache und was Wirkung ist. Die Wegwerfwindel, so problematisch sie ökologisch sein mag, erleichtert sicherlich eine andere mütterliche Praxis. Wo früher Windeln möglicherweise von Hand gewaschen und auf dem Herd gekocht werden mussten, genügt heute der Griff ins Portemonnaie und die Entsorgung in der Mülltonne. Ebenso trägt die Wegwerfwindel wahrscheinlich dazu bei, dass Kinder später sauber werden. Das Nässegefühl und damit die sinnliche Erfahrung unangenehmer Konsequenzen des eigenen Handelns werden kaum noch erfahren. Auch die Werbung mit ihren Mythen von strahlenden Kindern, problemlosen Wegwerfwindeln, bösen Müttern, die den falschen Weichspüler benutzen und dadurch ihre Kinder ins Unglück stürzen, trägt sicherlich zu den Veränderungen bei.

Die moderne Mutter ermöglicht ihren Kindern gleichzeitig den Wunsch nach Spielzeug, Süßigkeiten, Abenteuer, Spannung, „Kinderschokolade". Verzicht, Bescheidenheit, Begrenzung werden nicht thematisiert. Statt dessen propagiert die stets präsente Werbung den Genuss des Lebens, den Duft von Freiheit und Abenteuer. Sie propagiert Offenheit für Neues, die Bereitschaft, sich verführen zu lassen und zu verführen. Wunscherfüllung ist – mit dem richtigen Produkt – problemlos.

Kinder gelten als wichtige Zielgruppe. Da sie zuhause mitreden dürfen, sollen sie ihre Eltern zu spezifischen Kaufentscheidungen animieren. In den Werbespots werden auch Ansprüche formuliert. Es ist in Ordnung, wenn man nicht lernt, zwischen unterschiedlichen Wünschen abzuwägen, sondern alles gleichzeitig fordert.

Äußeren Formen des Verhaltens wird weniger Bedeutung beigemessen. Relativ starre Formen werden von anderen Konventionen abgelöst, die in ihrer Brandbreite flexibler erscheinen. Hierzu zählen unterschiedliche Phänomene wie die Ablösung des „Sonntagsanzuges" durch „Freizeitkleidung", das Wegfallen des „Dieners" oder „Knickses" bei der Begrüßung, aber auch solche Phänomene wie das Zusammenleben ohne Trauschein, das Single-Leben mit oder ohne Kinder, die Patchwork-Familie.

Das innere Familienklima und das eigene Wohlbefinden werden für die Selbstwahrnehmung bedeutsamer. Dies schlägt sich auch in den veränderten Zielvorstellungen für Erziehung nieder. Glück wird von der Familie erwartet, nicht mehr von gesellschaftlichen Veränderungen. Wenn der Ehepartner das nicht erfüllen kann, wird der nächste Partner gesucht. Das glückliche Kind ist gefragt, nicht mehr das gehorsame. Damit einher geht ein stärkerer Trend zur Selbst- und Fremdbeobachtung und zur Selbstreflexion.

Ein quasi therapeutischer Sprachgebrauch ist zunehmend verbreitet. Man spricht von der Lebensabschnittsgefährtin statt von der „Ehe". Man artikuliert Gefühle (oder was man dafür hält) mit „ich bin nicht gut drauf' oder „ich fühl mich gut".

Entscheidungsprozesse über das eigene Leben, den Umgang mit sich selbst und dem anderen und über Erziehungsprozesse sind zugleich vielfältiger, komplexer und gebrochener geworden. In unendlichen Beziehungsdiskussionen steht potentiell jedes Verhalten als fragwürdig und unangemessen zur Disposition.

> *Dass Erwachsene überhaupt über Kindheit reden und schreiben, (...) ist mehr Ausdruck dessen, dass nicht die Kindheit ihnen, sondern sie sich selbst zum Problem geworden sind. (Lenzen 1985,S. 11)*

Eltern, aber auch Lehrkräfte, wollen andere Zielvorstellungen realisieren als sie selbst als Kinder erlebt haben. Sie wollen etwas weitergeben, was sie selbst nicht erfahren haben. Sie bemühen sich, die noch von ihnen selbst in ihrer Kindheit erfahrenen Prügel und Einschränkungen möglichst nicht an ihre Kinder weiterzugeben. Gewalt kommt vor, wird aber als Kontrollverlust, als spontane Affekthandlung in besonderen Situationen, gerechtfertigt. Es gilt nicht mehr als legitimes Mittel elterliche Erziehungsvorstellungen durchzusetzen oder Fehlverhalten zu bestrafen (vgl. Rabe-Kleberg 1985).

Bedeutsam in diesem Zusammenhang ist auch die Ablösung der patriarchalen Familienstruktur, in der der Mann als Familienoberhaupt über Frau und Kinder verfügen kann und diese ihm Gehorsam schulden. An dessen Stelle tritt das Modell der partnerschaftlichen Beziehung, in der Mann, Frau und Kinder gleichberechtigt ihre Bedürfnisse und Interessen entfalten (vgl. Flügge 1983).

Das therapeutische Deutungsmuster steht in diesem Zusammenhang für das Bedürfnis, den Übergang vom Patriarchat oder allgemeiner von hierarchischen Strukturen zu egalitären, demokratisch orientierten Strukturen zu bewältigen und dabei bisher tabuisierte Muster anzugehen. Es zeigt sich eine hohe Bereitschaft, selbst Neues zu lernen und dabei die bisher erworbenen Muster von Kommunikation oder Konflikt- und Krisenbewältigung in Frage zu stellen. „Psychotechniken“ zur Selbsterfahrung, Ausbildung und Training in Beratung, Gruppenarbeit, Sozialarbeit werden angeboten, gut vermarktet und teuer erkauft. Das zeigt auch eine erhebliche Verunsicherung. Man traut sich selbst nicht zu, ohne Hilfe therapeutischer Techniken und Erfahrungen Probleme zu lösen, Konflikte zu bewältigen oder Krisen zu meistern.

Obwohl immer weniger Menschen formalisierten Leistungsanforderungen und der Existenzsicherung über Erwerbsarbeit entfliehen können – oder vielleicht gerade deshalb – wird dem individuellen Wohlergehen, dem subjektiven Glück, der Ausbildung einer eigenen Identität mehr Bedeutung beigemessen.

Durch die Zusammenführung beziehungsweise Gleichzeitigkeit verschiedener Ausdrucksmöglichkeiten werden Wahl- und Entscheidungsmöglichkeiten auf einem historisch-sozial neuartigen Niveau ermöglicht, aber auch erzwungen. Es gibt eine Fülle von Leitbildern, die mit ihren oftmals undurchschauten Widersprüchen und verwirrenden und gegensätzlichen Klischees Schwierigkeiten der Entscheidungen ebenso plausibel machen wie Wahlmöglichkeiten überhaupt erst eröffnen. Die Spannungen, die durch eine solche historisch-soziale Entwicklung erzeugt werden, sind durch Kognitionen allein nicht aufhebbar. Sie bedürfen vielmehr eines neuen Niveaus qualitativer Verarbeitung. Es kommt zu einer teilweise fast paradox anmutenden Verschränkung von stärkerer und umfassenderer Vergesellschaftung, also Beeinflussung von außen und gleichzeitig größerer innerer Autonomie. Erst in ihrer dialektischen Verknüpfung beschreiben beide Veränderungen die Entwicklung angemessen (vgl. Rolff/ Zimmermann 1985).

Die mit dieser Entwicklung einhergehende Sozialisation des Individuums ermöglicht wie erzwingt eine größere Bandbreite individuellen Ausdrucks auch von Körper und Emotionen. Die Betonung des individuellen Ausdrucks ist Anzeichen einer Entwicklung, in der eine Vielfalt von Ausdrucksmöglichkeiten im quasi natürlichen Lebenszusammenhang immer mehr reduziert wird. In einer durchrationalisierten (Arbeits-)Welt ist kein Raum und keine Zeit für störende Emotionen, Träume, Spinnereien. Leistung ist gefragt. Leistung aber ist für immer weniger Menschen an körperliche Verausgabung gekoppelt. Höchstleistungen sind vielmehr mit Konzentration, Flexibilität, Lernfähigkeit verbunden.

Der Wunsch nach einem umfassenden Ausdruck von Emotionen und Körper, der Kampf gegen die Entfremdung und das individuelle Leid verdankt sich nicht zuletzt der Sättigung basaler Bedürfnisse in einer Wohlstandsgesellschaft. Weil wir nicht mehr über

Hunger und Kälte und über die körperliche Anstrengung der Arbeit unseren Körper fühlen, können wir den Wunsch entwickeln, unserem Körperausdruck mehr Aufmerksamkeit zu schenken (vgl. dazu Preuss-Lausitz 1987 u. 1989).

Die Welt ist gleichzeitig größer und kleiner geworden. Uns erreichen insbesondere über die Massenmedien pausenlos Katastrophenmeldungen vom entferntesten Punkt der Erde und Bilder von fernen und fremden Kulturen und Menschen. Als *Risikogesellschaft* können wir uns vor den Auswirkungen technischer Fehler und Katastrophen, die wir selber fahrlässig herbeigeführt haben, nicht schützen. Die Tschernobyl-Katastrophe war hierfür symbolisch: Gefahren, die man nicht sieht, nicht hört, nicht riecht, nicht schmeckt und deren Bedrohung von Experten gleichermaßen beschworen wie bagatellisiert wird, erreichen in kürzester Zeit gleichermaßen Inuits wie Griechen, Arbeiter wie Intellektuelle, Politiker wie Obdachlose. Rassen-, schicht- und geschlechtsspezifische Differenzen werden relativiert. Ähnliches deutet sich heute an in der Gen-Technologie.

Wenn man die Beschwörung der Natur, der Sinne, der Sinnlichkeit, die sich in manchen therapeutischen Richtungen ausbreitet, argwöhnisch betrachtet, sollte man nicht außer acht lassen, in welchem Kontext sich diese Entwicklung vollzieht. Der Hunger nach sinnlicher Wahrnehmung und Erfahrung, der sich in der Bereitschaft zu vielfältigen Formen sinnlicher Selbsterfahrung und Gruppenerfahrung niederschlägt, steht in Beziehung zu dem Verlust an sinnlicher Erfahrung im Lebenszusammenhang.

Diese Entsinnlichung betrifft die verschiedensten Erfahrungsebenen. Sie betrifft unsere Erfahrung mit Natur und der Vielfältigkeit natürlicher Prozesse. Der Rückgang der Artenvielfalt und unbebauter Flächen führt nicht zuletzt dazu, dass unser Kontakt mit der Natur sporadischer und spezialisierter wird.

Firmen, die Milch abpacken und weiterverarbeiten, verstehen sich als „Milcherzeugungsbetrieb". Wen wundert es da, wenn Kinder fragen, ob die abgepackt gekaufte Milch auch von den Kühen kommt oder wie Melonen „hergestellt" werden. Hinter dem Warencharakter der Lebensmittel verschwinden die Grundlagen des Lebens: Alles scheint auf technischem Wege produzierbar. Für bestimmte Automarken wird umgekehrt mit dem Hinweis auf ihren „Lebenszyklus" geworben. So ist die Perversion perfekt: Tote Produkte erscheinen als lebendig, Lebens-Mittel erscheinen als tote Produkte, die maschinell hergestellt werden. Unser Verhältnis zur Natur ist vielfältig gebrochen.

Zinnecker (2001, S.27ff) verweist in diesem Zusammenhang nicht zuletzt auf die Verhäuslichung der Kindheit. Die Lebenswelt der Kinder wird weitgehend in geschützte Räume verlagert. Solche geschützten Räume sind gegenüber der natürlichen Umwelt versiegelt. Obwohl es sich dabei um einen Prozess handelt, der auch Erwachsene betrifft, hat diese Verhäuslichung für die kindliche Sozialisation eine stärkere Bedeutung. Denn für Kinder ist dieser Raum zugleich Lebens- und Lernraum.

Die Ambivalenz der Verhäuslichung zeigt sich in zentralen Aspekte unseres Erlebens. Verhäuslichung meint drei Dimensionen von Abgrenzungen: Gegenüber dem Boden durch Abdichtung und Versiegelung des natürlichen Untergrundes, zum Himmel hin durch Überdachung und zu den Seiten hin durch die Errichtung von Trennwänden. Auf diese Weise entstehen befestigte und geschützte Handlungsorte, die zugleich auch zur Pazifizierung und Rationalisierung des gesellschaftlichen Handlungsraumes dienen.

Positive Effekte wie die größere Unabhängigkeit von der Umgebung (Klimaschwankungen, Tages- und Nachtzyklen, Jahreszeiten) erzeugen zugleich auch neue psychische Anforderungen. Das, was früher natürlich geregelt war, muss jetzt in eigener Verantwortung und nach selbsterdachten Strategien bewältigt werden. Die Kontrolle über die zyklische Einbindung des eigenen Handelns in den Stoffwechsel der Natur, die Regulierung von Aktivitätspausen des Körpers muss durch eigene Leistung geregelt werden. Prinzipiell kann man unter den Bedingungen der Verhäuslichung, von Heizung und Strom (um zwei banale Phänomene zu benennen) Tag und Nacht arbeiten. Ruhepausen, die durch die Natur erzwungen waren (durch Dunkelheit, Nässe, Frost), müssen nun durch bewusste Entscheidung reguliert werden. Stressphänomene verweisen darauf, dass Menschen dazu tendieren, Leistungsphasen gegenüber Entspannungsphasen auszudehnen und die Notwendigkeit von Ruhepausen nicht hinreichend wahrzunehmen.

Für die Kindheit und die Eltern-Kind-Beziehungen ist besonders bedeutsam, dass durch die geschützten Räume äußere Sinneswahrnehmungen, wie etwa sehen, hören und riechen deutlich erschwert werden. Kinder sind auf solche Sinneswahrnehmungen sehr viel deutlicher angewiesen, um zu lernen. Ihre kognitive Entwicklung verlangt vielfältige, direkte Erfahrungen mit allen Sinnen. Aber solche Prozesse passieren nicht mehr automatisch in der verhäuslichten Umgebung. Sie müssen aktiv – von Erwachsenen oder durch Unterstützung von Erwachsenen – hergestellt werden. Auch die öffentlichen Spielplätze sind befestigt und geschützt – vor der Welt draußen mit ihrem Autoverkehr, ihrer Hektik, aber eben auch den Sinnstrukturen, die es dort zu erfahren gibt. Der Ort zum Spielen ist separiert. Bedürfnisse, die im Rahmen vermischter und relativ offener Handlungsarrangements mitbedient werden können, werden jetzt nicht mehr befriedigt: Wenn es keine Erde mehr gibt, mit der man matschen kann, braucht es einen Spielplatz, der aufgesucht werden muss und auf dem nur gespielt werden kann. Für die Eltern ist dies verlorene Zeit.

In den homogenen Wohnvierteln und im Zusammenhang mit dem Rückgang physischer und handwerklicher Arbeit sind für die Kinder draußen auch immer weniger spannende Beobachtungen und Begegnungen zu machen. Der Rückgang der Kinderzahlen trägt nicht zuletzt dazu bei, dass sich Kinder nicht mehr quasi automatisch zufällig draußen treffen sondern dass es planerischer Leistungen und Aktivitäten bedarf, andere Kinder zu treffen. Häufig sind die Kinder dann wieder auf das „Taxi Mama“ angewiesen, um zu solchen Treffpunkten zu gelangen.

Auch das Phänomen der Zeitknappheit wird hierdurch verständlicher. Vergleicht man einmal das altmodische System der Papierpost mit Fax und Email, zeigt sich eine Beschleunigung, die nicht etwa zu mehr Entspannung führt, weil die Transportwege und dadurch bedingten Zeitverzögerungen entfallen sondern zu mehr Dringlichkeiten. Emails treffen Tag und Nacht ein, wochentags wie am Wochenende. Sie können unmittelbar beantwortet werden und der Absender erwartet nicht selten auch eine direkte Antwort. Das erzeugt auch den Druck, direkt zu reagieren. Wir werden von der Natur, also z.B. den Problemen der Bewältigung von Distanzen, unabhängiger und geraten dadurch in neue Abhängigkeiten. Wehe aber, der Strom fällt aus!

Der Wechsel der Jahreszeiten ist in der Stadt viel weniger sinnlich präsent als auf dem Land und wird durch vielfältige technologische Produkte in seinen Auswirkungen bekämpft. Das fehlende Licht im Winter wird durch elektrisches Licht kompensiert, Klima-Anlagen verhindern das sinnliche Erleben von Hitze, asphaltierte und gesalzene Straßen ermöglichen das Ignorieren von Regen und Schnee. Fast alle Lebensmittel sind jederzeit käuflich erwerbbar – unabhängig von der Jahreszeit und dem Klima, in dem wir leben. Allenfalls der Preis der Produkte enthält noch Hinweise auf Klima oder Jahreszeit.

In der heutigen Zeit ist die Erschöpfung von Naturressourcen abstrakter, komplexer, schwieriger zu erfahren, nicht mehr direkt sinnlich begreifbar. Wärme und Kälte sind aus den zentral geheizten, klimatisierten Räumen verbannt. Wer zu Fuß geht, spürt die Bewältigung von Distanzen, von Steigungen oder Hindernissen in der Erschöpfung des eigenen Körpers: Das hatte unmittelbar sinnliche Präsenz. Der Energieverbrauch macht sich am Geld fest, nicht mehr am Kohlenschleppen, Asche wegbringen, heizen. Unsere Welt ist auch geruchsarm geworden. In der Stadt stinkt es nach Abgasen, aber nicht nach Frühling, Herbst oder Schnee. Menschen, die riechen, gelten als unhygienisch. Es scheint schon ein Stück absurd, wenn heute als Therapie angeboten (das heißt verkauft und gekauft) wird, ein paar Erfahrungen zu machen: Zuhören, still sein, fasten und die Gefühle, die dabei auftauchen wahrnehmen.

Die Hinwendung zum Therapeutischen ist gleichzeitig Ausdruck des Mangels wie des Überflusses, der Chance zur Selbstvergewisserung und Veränderung, zur Gestaltung des eigenen Lebens wie der Verarmung des beruflichen und alltäglichen Lebens.

Dies spiegelt sich auch in der theoretischen Fassung des Sozialisationsbegriffes. Bis in die sechziger Jahre des 20. Jahrhunderts verstand man unter Sozialisation die Anpassung des Menschen an die ihn umgebende Gesellschaft beziehungsweise den Prozess der Verinnerlichung der herrschenden Werte, Normen, Rollen. Diese – geforderte und als wünschenswert deklarierte – Anpassung setzte ein Verständnis der Gesellschaft voraus, nach der diese im wesentlichen unveränderlich sei und durch allseits akzeptierte und zu akzeptierende Strukturen und dementsprechende Normen und Werte zu charakterisieren sei. Unter solchen (vermeintlichen) gesellschaftlichen Bedingungen war die Anpassung des Einzelnen an die gegebenen gesellschaftlichen Strukturen ebenso unausweichlich wie für beide Seiten – Gesellschaft und Individuum – funktional. Abweichungen von diesem Anpassungsprozess waren lediglich unnötige und das Individuum unglücklich machende Fehlleistungen (vgl. dazu Tillmann 1991).

Noch in den sechziger Jahren des vorigen Jahrhunderts galt die Sozialisation im wesentlichen als ein Prozess, der spätestens mit dem Eintritt in das Erwachsenenalter abgeschlossen war. Meistens wurde die frühe Sozialisation in der Familie als primäre bezeichnet. Das deutete nicht nur auf ihre Stellung als erste Sozialisationsinstanz hin, sondern sollte auch ihre überragende Bedeutung für alle nachfolgenden Sozialisationsinstanzen zum Ausdruck bringen. Demgegenüber galt die Schule bereits als sekundäre Sozialisationsinstanz mit weitaus geringerer Bedeutung und nur geringen Einflusschancen. Die Sozialisation im Beruf galt als tertiär, als Instanz, in der kaum noch bedeutende Sozialisationsprozesse oder Veränderungen der Persönlichkeit zustande kommen konnten.

In den letzten Jahrzehnten dagegen hat sich stärker eine umfassendere Sichtweise von Sozialisation und Lebenslauf herausgebildet. Sozialisation wird zunehmend als umfassender Prozess des ganzen Lebens verstanden. Mit dem Begriff des Lebenslaufes setzte sich im Vergleich zum Lebenszyklus zugleich eine dynamischere und für spätere Veränderungen, Statuspassagen und Lebenseinbrüche offenere Sichtweise durch (vgl. Kohli 1978, S.9f). Dabei wurde die Tradition der älteren Sozialisationsforschung insoweit fortgesetzt, als die Bedeutung der frühen (beziehungsweise früheren) Sozialisationserfahrungen als Hintergrund und Horizont neuer Erfahrungen und auch Erfahrungsmöglichkeiten weiterhin unumstritten blieb.

Psychoanalytische, phänomenologische und interaktionistische Theorien stimmen darin überein, dass sich ältere Erfahrungen nicht einfach ausradieren lassen, nicht verloren gehen in der Konfrontation mit neuen Erfahrungen. Sie bilden vielmehr entscheidende Filter und Muster für neue Erfahrungen, die so selektiert, strukturiert und konstruiert werden.

Verlagert hat sich in der Sozialisationsforschung die Akzentuierung und Einschätzung der verschiedenen Etappen im Lebenslauf. In der älteren Sozialisationsforschung wurden Familie und Schule als eigenständige Sozialisationsinstanzen untersucht. Spätere Instanzen galten als nachfolgende Sozialisationsetappen. Dagegen begreift die Lebenslaufforschung die frühen Sozialisationsprozesse als antizipatorische Sozialisation. Sie thematisiert damit die Bedeutung der frühen Phasen für das spätere Leben, das im Mittelpunkt des Interesses steht.

> *Soweit das früher Gelernte nicht einfach verschwindet (...), findet solche antizipatorische Sozialisation in jeder Position statt, die einer anderen vorgeschaltet ist, unabhängig davon, ob das den Beteiligten als Sozialisation bewusst oder gar von ihnen intendiert ist (Kohli 1980, S. 303).*

Kindliche Sozialisation wird zunehmend als solche antizipatorische Sozialisation begriffen. Sie gilt als Vorbereitung auf gesellschaftliche Anforderungen. Mütter sollen ihre Kinder so erziehen, dass sie sich im Kindergartenalter bereitwillig von ihnen lösen und spätestens in der Schule als Individuen von außen gesetzten Leistungserwartungen entsprechen. Kindergarten und Schule gelten als intermediäre Instanzen im Prozess des Erwachsenenwerdens.

Schließlich hat die Sozialisationsforschung in den letzten Jahren eine weitere Akzentverschiebung vorgenommen: Individuen und Gruppen werden nicht mehr ausschließlich oder vorrangig als „Opfer“ gesellschaftlicher Verhältnisse begriffen, sondern als aktive (Mit-)Gestalter ihrer Lebensumstände und ihrer Biographie, als Subjekte, die sich die komplexen materiellen und gesellschaftlichen Lebensbedingungen, unter denen sie aufwachsen, selbsttätig aneignen, sie zu erklären suchen, sie mit Sinn ausstatten und gestalten.

Die Hinwendung zur „Biographie" und zur biographischen Forschung lenkt die Aufmerksamkeit stärker auf das Individuum, auf die Besonderheiten und Einmaligkeit seiner Lebensgeschichte, die in der traditionellen Sozialforschung eher verschwanden. Die Erforschung der objektiven Lebensumstände, wie sie etwa in der schichtspezifischen Sozialisationsforschung zum Ausdruck kam, erweckte insbesondere bei oberflächlichen Rezipienten den Eindruck linear-kausaler, statischer und relativ unabänderlicher Zusammenhänge zwischen objektiven Faktoren und subjektiven Lebensmöglichkeiten. Obwohl die empirischen Belege für diese Zusammenhänge eher dürftig waren, sich teilweise sogar in Re-Analysen als unhaltbar herausstellten (vgl. zum Beispiel Abrahams/ Sommerkorn 1976), wurden diese Theorien als gesicherte, objektive Wissensbestände lange Jahre gelehrt und gelernt.

In jeder Hinsicht eindrucksvoll war ein Erlebnis, als wir Ende der siebziger Jahre in Seminarveranstaltungen an der Hochschule qualitative Interviews mit versagenden Hauptschülern vorlegten. Die in der schichtspezifischen Sozialisationsforschung erfahrenen und kompetenten Studentinnen und Studenten wollten nicht glauben, dass es sich bei diesen Interviewpartnerinnen wirklich um Arbeiterkinder, Hauptschülerinnen handelte. Sie vermissten nicht nur den restringierten Sprachcode, sondern staunten auch über die teilweise kreativen und durchaus kompetenten Einschätzungen der Institution Schule durch die Schüler. Die Schulung im Denken mit objektiven Kategorien hatte ihnen den Blick für die realen Fähigkeiten der betroffenen Menschen eher vernebelt als erhellt!

Die neuere Sozialisationsforschung nimmt insgesamt folgende Akzentverschiebungen vor: Aus dem passiven Objekt gesellschaftlicher Einflüsse wird ein aktives Subjekt, das sich seine Erfahrungen handelnd aneignet. Die Kindheit ist nicht mehr die einzige wichtige Phase im Lebenslauf, die dortigen Erfahrungen sind eher intermediär und antizipatorisch auf andere Lebensphasen ausgerichtet. Zugleich findet eine stärkere Individualisierung statt.

Der Begriff der Individualisierung wurde von Beck (1986) sowie Beck und Beck-Gernsheim (1990) zur Beschreibung neuerer gesellschaftlicher Entwicklungen der Erwachsenengesellschaft geprägt. Die biographischen Bedingungen des Aufwachsens von Kindern und Jugendlichen bleiben aber von diesen Entwicklungen nicht unberührt.

Ältere soziale Ungleichheiten bezüglich Klasse, Schicht oder Geschlecht haben sich relativiert zugunsten neuer sozialer Ungleichheiten. Prozesse der Individualisierung (des Auf-Sich-Allein-Gestellt-Seins) und der Diversifizierung (der Verschiedenheit von Lebenslagen und Lebensstilen) werden zunehmend bedeutsamer. Soziale Herkunft und das Geschlecht bestimmen nicht mehr so eindeutig wie früher das gesamte Leben. Es gibt biographische Wahl- und Entscheidungsmöglichkeiten und -zwänge, die insbesondere an Statuspassagen oder in Krisensituationen ermöglicht und zugleich abgefordert werden.

Obwohl die Menschen in gesellschaftliche Makro- und Mikrostrukturen eingebettet sind und sich ihr Leben davon nicht unabhängig gestaltet, bleiben sie zugleich einmalige Individuen, deren Besonderheiten gerade in pädagogischen Prozessen verstanden, als Ressource begriffen und für anstehende Lernprozesse sinnvoll genutzt werden können. Individualisierung und Pluralisierung bezeichnen Prozesse, in denen die individuellen Optionen vervielfacht werden und damit Wahl- und Bastelbiographien erzeugt werden.

Im historischen Vergleich ist die Lebenssituation vieler Menschen tatsächlich offener, gestaltbarer, „freier“ geworden, allerdings in einem doppelten Sinne. Einem Mehr an „Subjektivität“ entspricht ein Verlust an „objektiven“ stabilen Rahmenbedingungen. In einem restriktiven Ausbildungs- und Erwerbsarbeitsmarkt sind Berufswünsche nur schwer durchsetzbar. Ein erworbener beruflicher Status ist durch Arbeitslosigkeit bedroht. Jede dritte Ehe endet vor dem Scheidungsrichter.

Diese „Dynamisierung“ des Erwachsenenlebens schlägt sich in der Gestaltung von Kindheit nieder. Die heute Erwachsenen können ihren Kindern in aller Regel relativ viel an materiellem Wohlstand bieten, aber weder eine sichere Zukunftsprognose noch klare Verhaltensmaximen. Familien sind heute im allgemeinen weniger rigide, aber eben auch weniger stabil.

Die Freiheiten, die durch Individualisierung und Pluralisierung entstehen, sind zumindest ambivalent zu bewerten, denn sie gehen leicht zu Lasten des Schwächeren. Der ist oft genug immer noch die Mutter, im Zweifelsfalle aber auch das Kind. Bei dauernden Streitigkeiten oder einer Trennung der Eltern verliert das Kind im schlimmsten Fall beide Eltern und damit die Rahmenbedingungen, Bezüge und Bindungen, die ihm Sicherheit und Geborgenheit gegeben haben. Mit der Zunahme der Scheidungsraten und der Wiederverheiratungen wächst auch die Zahl der Kinder, die nicht mehr mit beiden leiblichen Elternteilen aufwachsen.

Wechselnde Konstellationen (Normalfamilie, Ein-Elternfamilie, Freund der Mutter, Freundin des Vaters, Stief-Familie) und gerade auch nach einer Trennung oder Scheidung weiter bestehende Konflikte um Unterhalt oder Kindesumgang, um neue Regeln und alte Streitigkeiten müssen von zunehmend mehr Kindern und „ihren" Erwachsenen verarbeitet werden.

Mit dem Prozess der Therapeutisierung eröffnet sich für diese Entscheidungsmöglichkeiten und -zwänge ein Raum. Dort können solche Entscheidungen mit professioneller Unterstützung bewältigt werden. Das Individuum kann sich selbst seiner – potentiellen – Entscheidungen vergewissern. Es kann probeweise in andere Rollen schlüpfen, kann Zukunftswünsche eruieren, Abschied von alten Lebensgewohnheiten nehmen. Damit sind zahlreiche Ambivalenzen und Widersprüche verbunden. Es gibt mehr Möglichkeiten, aber die Freiheit ist keineswegs grenzenlos. Migration ist nicht Integration, Koedukation ist nicht Chancengleichheit, Beschädigung bleibt Behinderung.

Was als Lösung gedacht war, entpuppt sich häufig nur als Teillösung und bringt auch neue Probleme mit sich. Oft treten Effekte auf, die weder beabsichtigt waren noch ohne weiteres bewältigt werden können. Das Leben im fremden Land ist mit vielerlei Unsicherheiten und Benachteiligungen verbunden. Bessere Schulnoten und Schulabschlüsse der Mädchen bedeuten nicht automatisch bessere berufliche Positionen. Integration im Kindergarten oder Grundschule konfrontiert anschließend ums so härter mit Ausgrenzung.

Dennoch sind aus unüberwindlichen Mauern Markierungslinien geworden, die – wenn auch unter hoher Anstrengung – von einigen überschritten werden können. Was dies im einzelnen bedeutet, ist jeweils kontextbezogen und fallbezogen zu eruieren. Es kann Verzweiflung sein angesichts des Scheiterns an einer Markierungslinie, die überwindbar erschien, es aber doch nicht ist. Therapeutisierung meint eine intensive individuelle Auseinandersetzung mit diesen Prozessen. Dort kann gemeinsam erörtert werden, wo die Betroffenen stehen, woran sie leiden, was der nächste Schritt sein könnte.

Individualisierung kann mehr Selbstbestimmung und Selbstbewusstsein bedeuten, aber auch Hilf- und Orientierungslosigkeit, Isolierung und Überforderung. Der Bedarf an Beratung und Therapie hat hier eine wesentliche Ursache: biographische Umbrüche und Krisen, Entscheidungen mit ihren oft kaum zu überblickenden Folgen wollen bearbeitet, besprochen, bewältigt werden.

Mit der kontinuierlichen Verbesserung der Bildungschancen erwerben immer mehr Schülerinnen und Schüler eines Altersjahrgangs höhere Bildungsabschlüsse. Aber auch diese Verbesserung führt zu ambivalenten Folgen. Der Kampf um die Noten, auch um die Ziffern hinter dem Komma, ist für das Individuum zugleich bedeutender wie unbedeutender geworden: bedeutender, weil ohne Schulabschluss der frühzeitige Ausschluss aus dem geregelten gesellschaftlichen Leben droht, ein Abstieg in das untere Drittel der Gesellschaft zwischen Warteschleifen und Sozialhilfe. Unbedeutender, weil die entsprechenden Schulabschlüsse zwar notwendige Voraussetzung, aber keineswegs Garanten sind für die gewünschten beruflichen Positionen oder Studienplätze. („Du hast keine Chance, aber nutze sie!“).

Auf vielen Kindern und Jugendlichen lastet massiver elterlicher wie gesellschaftlicher Druck. Sie müssen in der Schule funktionieren, koste es, was es wolle. Gesundheitliche Beeinträchtigungen, wie sie von der Bielefelder Forschungsgruppe (Hurrelmann 1986) immer wieder empirisch belegt werden, sind auf diesem Hintergrund ebenso verständlich wie das inflationäre Anwachsen von privaten Nachhilfeinstituten für die, die es sich leisten können.

Die Aufgabe, sich im Rahmen differenzierter gesellschaftlicher Strukturen (wie etwa Familie, Schule oder Erwerbsleben) und unter spezifischen Bedingungen (wie etwa Schichten und Wohnviertel) als leistungsfähige Subjekte darzustellen, die ihre Biographie im Rahmen ihrer Lebensumstände selbständig entfalten, gilt ab einer gewissen Altersstufe für alle gleichermaßen, aber nicht in gleicher Weise. Sie bietet die Chance, ein größeres Maß an Ablösung von der Herkunftsfamilie und von traditionell vorgegebenen Bahnen zu realisieren, beinhaltet aber gleichzeitig ein hohes Maß an Individualisierung, Isolierung und Risiken des Scheiterns.

Der Wechsel vom erzieherischen zum therapeutischen Deutungsmuster ist in diesen Zusammenhang eingebettet. Er bedeutet einen Übergang zu einer neuen Qualität von Vergesellschaftung und Individualisierung. Es kommt zu einer Neuakzentuierung des Verhältnisses zwischen objektiven gesellschaftlichen Anforderungen und individueller Entwicklung, zu einer weicheren Form der sozialen Kontrolle. Donzelot (1980) spricht vom „Flottieren". Es bleibt allerdings unklar, ob weichere soziale Kontrolle eine geringere oder vielleicht sogar eine umfassendere gesellschaftliche Kontrolle bedeutet. Möglicherweise stellt die Fähigkeit zur weicheren Form der sozialen Kontrolle eine zusätzliche Dimension „kulturellen Kapitals" (Bourdieu 1987) dar. So werden etwa für das gehobene Management in der Wirtschaft weichere Formen der sozialen Kontrolle gefordert.

Die Rationalisierung und Modernisierung der Arbeits- und Lebenswelt erfordert von den Individuen nicht nur äußere Mobilität und Flexibilität, sondern auch innere. Individuen werden tendenziell mehr auf sich selbst zurückgeworfen, werden dauernd mit Neuem und Neuerungen konfrontiert, denen gegenüber traditionelle Bindungen und Bezüge in den Hintergrund treten. Der Sozialisationsprozess wird dadurch intensiviert und differenziert. Äußere Anpassung und Gehorsam sind nicht mehr Sinn und Zweck der Sozialisation, sondern individuelle Flexibilität, möglicherweise auch Widerstand gegen äußeren Druck.

Die „Psyche" wird in neuer Qualität zum Gegenstand der Aufmerksamkeit, Beobachtung und Bearbeitung und verliert den

Charakter eines „Naturschicksals". Sie gewinnt zunehmend den Stellenwert einer verursachenden und/oder erklärenden Variablen: Wenn man nach den Ursachen und Gründen für ein bestimmtes Verhalten sucht, schaut man – auch – auf die Emotionen, nicht bewusst wahrgenommne Intentionen, lebensgeschichtlich erworbene Muster.

Meine These von der Ablösung des erzieherischen durch das therapeutische Deutungsmuster ist Ausdruck eines solchen gesellschaftlichen Umbruchs. Bedeutsame Aspekte sind in diesem Zusammenhang die nachhaltige Infragestellung des patriarchalen Lebens- und Weltverständnisses durch die Greuel des Faschismus, die zunehmende Verunsicherung des linearen Fortschrittdenkens, zunehmende Zweifel an den Segnungen der Technik, die Diskrepanzen zwischen ökonomischer und ökologischer Entwicklung, Wettrüstung und Hunger, materiellem Wohlstand und fehlenden gesellschaftlichen und individuellen Perspektiven.

Ein hohes Maß an Vergesellschaftung beinhaltet zwingend auch ein hohes Maß an Wissen und Erkenntnis über unterschiedliche Lebensweisen und -möglichkeiten. Das Nebeneinander von unendlich vielen Handlungs- und Ausdruckmöglichkeiten, die scheinbar frei wählbar sind, erzeugt neuartige Bedürfnisse, Wünsche und Probleme.

In einem komplizierten und schwer durchschaubaren Prozess eröffnen sich teils veränderte Lebensgestaltungsmöglichkeiten auf einem historisch-sozial neuartigen Niveau, teilweise werden aber auch Freiheiten vorgegaukelt, die effektiv gar nicht vorhanden sind. In komplizierten biographischen Prozessen – die mindestens teilweise „cooling-out-Arrangements" (Goffman 1952) von unerreichbaren Träumen sind, wird eine Individualität entwickelt, die nicht mehr bruchlos aus Traditionen hervorgeht, sondern ein qualitativ neues Niveau der psychischen Verarbeitung von sozialer Realität darstellt.

Diese neue Qualität psychischer Verarbeitung zeigt sich in einer grundlegenden Veränderung im Umgang mit Körper, Affekten, Vernunft und Selbstreflexion. Der Selbst- und Fremdwahrnehmung aller drei Dimensionen wird mehr Aufmerksamkeit geschenkt. Sie werden für den Umgang miteinander, für die Orientierung, für das subjektive Lebensgefühl bedeutsamer. Der Ausdruck aller drei Dimensionen, insbesondere aber von körperlichen Empfindungen und Affekten wird insgesamt positiver bewertet.

Die im Verlauf des Zivilisationsprozesses erzeugte Hierarchie von Körper, Affekten, Vernunft und Selbstreflexion (vgl. Elias 1980) wird abgelöst von einer tendenziell eher gleichgewichtigen Dimensionierung, wobei teilweise eine massive Abwertung von Vernunft und Selbstreflexion erfolgt. Der Glaube an Vernunft und Fortschritt weicht der Ungewissheit, ob die mit dem technologischen Fortschritt geschaffenen Potenzen nicht zur endgültigen Vernichtung der Menschheit führen.

Das therapeutische Deutungsmuster ermöglicht und erfordert eine größere Bandbreite individuellen Ausdrucks und Selbstdarstellungen und stellt eine neue Stufe von Aufklärung über Prozesse und Zusammenhänge her, die sich früher der Reflexion und Selbstreflexion entzogen haben. Die Öffnung zur Meta-Kommunikation zeichnet das therapeutische Deutungsmuster gegenüber dem erzieherischen Deutungsmuster aus. Dadurch kann die Distanzierung zu gegebenen Realitäten eröffnet werden, zu dem, was passiert ist, zu den damit verbundenen Gefühlen. Es kann nach Abweichungen, Ausnahmen und Alternativen gefragt werden. So kann der Klient seinen Horizont erweitern. Vernachlässigt wird allerdings die Thematisierung kollektiver Restriktionen wie Handlungsmöglichkeiten.

Der von mir beschriebene Prozess weist Differenzierungen und Ungleichzeitigkeiten auf, auf die ich jedoch hier nicht eingehe. Ich nehme eine Vereinfachung von facettenreichen, komplexen Schemata vor, um bestimmte Entwicklungstendenzen zu verdeutlichen. Dabei vernachlässige ich die Differenzen zwischen verschiedenen Schulen und Richtungen und beziehe mich auf die dem jeweiligen Deutungsmuster expliziten oder impliziten Theorien über die kindliche Entwicklung und deren sinnvolle Beeinflussung. Es bedarf wohl keiner Erläuterung, dass unter dem Deckmantel erzieherischer oder therapeutischer Deutungsmuster auch Prozesse ablaufen können, in denen es nicht um Entwicklung, sondern um

Machtausübung, Manipulation, Aufbewahrung oder Ruhigstellung geht. Dies klammere ich hier aus.

Bezüglich des erzieherischen Deutungsmusters beziehe ich mich insbesondere auf traditionelle Erziehungskonzeptionen zum Umgang mit Kindern. Bezüglich des therapeutischen Deutungsmusters beziehe ich mich vor allem auf die Ansätze aus der humanistischen Psychologie, insbesondere in ihren tiefenpsychologischen und gestaltpsychologischen Facetten.

2. Chancen der Therapeutisierung

Das therapeutische Deutungsmuster hat unsere Vorstellungen von der Person und den für das Lernen relevanten Dimensionen der Persönlichkeit entscheidend verändert. Ich erläutere im folgenden einige markante Punkte, die für die pädagogische Arbeit ins besonderer Weise bedeutsam sind:

- Die Dimension des Unbewussten;
- Die biographische Dimension;
- Die Bedeutung von Emotionen und Leib;
- Methoden und Techniken aus der humanistischen Psychologie.

In allen Punkten ergibt sich aus dem therapeutischen Deutungsmuster und seinen Implikationen eine Verschiebung der bisher vorherrschenden Erziehungskonzeptionen hin zum therapeutischen Denken. Ich beschreibe die Richtung der Veränderungen und reflektiere die Folgen.

2.1 Die Dimension des Unbewussten

Ende des 19. Jahrhunderts wurde von Freud die Theorie der Psychoanalyse entwickelt. Sie beschäftigt sich vor allem mit der inneren Entwicklung des Menschen und mit der Beziehung zwischen innerer Entwicklung und der Umwelt. Umwelt wird vor allem als Auseinandersetzung mit den signifikanten Bezugspersonen begriffen und erscheint damit vorrangig als personale Umwelt. Die materielle Umwelt dagegen wird von der Psychoanalyse kaum beachtet.

Freud entwickelte die Psychoanalyse im Zusammenhang mit der Behandlung von Einzelfällen, von psychisch Kranken. Er postulierte in diesem Zusammenhang, dass zwischen normaler und neurotischer, gesunder und kranker Entwicklung kein struktureller, sondern nur ein gradueller Unterschied besteht. Dies hat weitreichende Folgen:

- Erkenntnisse, die im Zusammenhang mit der Behandlung Kranker gewonnen wurden, können auf gesunde Menschen übertragen werden.
- Aus Fallstudien – Einzelfällen – gewonnene Erkenntnisse sind verallgemeinerungsfähig.
- Die Erinnerungen erwachsener Patienten geben Aufschlüsse darüber, wie Kinder Kindheit erleben.

Die wichtigste Konstruktion Freuds war das Konzept vom Unbewussten und damit die Relativierung kognitiver und intentionaler Prozesse für die menschliche Entwicklung. Damit einher geht ein Verständnis des Sozialisationsprozesses, bei dem die Relevanz von Emotionen und Leib auch für die Entwicklung der Kognitionen betont wird. Freud sieht das Verhalten des Menschen als komplexes Wechselspiel dreier psychischer Instanzen oder Systeme: Es, Ich und Über-Ich. Diese Begrifflichkeit Freuds ist eher metaphorisch als wörtlich zu verstehen. Alle drei Instanzen verfolgen ihre eigenen, einander widersprechenden Ziele und Regeln. Dieses Wechselspiel der Kräfte, die Psychodynamik der Persönlichkeit, wird nach psychoanalytischer Auffassung niemals vollständig vom Ich gesteuert. Als behandlungsbedürftig gilt die erwachsene Person dann, wenn Es oder Über-Ich die Person so stark steuern, dass sie nicht in der Lage ist, bewusst mit dem Ich ihre Handlungen zu steuern.

Das Es ist von Geburt an da, besteht aus den grundlegenden animalischen Bedürfnissen. Der Säugling besteht zunächst nur aus Es. Ich und Über-Ich entwickeln sich erst später. Das Es strebt nach unmittelbarer Befriedigung. Es folgt dem „Lustprinzip“ und kennt keine Realität. Das gerade bestehende Bedürfnis wird auch dann nicht aufgegeben, wenn seine Befriedigung nicht möglich ist.

Der Säugling ist, wie alle Eltern eindringlich erfahren, rücksichtslos gegenüber seinen Bezugspersonen. Er artikuliert seine Bedürfnisse lautstark – unabhängig von Tages- und Nachtzeit, von der Müdigkeit der Erwachsenen oder der Hellhörigkeit der Wohnung. Die uneingeschränkte Direktheit, mit der er seine Bedürfnisse artikuliert, ist für seine Eltern faszinierend, kann sie aber auch schnell an ihre Grenzen bringen. So lautstark seine Artikulationen sind, so schwer verständlich sind sie oft am Anfang. Schreit er, weil er Hunger hat, die Windeln voll sind, er müde ist und Ruhe braucht oder gerade im Gegenteil Langeweile hat und unterhalten werden will?

Das „Säugetier" Mensch ist auf die Befriedigung leiblicher Bedürfnisse grundlegend angewiesen. Es ist diesbezüglich hervorragend ausgestattet („Der kompetente Säugling", Dornes 1993). Da Menschen nicht instinktgebunden sind, sind Verfehlungen der grundlegenden Bedürfnisse dennoch denkbar. Kindervernachlässigung oder Gewalt weisen darauf hin.

Der Säugling ist in seiner Existenz gefährdet und kann sterben, wenn seine grundlegenden Bedürfnisse nicht befriedigt werden. Das macht ihn extrem verwundbar und verletzbar. Aus eigener Kraft kann der Säugling diese Bedürfnisse – anders als Erwachsene – nicht befriedigen. Mit zunehmendem Alter und abhängig von der materiellen Umwelt und der umgebenden Natur kann er zunehmend lernen, „mündig" zu werden, wie dies die geisteswissenschaftliche Pädagogik formulierte. Häufig wurden dabei allerdings Leib und Emotionen als Dimensionen übersehen, diese wurden erst mit dem therapeutischen Deutungsmuster fokussiert.

In der frühen Entwicklungsphase besteht eine Einheit verschiedener Bedürfnisse. Die selige Befriedigung des satten Säuglings wird beim Stillen als Einheit von Nahrung, Hautkontakt, Wärme, Gehaltenwerden „produziert". Die Mutter, die ihr Kind stillt, braucht nicht daran zu denken, dass ihr Kind Hautkontakt braucht – wohl aber die Mutter, die nicht stillt. Bei der Fütterung mit der Flasche entfällt der Automatismus des Hautkontaktes. In der USA war es eine Zeitlang Mode, Fläschchenhalter am Babybett anzubringen, damit die Mutter Zeit für andere Tätigkeiten hatte und die Personalkosten in Heimen oder Horten gesenkt werden konnten!

Allmählich kommt es zu einer Differenzierung von Bedürfnissen. Das Lustprinzip hält über die unmittelbare Bedürfnisbefriedigung hinaus an, wie sich dies etwa beim Daumenlutschen zeigt. Das Kind genießt das Lutschens, obwohl es satt ist. Es kann sich mit zunehmendem Alter eine Zeitlang alleine trösten und beschäftigen und ist nicht mehr wie zu Beginn seines Lebens absolut von anderen abhängig.

Die Familie als Institution und als Verbindung von Menschen mit einzigartiger Bedeutung ist der Ort, an dem ihre Mitglieder mit ihren leiblichen Bedürfnissen zentrale Aufmerksamkeit erfahren: „Bett" und „Tisch" stehen für Wohnraum und Ernährung, aber auch für Sexualität, gemeinsame Kommunikation, Fürsorge, Geborgenheit. Dies sind zugleich auch die Themen, an denen sich der Familienalltag bewähren muss.

Der Mensch befindet sich in einer Spannung zwischen Bezogenheit auf andere und dem Bedürfnis nach Autonomie. Schon der Säugling kann sich mit Hilfe seines Daumens selber trösten – unabhängig von der Anwesenheit der Mutter. Er ist aber auf Unterstützung angewiesen und auf die grundlegende Sättigung seiner Bedürfnisse. Kinder, die über längere Zeit nicht versorgt oder mit physischer Gewalt ruhig gestellt werden, erleiden nicht nur physische sondern auch psychische Schäden. Sie erleben ihre personale Umwelt als ihnen feindlich gesonnen und sich selbst als unwert, geliebt zu werden. Diese Grundhaltung prägt ihr weiteres Leben, wenn sie nicht durch grundlegend andere Erfahrungen – etwa im Rahmen einer Therapie – überwunden werden kann.

Das *Über-Ich*, das Gewissen, ist im wesentlichen Träger der moralischen Normen, wie sie dem Kind von seiner Umwelt vermittelt werden. Mit dem Aufbau des Über-Ichs als Teil der Psyche des Einzelnen werden äußere gesellschaftliche Normen und Anforderungen internalisiert (verinnerlicht). Die Gestalttherapie spricht von „Introjekten". Sind die Normen internalisiert, braucht der Einzelne nicht mehr mit Gewalt vom Übertreten der Regeln abgehalten zu werden. Entsprechende Verhaltensweisen sind routinisiert, automatisiert, werden nicht reflektiert. Dabei kann es sich um einfache Verhaltensweisen handeln wie z.B. das Essen mit Messer und Gabel, aber auch um komplexe Muster wie die Vermeidung von Kontakt mit fremden Menschen.

Die Internalisierung der Normen erfolgt nicht nur über Belohnung oder Bestrafung sondern auch über ganzheitliche Lernprozesse. Eine herausragende Bedeutung hat dabei die Identifikation mit wichtigen Bezugspersonen. Bei der Identifikation werden komplette „Muster" übernommen. Wir sehen dies zum Beispiel beim Kind im Rollenspiel. Oft sieht man hier die perfekte Spiegelung des elterlichen Verhaltens, was für die betreffenden Erwachsenen oft verblüffend, manchmal belustigend, manchmal irritierend ist.

Solche Identifikationsprozesse können auch als Identifikation mit dem Aggressor ablaufen, also als Verinnerlichung der Verhaltensweisen, die vom Erwachsenen als Bestrafung (negative Sanktionierung) für das Kind gedacht waren. Solche Lernprozesse erfolgen offensichtlich nicht nach dem Schema Reiz – Reaktion – Belohnung – Bestrafung. Ihr „Sinn" erschließt sich oft erst auf den zweiten Blick. Das Kind vollzieht hier als Subjekt, was ihm als Objekt (der Bestrafung) angetan wurde. Es gewinnt so in gewissem Maße Kontrolle über eine Situation, der es in der Realität hilflos ausgeliefert ist. Das Muster allerdings wiederholt und bestätigt sich. Gewalt und Vernachlässigung können auch das Aufwachsen der nächsten Generation prägen, wenn nicht durch Beratung, Therapie oder intensive Reflexionsprozesse neue Muster aufgebaut werden.

Natürlich gibt es auch positive Identifikationsprozesse. Kompetenzen zum Umgang mit dem Kind sind auch durch Erinnerungen an eigene Kindheit gespeist. Schon hier sehen wir die grundlegende Bedeutung von Modellen. Vorleben, Erleben bewirkt mehr als Belehrung! Wer gewärmt worden ist, weiß, wie Wärme sich anfühlt, wie man sie geben kann, erkennt die Anzeichen, wann der andere sie braucht. Wer Gewalt erfahren hat, kennt nicht selten vor allem dieses Muster und greift darauf zurück, wenn er in Stress gerät.

Die Verinnerlichung von äußeren Anforderungen ist ein unumgänglicher Prozess. Ohne Internalisierungsprozesse wäre das Individuum nicht handlungsfähig. Es wäre zu mühsam und zeitaufwändig, alle Handlungen von außen oder über bewusste Reflexion zu steuern. Durch Internalisierung gewinnt das Subjekt die Freiheit, sich auf neue Anforderungen, z. B. schulische Lernprozesse, einzulassen.

Ohne Internalisierung ist aber auch Gesellschaft nicht denkbar. Keine Gesellschaft ist in der Lage, alle Verhaltensanforderungen an das Individuum kontinuierlich von außen zu steuern. Dem Prozess der Verinnerlichung, also des Aufbaus des Über-Ichs, sollte aber im Idealfall ein Prozess der möglichen „Veräußerlichung" gegenüberstehen. Darunter verstehe ich die Fähigkeit, sich die verinnerlichten Regeln, Muster, Introjekte ins Bewusstsein zu holen, dem Ich, dem bewussten Teil der Psyche, zugänglich zu machen und zu reflektieren. Nur dann kann eine bewusste Entscheidung darüber getroffen werden, ob diese Muster noch angemessen sind oder durch neu zu erlernende Regeln zu ersetzen sind.

Eine solche Entscheidung ersetzt nicht die oft mühsame Gewöhnung an neue Regeln, ist aber der erste Schritt für die Bildung neuer Gewohnheiten. Reflexion und Selbstreflexion sind ein wichtiger Bestandteil des therapeutischen Prozesses.

Auch in der Lehrerausbildung und -fortbildung sollten solche Reflexionsprozesse eine wichtige Rolle spielen, weil das pädagogische Handeln zu einem erheblichen Teil durch verinnerlichte Muster, die biographisch angeeignet wurden, geprägt wird. Die Reflektion, nach welchen Regeln, Mustern, Stereotypen die Lehrperson handelt, ist ein wichtiger Bestandteil des Professionalisierungsprozesses. Es soll abgewogen werden, in welchem Kontext diese entstanden sind, ob sie außer Kraft gesetzt werden sollen, welche Alternativen es gibt. Die Lehrperson soll die Kompetenz erwerben, die eigenen pädagogisch bedeutsamen Erfahrungen wahrzunehmen, zu bewerten und alternative Handlungsmuster zu erproben. Impulsivität muss zum Beispiel kontrolliert werden, wenn Ärger und Wut, wie berechtigt sie auch sein mögen, in gewalttätige Handlungen umschlagen.

Freud sah einen *Gegensatz* zwischen den natürlichen Trieben des Menschen und den gesellschaftlichen Anforderungen. Für ihn manifestierte sich dieser Gegensatz am schärfsten in der Sexualität beziehungsweise der sexuellen Entwicklung. Er stellte die Sexualverbote der damaligen Gesellschaft in Frage und entdeckte die kindliche Sexualität. Mit dieser Entdeckung lässt sich ein sexueller Missbrauch von Kindern keineswegs rechtfertigen. Die Psychoanalyse betonte vielmehr den eigenständigen Ausdruck kindlicher Sexualität, die erst mit der Pubertät und den entsprechenden Entwicklungsschritten allmählich zu einer „genitalen“ Sexualität wird.

Das für die Sozialisationsforschung Bedeutsame an der Entwicklung der Psychoanalyse ist vor allem die Relativierung des Rationalen, des Kognitiven. Damit zusammen hängt die veränderte Einschätzung des Sichtbaren. Die Psychoanalyse beansprucht für sich die Fähigkeit, manifeste Verhaltensweisen im Hinblick auf den latenten Sinn des Geschehens entschlüsseln zu können. Das wurde im Kapitel 1.1 anhand der Gegenüberstellung von Struwwelpeter und Anti-Struwwelpeter bereits ausführlich erläutert.

Das Kind versucht nach psychoanalytischer Auffassung insbesondere im Medium des Spiels Lebenseindrücke psychisch zu bewältigen. Es bearbeitet Erlebtes durch wiederholte Inszenierungen. Den traumatische Krankenhausaufenthalt wird nicht vergessen, sondern immer wieder nach gespielt. Es verwandelt sich dabei in den „bösen“ Arzt, der dem Kind Schmerzen zugefügt hat oder die böse Mutter, die das Kind verlassen hat. In diesen Geschichten wird das Erlebte in neuen Variationen immer wieder durchgearbeitet. Das Kind betätigt sich als Erfinder, Regisseur und Protagonist. Es verwandelt die erlittene Situation in kleinere Stücke, die es dann nach und nach assimilieren, verkraften kann. Durch die eigene Inszenierung verwandelt das Kind die passiv erduldete Situation in eine aktiv geschaffene. Die Übernahme der aktiven Rolle erleichtert den Assimilationsvorgang, schafft eine gewisse Distanz zum schmerzvollen Erlebnis und macht das Kind, wenn auch nur in der Fiktion des Spiels, zum Herrn der Situation (vgl. Schön 2005).

Fürstenau (1967, S. 9 f.) sieht in dieser *Relativierung des Rationalen, des Kognitiven* die Grundlegung der Sozialisationsforschung. Er hebt als wesentliche Leistung der Psychoanalyse hervor, dass diese den Begriff der Erziehung über die traditionelle pädagogische Vorstellung der absichtlichen, beziehungsweise veranstalteten Erziehung hinaus ausgedehnt hat. Sie hat die Aufmerksamkeit darauf gelenkt, dass es neben den bewussten, den Erziehern bekannten oder zumindest bemerkbaren erzieherischen Einwirkungen auf das Kind unbewusste, nicht bemerkte Erziehungseinflüsse gibt, die möglicherweise viel wirksamer sind als die an der Oberfläche des Geschehens sichtbaren. Die Unterscheidung zwischen dem sichtbaren Verhalten und den dahinter liegenden nicht ohne weiteres sichtbaren Affekten, zwischen Tat und Täter hat sich mittlerweile auch im Alltagsbewusstsein von Erziehenden etabliert.

Unabhängig davon, wie man zur Psychoanalyse als therapeutischer Behandlungstechnik steht, muss diese Perspektive für die Erziehungswissenschaft gewürdigt werden. Hiermit wird die Grundlage dafür geschaffen, zwischen den Intentionen eines Menschen und den Manifestationen des Verhaltens zu unterscheiden. Dies impliziert die Unterscheidung zwischen objektiver Beobachtung einer Handlung, subjektiven Intentionen, Absichten und Effekten der Wirkung auf die Adressaten, die gleichermaßen auf die „objektive" Handlung wie auf die dahinterliegenden Affekte reagieren können.

Alle drei Ebenen werden nun potentieller Gegenstand von Aufmerksamkeit und Erörterung. Es kann darüber gestritten werden, ob die „böse" Tat möglicherweise Ausdruck eines verdeckten positiven Gefühls war und welche Wirkung sie hat. Die vermeintlich gute Tat, zum Beispiel die „selbstlose" Hilfe, hat vielleicht objektiv negative Auswirkungen (zum Beispiel die Verhinderung der Autonomie des Gegenübers). Sie ist möglicherweise Ausdruck negativer Gefühle dem anderen gegenüber, dem man nicht zutraut, eigenständig seine Angelegenheiten zu regeln.

Ich erinnere in diesem Zusammenhang noch einmal an die anfangs zitierte Geschichte vom Struwwelpeter. Solange die Aufmerksamkeit sich auf das manifeste Verhalten des Kindes beschränkt, ergeben sich aus dessen moralischer Klassifikation von „gut" und „böse" Konsequenzen der Belohnung oder Bestrafung. Diese „naive" Konzeption verfehlt jedoch ihre Wirksamkeit oft, weil sie den Menschen mit seiner subjektiven Sinnstruktur außer acht lässt. Das geschlagene Kind kann auch zum Schläger werden! Die direkte Verbindung von Bosheit und Sanktion wird notwendig brüchig, wenn die Aufmerksamkeit sich neben dem Verhalten auf die dahinter liegenden – also möglicherweise unsichtbaren – Intentionen und die möglicherweise unbeabsichtigten Effekte einer Handlung richtet.

Die unmittelbare Bestrafung der bösen Tat wird fragwürdig. Es muss reflektiert werden, welche Absicht das Kind mit seiner Handlung verbindet, ob es böswillig, aus Versehen oder aus Unwissenheit Schaden zufügt, ob es damit die Aufmerksamkeit des Erwachsenen auf sich lenken will, weil es sich vernachlässigt fühlt, ob es aufgrund erlittener Frustrationen, der Demütigung, der Verletzung handelt. Gefragt werden muss auch nach den Absichten der Bestrafung. Vielleicht war Friedrichs Vater ein Sadist, der das Fehlverhalten des Kindes nur zum Anlass nahm, um seine Aggressionen an dem Kind, das diesem Geschehen hilflos ausgeliefert ist, auszuleben.

Solche Differenzierungen machen die Einschätzung sozialer Situationen nicht einfacher, vergrößern aber die Chance, die Komplexität des realen Geschehens angemessener wahrzunehmen. Neben der objektiven Wirklichkeit gibt es vielfältige subjektive Konstruktionen. Jeder nimmt solche subjektiven Konstruktionen, meist ohne sich dessen bewusst zu sein, vor. Meta-Kommunikation ermöglicht ein Bewusstsein über solche Konstruktionen, indem man sich mit anderen über solche Konstruktionen und die dazu gehörenden Gefühle und Intentionen austauscht. Damit gibt es eine größere Chance auf eine umfassendere Wahrnehmung der anderen Person wie auf die Veränderung der eigenen Konstruktionen. Therapeutische Verfahren fokussieren solche Meta-Kommunikation in spezifischer Weise. Meta-Kommunikation ist aber auch hilfreich, um sich über schwierig zu bewältigende Sachverhalte zu verständigen.

Es handelt sich um eine Dimension, die erst dann Gegenstand der Aufmerksamkeit wird, wenn alltäglich eingespielte Interaktionen nicht mehr funktionieren. Die Aufschlüsselung von Erlebnissen und Erfahrungen nach dem zugrundeliegenden Sinnverhalt gilt nicht für die normale Bewältigung des Alltags sondern für den Not-Fall, für Konflikte oder gravierende Krisen. Es handelt sich um analytische Kompetenzen zur Reflexion und Selbstreflexion.

2.2 Die biographische Dimension

Im therapeutischen Prozess stellt sich der Therapeut auf die Seite des Klienten und vollzieht dessen Gewordenheit aus dessen subjektiver Perspektive nach. Die Schwierigkeiten des Klienten werden als erfahrungsbedingt angesehen. Beide suchen gemeinsam nach den Erfahrungen, die diese Schwierigkeiten ausgelöst haben. Dabei spielt die Kindheit, insbesondere die frühe Kindheit, eine zentrale Rolle. Damit eröffnet sich gleichermaßen die Dimension der Biographie wie die des sozialen Bezugs: Die Interaktionen in der Familie, vorrangig zwischen Mutter und Kind, werden erörtert und affektiv reaktiviert. Dabei stößt man in der Regel auf eine Reihe von Entwicklungseinbrüchen und Frustrationen, denen sich das Kind nur durch eine entwicklungshemmende Fehlhaltung oder Fixierung entziehen konnte. Diese mögen damals durchaus funktional gewesen sein, behindern aber heute tendenziell neue Entwicklungsschritte.

Wenn die Schwierigkeiten durch konkrete lebensgeschichtliche Erfahrungen bedingt sind, so impliziert dies: Die Probleme des Klienten sind nicht auf seinen schlechten Charakter, seine Bosheit, seine dummen Angewohnheiten zurückzuführen. Sie wirken vielleicht auf andere zunächst unverständlich, werden aber verstehbar, wenn man den Kontext eruiert, in dem sie entwickelt wurden.

Ein therapeutischer Prozess macht dann Sinn, wenn aus der Sicht des Betroffenen seine alltäglichen Ressourcen nicht (mehr) ausreichen, um anstehende Entwicklungsschritte, Krisen oder Konflikte zu bewältigen. Es handelt sich um einen Prozess der nachträglichen Korrektur bereits eingetretener Entwicklungen. Der Entschluss zu einer psychotherapeutischen Behandlung wird in aller Regel erst dann getroffen, wenn das Kind bereits in den Brunnen gefallen ist, wenn die betreffende Person mit ihrem Latein am Ende ist.

Eine Therapie ermöglicht idealiter die Entwicklung neuer Lebensperspektiven. Dies kann durch zwei unterschiedliche Bewegungen geschehen, die auch miteinander verschränkt sein können. Die eine ist die, dass der Klient eine andere Einstellung zu seinen Problemen gewinnt, so dass diese ihm allmählich lösbar erscheinen. Dies geschieht zum Beispiel dadurch, dass diese Probleme in gangbare, kleinere Schritte zerlegt werden. Andererseits kann der Klient auch ermutigt werden, den Kontext zu verändern, in dem er sich als unfähig, depressiv oder aggressiv erlebt. So kann er z.B. ermutigt werden, die Schule zu wechseln, wenn er dort drangsaliert und schikaniert wird. Diese andere Rahmung kann auch dadurch zustande kommen, dass der Klient sich selbst in dem akzeptiert, wie er (geworden) ist, in seiner sexuellen Orientierung als Schwuler oder in seiner beruflichen Karriere, auch wenn diese unterhalb der Erwartungen seines familiären Kontextes verbleibt.

Ein weiterer Fokus wird darauf gelegt, ein Verständnis dessen zu entwickeln, was in der Lebensgeschichte passiert ist, wie es zu den gegenwärtigen Problemen kommen konnte. Eine besondere Aufmerksamkeit richtet sich dabei auf die mit dem Geschehen verknüpften Emotionen. Die damals notwendig unterdrückten Gefühle werden im Rahmen des therapeutischen Prozesses ausgesprochen oder symbolisch zum Ausdruck gebracht. Der Klient soll erfahren, dass er mit seinen Konflikten, Problemen, Schwierigkeiten diesmal nicht allein ist sondern der Therapeut ihm hilfreich zur Seite steht. So kann der Klient immer wieder daran erinnert werden, dass er nicht mehr (nur) hilfloses Kind ist, das passiv seinen Erfahrungen und Verletzungen ausgeliefert ist, sondern (auch) ein erwachsenes Subjekt. Er wird ermutigt, die damals erlebten Erfahrungen reflektieren und sich dazu – aus heutiger Sicht – zu verhalten.

Bemerkenswert ist in diesem Zusammenhang, dass die insbesondere in der neueren Sozialisationsforschung geforderte theoretische Dimensionierung des Menschen als handlungsfähiges Subjekt, das auf seine Lebensgestaltung Einfluss hat, häufig im therapeutischen Prozess erst mühsam erarbeitet werden muss. Viele Menschen sehen sich eben nicht als aktive Subjekte sondern als Opfer ihrer Verhältnisse. Eigene Möglichkeiten (wieder?) zu entdecken, erscheint als ein wichtiger Schritt in der (besseren) Bewältigung des eigenen Schicksals. Die theoretische Postulierung des aktiven Subjektes ist empirisch nicht ohne weiteres gegeben.

Die früheren Erfahrungen erscheinen im eigenen Erleben häufig als übermächtige Ereignisse, die neue Schritte der Lebensbewältigung in unerreichbare Ferne rücken. Nicht selten kann erst mit Hilfe therapeutischer Prozesse deutlich werden, dass solche schmerzhaften und das Individuum zur Passivität verurteilenden Ereignisse zwar nicht ausgelöscht, aber relativiert werden können.

Affektive Reaktivierung von Gefühlen und Distanzierung von der Opferrolle schließen sich nicht gegenseitig aus. Zumindest der Therapeut ist bereit, ihn durch Mitgefühl, Mit-Leid, authentische Anteilnahme zu unterstützen.

Damit stellt die therapeutische Situation idealiter eine neue Erfahrung her, eine Erfahrung des Verständnisses, des sozialen Kontaktes, des Mitteilens und des miteinander Teilens von Erlebnissen, Gefühlen und Geschichten. Diese Erfahrung befähigt zur Übernahme von Verantwortung für heute anstehende Entscheidungen. Erst damit wird das Individuum auch im Selbsterleben zu dem aktiven Subjekt, zu dem ihn die neuere theoretische Kindheitsforschung von Anfang an deklariert.

Die Experten streiten seit langem darüber, was den „therapeutischen“ Effekt des Geschehens ausmacht: Das Verständnis, das sich Aussprechen, der menschliche Kontakt, das Ausagieren der unterdrückten Gefühle, die Erarbeitung von Handlungsalternativen (vgl. Jaeggi u.a. 1990). Dieser Streit kann hier nicht entschieden werden. Unabhängig davon, was den entscheidenden Anteil an solchen Entwicklungsstimulierungen ausmacht, ob es nicht ein kumulativer Effekt aller dieser Faktoren ist, kommt es in einer erfolgreichen Therapie immer zu einer Aufhebung der Blockierung und damit zu neuen Lernerfahrungen und Entwicklungsmöglichkeiten. Chronische Anspannungen lösen sich: Menschen, die jahrelang nicht geweint haben, können wieder weinen oder lachen, Gefühle spüren.

Den meisten Therapie Konzepte betonen einerseits die Bedeutung frühkindlicher Erfahrungen, andererseits aber auch eine Veränderung der gegenwärtigen Persönlichkeit des Klienten. Sie verknüpfen mehrere Interventionsebenen miteinander. Neben der Verbindung der unterschiedlichen Lernebenen (Körper – Affekte –

Reflexion und Selbstreflexion) scheint mir die Herstellung einer Verbindung von früherem Erleben und gegenwärtigem Leben besonders fruchtbar.

Die mögliche Aneignung der eigenen Lebensgeschichte umfasst dabei im therapeutischen Verständnis sowohl ein Verständnis der historischen Gewordenheit des eigenen Lebens im Kontext zentraler Bezugspersonen wie zentraler Lebensereignisse als auch die Verlebendigung, Verflüssigung, Veränderung gegenwärtigen Lebens.

In der therapeutischen Arbeit zeigt sich, dass die gegenwärtige Lebensgestalt alle vorherigen Erfahrungen umfasst. Diese können in der Regression wie in der Reflexion affektiv wie kognitiv wieder angeeignet werden. Allerdings ist der Stellenwert von der Gegenwart zur Vergangenheit und die Beziehung zwischen Emotionen und Kognitionen in den unterschiedlichen therapeutischen Schulen stark variierend. Auch die Person und die Ausbildung des Therapeuten haben einen erheblichen Einfluss. Jeder entwickelt mit längerer therapeutischer Erfahrung seinen je eigenen Stil.

Für die Erziehungswissenschaft und den alltäglichen Umgang mit Kindern wurde die zentrale Bedeutung frühkindlicher Erfahrungen für die weitere Entwicklung in neuer Qualität herausgearbeitet. Das Wissen um diese Gesetzmäßigkeiten hat zu erheblichen Veränderungen im Umgang mit Kindern geführt, besonders im familiären Bereich. Die veränderte Einstellung zur Reinlichkeitserziehung, zur kindlichen Sexualität, die größere Liberalität im Umgang mit sogenannten kindlichen Unarten verdanken wir nicht nur, aber doch auch dem in der therapeutischen Arbeit gewonnenen Wissen über die frühe Entwicklung aus der Sicht des Kindes.

Psychoanalytische Theorien betonen, dass seelische Verletzungen, die vom hilflosen Kind nicht bearbeitet werden können, Abwehrmechanismen erzeugen. Diese dienen dazu, die übermäßigen Gefühle von Angst oder Scham, Schmerzen oder Leid zu verdrängen. Die Erkenntnis, dass traumatische Ereignisse, derer sich zum Beispiel sexuell missbrauchte Patientinnen erinnern, wirklich passiert sind und nicht etwa der Phantasie entspringen, gehören vielleicht für die neuere Weiterentwicklung der Psychoanalyse zu den schwierigsten Erkenntnissen. In den letzten Jahrzehnten wurde diesbezüglich das Tabu des Schweigens gebrochen. Heute werden solche Verletzungen öffentlich thematisiert, auch wenn es sicherlich immer noch eine erhebliche Dunkelziffer gibt. Dies gilt vor allem in Bezug auf Jungen. Die Angst, homosexuell zu sein und die Preisgabe der Ausgeliefertheit an einen stärkeren Erwachsenen erschwert den Jungen mehr als den Mädchen, ihr Schweigen zu brechen.

Wichtig scheint mir für pädagogische Zusammenhänge einige Aspekte herauszuheben, die in der Alltagsrezeption psychoanalytischer Erkenntnisse oftmals vergessen werden und die zu dem Anspruch einer frustrations- und krisenfreien (frühen) Kindheit verführen.

Nur solche Frustrationen, die nicht bewältigt werden können, erzeugen gravierende Abwehrmechanismen. Es kommt also nicht darauf an, generell Frustrationen zu verhindern, sondern darauf, Frustrationen zu verhindern, die übermäßig sind. Welches übermäßige Frustrationen sind, lässt sich kaum abstrakt beschreiben. Was für manche Individuen zum Trauma führt, mag für andere eine entwicklungsfördernde Herausforderung sein. Es kommt auch nicht unbedingt auf ein einzelnes, überwältigendes Erlebnis an, sondern auf die Summe der lebensgeschichtlichen Ereignisse.

> *Die menschliche Entwicklung verläuft organisch und geschichtlich und es gibt in der kindlichen Verhaltensentwicklung auch autonome Regulationsprozesse, durch die (...) günstige Umstände ausgenutzt werden können, um Fehlentwicklungen wieder aufzuheben (...). Diese Heilung ist möglich, weil es sich um einen Organismus handelt, der die Fähigkeit zur Regulation und Regeneration besitzt (Hemminger 1982, S. 184).*

Die berechtigte Kritik an der Trauma-Theorie greift zu kurz, wenn der Betonung von Fixierungen und Blockierungen undialektisch die Fähigkeit zur Selbstheilung gegenübergestellt wird. Nicht alle Verletzungen heilen von selbst. Das gilt auf dem Gebiet der physiologischen Erkrankungen nicht anders als auf dem Gebiet der seelischen Erkrankungen.

In humanistischen Therapiekonzepten wird betont, dass der Therapeut an die Fähigkeiten des Organismus zur Selbstheilung anknüpft und als Katalysator wirkt. Therapie wird in dieser Theorie dann sinnvoll oder sogar notwendig, wenn die vorhandenen Selbstheilungskräfte durch besondere Umstände blockiert sind. Sie werden in der Therapie aktiviert, nicht durch die Therapie ersetzt.

Ob in einer spezifischen Krisensituation eine Therapie unumgänglich notwendig, sinnvoll, aber nicht zwingend erforderlich, überflüssig oder gar schädlich ist, kann abstrakt kaum angemessen entschieden werden. Das Subjekt selbst muss diese Entscheidung treffen. Allerdings verhält es sich mit dem *Postulat der Freiwilligkeit* durchaus problematisch.

- Wie viel Freiwilligkeit ist gegeben, wenn der Betroffene ohne therapeutische Hilfe eine Gefängnisstrafe antreten muss, weil er im Kontext seiner Sucht straffällig geworden ist und Änderung ohne Therapie nicht zu erwarten ist?
- Soll es wirklich in die Freiwilligkeit von Lehrkräften gestellt werden, ob sie lernen, Gespräche zu führen und Forderungen zu stellen, ohne ihre Gesprächspartner zu beschimpfen oder zu demütigen?
- Abweichendes Verhalten findet in aller Regel nicht im luftleeren Raum statt sondern betrifft zugleich auch andere. Ein Kind, das andere schlägt und bedroht, kann mit diesem Verhalten nicht akzeptiert werden. Die Schule ist verpflichtet, die Würde und Unverletzlichkeit der anderen Kinder zu schützen. So mag eine von der Schule empfohlene Familientherapie unter der Sanktionsandrohung des Schulverweises „freiwillig“ erfolgen.

Die nachträgliche Aufdeckung von Erziehungsfehlern, Frustrationen oder unerträglichen Erlebnissen in der (frühen) Kindheit, wie dies im therapeutischen Prozess passiert, verführt zu dem Trugschluss, man könne mit Hilfe eines solchen Wissens für eine fehlerfreie, affektiv lupenreine Erziehung sorgen. Das therapeutische Deutungsmuster verführt zur Mythologisierung: Wäre nur die Mutter „gut“, wäre alles gut. Die Aufrichtung eines solchen Anspruchs kann aber mehr Krisen erzeugen als lösen, weil er die betroffenen Individuen hoffnungslos überfordert.

Schütze (1980) stellt in einer Übersicht zur psychoanalytischen Sozialisationsforschung fest, die Konzeption einer „psychoanalytischen" Erziehung, nach der eine Aufklärung der Erwachsenen Änderungen des Erziehungsverhaltens bewirken und damit so etwas wie eine Neurosenprophylaxe etabliert werden könne, müsse als gescheitert gelten. Sie weist darauf hin, dass die Psychoanalyse sich weder damals noch heute dazu in der Lage sieht, Handlungsanweisungen und Regeln zu liefern, nach denen Pädagogen und Eltern systematisch vorgehen können. Außerdem wechseln mit den therapeutischen Vorstellungen von der Ätiologie der Neurosen auch die pädagogischen Ratschläge. Als Ziel der Erziehung werden Triebfreiheit, Stärkung des Ichs und seiner Funktionen oder affektive Eltern-Kind-Beziehungen postuliert, Ziele, die in der Erziehungsrealität nicht leicht miteinander zu vereinbaren sind. Schließlich scheinen nach den gegenwärtigen Erkenntnissen selbst Prognosen für Kinder und die weitere kindliche Entwicklung nicht möglich zu sein. Es scheint so, dass lediglich

> *jene Merkmale des Kindes, die angeboren und quasi biologisch sind – wir bezeichnen sie schlichtweg als angeborene Ausstattung – fortzubestehen scheinen, das heißt, sie bleiben während der fortschreitenden Entwicklungen relativ stabil und unbeweglich. Jene anderen Merkmale jedoch, die sich aus der Transaktion und Interaktion mit der Objektwelt ergeben (zum Beispiel frühere Abwehrmuster, frühe Interaktion) sind außerordentlich wandelbar und so ist auch ihr Ergebnis; es gibt unablässige Veränderungen, die an den Wendepunkten der Entwicklung massiven Libidoverschiebungen weichen (Mahler 1978, zitiert nach Schütze 1980, S. 124).*

Das therapeutische Deutungsmuster liefert eine Reihe von Hinweisen auf schädigende oder traumatisch wirkende Erfahrungen. Sie leistet keine eindeutigen prophylaktischen Hinweise zur Vermeidung von Störungen.

> *Die Vorstellung, dass eine harmonische, sozial anpassungsfähige und gleichzeitig selbstsichere Persönlichkeit durch gute Kindheitserfahrungen irgendwie erzeugbar wäre, hält einer Nachprüfung nicht stand (Hemminger 1982, S.205).*

Eine – vor allem in der Psychoanalyse verbreitete – Fixierung auf frühkindliche Erlebnisse und Erfahrungen vernachlässigt die Tatsache, dass sich die Entwicklung des Menschen als kontinuierlicher Prozess vollzieht. Innerhalb dieser kontinuierlichen Entwicklung gibt es markante Ereignisse, die einen vergleichsweise heftigen Entwicklungsschub auslösen. Dabei kann es sich sowohl um physiologische wie auch um kulturelle Ereignisse handeln, zum Beispiel Geburt oder Schuleintritt. Innerhalb dieses Prozesses gibt es Perioden besonderer Wichtigkeit, Verwundbarkeit, Empfänglichkeit für positive wie negative Einflüsse. So gibt es etwa zwischen der sechsten und zwölften Schwangerschaftswoche eine besondere Sensibilität für mögliche physiologische Fehlentwicklungen (etwa durch Medikamente oder Drogen) oder in der frühen Kindheit eine besondere Bereitschaft und Fähigkeit zum Spracherwerb.

Dabei handelt es sich um ein relatives Konzept:

> *Der Unterschied zwischen den einzelnen Kraftaufwendungen, deren es bedarf, um dieselbe Wirkung in verschiedenen Perioden zu erzeugen, bestimmt, wie entscheidend die jeweilige Periode ist (Scorr und Fuller, zitiert nach Bettelheim 1983, S. 50).*

Die meisten Fehlentwicklungen sind in nachfolgenden Perioden prinzipiell korrigierbar. Dafür sind aber erheblich größere Anstrengung und Mühen erforderlich, als es zum Zeitpunkt gewesen wäre, wo die Fehlentwicklung entstanden ist. Vorbeugen ist besser als Heilen. Prävention ist der Intervention vorzuziehen. Fend (2000, S. 454) referiert den aktuellen Forschungsstand wie folgt:

> *Prävention ist immer erfolgreicher als Therapie und Korrektur. Ihre Kosten sind zudem geringer. Die Entwicklungsgeschichten von Problemverhalten machen sichtbar, wie bedeutsam es ist, dass die Prävention sehr früh einsetzt und dass die günstigen Einstiegsfenster bzw. die sensiblen Phasen genutzt werden. Die beste Investition in bezug auf Prävention besteht darin, eine bestmögliche Versorgung von Kindern in den ersten fünf Lebensjahren sicherzustellen und hier vor allem eine langdauernde und an der positiven Entwicklung höchst interessierte Beziehung zu Bezugspersonen zu ermöglichen.*

Fälle, die als „hoffnungslos“ deklariert werden sind solche, in denen wir (noch) nicht genügend Wissen, Erfahrungen, Kompetenzen und/oder Geduld besitzen, um eine einmal eingetretene Schädigung zu korrigieren. Leider gilt das gleichermaßen auch umgekehrt. Eine positive Entwicklung in vorangegangenen Perioden kann durch traumatische Erfahrungen im späteren Leben gestört werden: Drogensucht etwa kann durch frühkindliche Erfahrungen ausgelöst worden sein, aber auch durch Einsamkeit im Erwachsenenstatus oder demütigende Erfahrungen von Erwerbsarbeitslosigkeit. Nur eine sorgfältige Analyse der gegenwärtigen Situation wie der biographischen Entwicklung kann über die Zusammenhänge Aufschlüsse geben.

Hinzu kommt ein weiterer Punkt: Krisen im Leben eines Menschen sind nicht immer negativ einzuschätzen. Sie beinhalten mit ihrer Zuspitzung immer auch einen schärferen Blick für das Bisherige und damit die Chance, bisher gelebte Alltagsroutinen in Frage zu stellen und aufzugeben (vgl. dazu auch Erikson 1966, Ulich 1987).

2.3 Die Bedeutung von Emotionen und Leib

Im therapeutischen Deutungsmuster wird die Eigengesetzlichkeit beziehungsweise Verknüpfung von Vernunft, Affekten und Leib betont. Bedürfnisse und Interessen, die dem Bewusstsein oder/und der Sprache nicht so ohne weiteres zugänglich oder gar tabuisiert sind, drücken sich häufig in Körpersprache, Gebärden und Haltung aus. Viele Pädagogen übersehen, dass die frühe Entwicklung des Kindes und die frühe Mutter-Kind-Interaktion im wesentlichen sprachlos verläuft. Da dem kleinen Kind Sprache und Bewusstsein weder zur Äußerung seiner Bedürfnisse und Interessen noch zur Verarbeitung seiner Erfahrungen zur Verfügung stehen, vollziehen sich erste zentrale Erfahrungen wesentlich leiblich-affektiv (vgl. dazu etwa die bahnbrechenden Forschungen von Spitz 1973 u.1976).

Petzold, einer der führenden Gestalttherapeuten, unterscheidet zwischen dem Körper – als dem physikalisch-biologischen Organismus des Menschen – und dem Leib – als Ausdruck des ganzen Menschen. Nach seiner Auffassung fließen im Leib alle Erfahrungen eines Menschen zusammen. Alle Erfahrungen vollziehen sich auf leiblicher Grundlage beziehungsweise als leibliche Erfahrungen. In diesem Sinne haben wir keinen Körper, sondern sind Körper. Jede Emotion hat im Leib ein physisches Korrelat, zum Beispiel in muskulären Verspannungs- beziehungsweise Entspannungszuständen, sie steht in einem kognitiv erfassbaren Zusammenhang und in der Regel in einem sozialen Kontext (vgl. Petzold 1977, S. 256).

In therapeutischen Prozessen können solche Zusammenhänge entschlüsselt werden. Die Aufmerksamkeit kann auf die mit den Emotionen verbundenen leiblichen Ausdrucksformen gerichtet werden. Dies wird insbesondere in der Gestalttherapie fokussiert. Es kann im Gespräch erörtert werden, was diese Emotionen ausgelöst hat und so rational nachvollzogen werden, wie diese Emotionen entstanden sind. Der soziale Kontext kann entschlüsselt werden.

Petzold (1977, S. 259) geht davon aus, dass es eine bestimmte, durch Anlage vorgegebene und sich in Reifungsprozessen aktualisierende Grundausstattung an Motorik, Sensorik und Gefühl gibt. Alles, was darüber hinausgeht, wird in einem in sich verschränkten Prozess motorischer, emotionaler und kognitiver Sozialisation erworben. Das ist ein komplexer Lernprozess, der sowohl einfache Reiz-Reaktionsmuster als auch komplizierte emotionale, kognitive und psycho-motorische Strukturmuster umfasst.

Unter Lernen versteht er die Veränderung von Strukturen aufgrund von Erfahrung. Derartige Strukturmuster (patterns) werden über den Körper aufgenommen und in den celebralen Speicherzentren als biophysikalische Engramme (Sporen) gespeichert. Im Körpergedächtnis sind insbesondere die Empfindungen des Säuglings und Kleinkindes gespeichert. Diese sind – vor Sprache und Begriff liegend – als Qualitäten festgehalten, insbesondere das Selbsterleben, das Körperschema, das ganzheitliche Erfassen von Situationen.

Dass zwischen Kognitionen, Affekten und Leib Beziehungen bestehen, wird wohl heute auch in den eher kognitiv orientierten Wissenschaftsrichtungen kaum geleugnet. Wie dicht allerdings solche Verschränkungen sind, ist noch weitgehend ungeklärt. Der Placebo-Effekt belegt, dass der Glaube Berge versetzen kann. Die neuere Gehirnforschung hat nachgewiesen, dass psychotherapeutische Behandlungen nicht nur in der Seele oder im Verhalten, sondern auch im Gehirn der behandelten Patienten nachhaltige, ja sogar strukturelle Veränderungen auslösen können (vgl. Hüther/Bonney 2004, S.78).

Die Bedeutsamkeit von Leiblichkeit und Emotionen für die Erziehungswissenschaft wird verständlich, wenn man sich vergegenwärtigt, wie sehr die Geschichte der westlichen Zivilisation durch die Nichtbeachtung beziehungsweise Unterdrückung von Affekten und Leiblichkeit geprägt ist. Schweitzer (1985, S. 27) hat darauf verwiesen, dass die Reduzierung des Menschen auf die Dimension der Rationalität auch bei Mead zu finden ist. Mead verwendet den zentralen Begriff des „Selbst"

> *nur im Sinne von Selbstbewusstsein und ist damit einseitig am Aspekt des für sich selbst rational einsichtigen Individuums ausgerichtet. Die dabei nicht erfassten Aspekte des Selbst werden ausgeblendet. Meads Theorie des Selbst ist einseitig auf den kognitiven Aspekt beschränkt und wird der Bedeutung emotionaler Prozesse nicht gerecht. Das sich selbst – in der Sprache – rational einsichtige Individuum bleibt dem Teil seiner Erfahrungen fremd, der der Sprache nicht zugänglich ist.*

Die Erziehungswissenschaft hat diese soziologische Tradition aufgegriffen. Der Körper wurde – überspitzt formuliert – als Träger des Kopfes missverstanden, als Instrument der Wissensaufnahme und Wissensverarbeitung. Sprache und Logik wurden als nahezu einzige Medien der Wissensvermittlung und Wissensüberprüfung angesehen. Emotionen und Körper wurden häufig eher als lästige Störfaktoren statt als ernstzunehmender Ausdruck authentischer Subjektivität begriffen (vgl. dazu auch Rumpf 1981 und 1987).

Das Alltagsbewusstsein steht dem therapeutischen Deutungsmuster diesbezüglich inzwischen näher als die Erziehungswissenschaft. Die Diskrepanz zwischen der im Alltagsbewusstsein stärker verbreiteten Sensibilität und Aufmerksamkeit für Gefühle und Körperempfindungen und den in den Schulen weitgehend vorherrschenden kognitiven Orientierungen dürfte einer der wesentliche Gründe sein für die heutigen Probleme schulischer Sozialisation (vgl. dazu Preuss-Lausitz 1989).

2.4 Personenorientierte Arbeitsweisen

Im Rahmen therapeutischer Settings wurde eine Reihe von kreativen Ausdrucksmöglichkeiten und Umgangsweisen in Einzeltherapien und Gruppen entwickelt. In der Psychoanalyse war und ist das Gespräch – unter näher zu beschreibenden Bedingungen von freischwebender Aufmerksamkeit und der Ermöglichung von Übertragung und Gegenübertragung – das wesentliche Medium der Verständigung zwischen Therapeut und Klienten. Es gilt als besonders geeignet für Menschen, denen Ressourcen zur verbalen Verständigung gut zur Verfügung stehen.

Klienten, die sich mit der Verbalisierung ihres Erlebens schwer tun, kann mit der Psychoanalyse jedoch meist nicht so gut geholfen werden. In der Weiterentwicklung der Psychoanalyse wurde darum nach anderen Verständigungsmöglichkeiten gesucht.

Neuere Therapiekonzepte experimentieren mit den unterschiedlichsten Ausdrucksformen und Verständigungsversuchen mit den Klienten. Hervorheben möchte ich Perls mit der Entwicklung die Gestalttherapie und Moreno, der das Psychodrama entwickelt hat. Beide haben sich nicht als Psychoanalytiker verstanden, lehnten sie diese sogar heftig ab. Aber die Entwicklung ihrer Methoden ist ohne den historischen Hintergrund der Psychoanalyse nicht denkbar. Beide haben aber explizite Bezüge zur Psychoanalyse gehabt, ehe sie ihre eigenen Ansätze entwickelten.

Sowohl in der Gestalttherapie als auch im Psychodrama wurde eine Fülle von kreativen Ideen für personenbezogene Lernprozesse entwickelt und erprobt. Teilweise haben andere psychotherapeutischen Schulen solche Methoden und Techniken übernommen. Von da aus entwickelte sich nicht zuletzt auch die Gestaltpädagogik und die Psychodrama-Pädagogik, die explizit für die pädagogische Arbeit Impulse setzten.

Moreno entwickelte auch die Anfänge der Gruppendynamik. Er orientierte sich bei der Entwicklung des Psychodramas am kindlichen Spiel und schuf Instrumente zur Wahrnehmung der Beziehungen der Person zu ihrem sozialen Kontext und innerhalb von Gruppenprozessen. Durch Techniken wie Rollentausch, Doppeln oder Spiegeln ermöglicht das Psychodrama, sich selber aus einer anderen Position heraus wahrzunehmen und so Veränderungen der eigenen Persönlichkeit zu stimulieren.

Mit Hilfe von variierbaren Fragen, die von allen Schülerinnen und Schülern einer Klasse schriftlich beantwortet werden und anschließend ausgewertet werden, (Neben wem möchtest Du am liebsten sitzen? Wen würdest Du auf keinen Fall zum Geburtstag einladen? Mit wem möchtest Du am liebsten für eine Klassenarbeit lernen? Wen möchtest Du auf keinen Fall als Banknachbarn haben?) lässt sich ein differenziertes Gruppenprofil gewinnen. Die Methode hat sich als Soziogramm in der Schulforschung etabliert. Auf diese Weise lassen sich Stars in der Klasse und Außenseiter ebenso identifizieren wie Subkulturen und Einzelgänger.

Inzwischen wird in der praktischen therapeutischen Arbeit mit vielerlei Medien gearbeitet. Märchen, Tanz, Skulpturen, Malerei, Musik, Töpferarbeiten werden als Medien des Ausdrucks begriffen. Den Selbstdarstellungsmöglichkeiten und -wünschen der Klienten wird breiter Raum gelassen. Experimentierfreude und Offenheit für das, was sich entwickelt, wurden sicher auch aus der Not heraus geboren, mit Klienten zu arbeiten, die ihre Schwierigkeiten und Probleme nur partiell oder gar nicht im traditionellen Medium differenzierter Sprache ausdrücken können.

Die Konzeptionen und Methoden therapeutischen Intervenierens sind unterschiedlich. Man kann geradezu von einer Inflationierung der Therapieformen (vgl. Nagel/Seifert 1979) sprechen. Die zum Teil sehr dezidiert beschriebenen unterschiedlichen Ansätze erwecken den Anschein, als gebe es mit der jeweils propagierten Methode sensationell neue Zugangsweisen zur Psyche und damit auch die Chance zu kurzfristigen und lang andauernden Heilerfolgen – wie auch immer dieses „Heil“ definiert wird.

Eine nähere Betrachtung der unterschiedlichen Auffassungen führt jedoch zu dem Ergebnis, dass es in der Praxis durchaus zu vergleichbaren Einschätzungen und Ergebnissen kommt (vgl. dazu Davison/ Neale 1988, Pieper 1986). Es ist zu vermuten, dass in der persönlichen Begegnung zwischen Klient und Therapeut das entscheidende Medium der Therapie zu suchen ist. Alle methodischen Raffinessen und technologischen Interventionen sind Hilfsmittel zur Verdeutlichung von Problemen oder zur Überwindung von Kontaktschwierigkeiten zwischen Therapeut und Klient.

Neben der Psychoanalyse muss die Gesprächspsychotherapie als neuerer Ansatz gesehen werden, der sich auf das Gespräch als Medium der Verständigung und Heilung konzentriert. Als Begründer und exzellenter Vertreter dieses Ansatzes kann Rogers gelten. Er formuliert drei notwendige und zugleich – wie er meint – hinreichende Bedingungen für eine erfolgreiche Psychotherapie (vgl. Rogers 1982). Dabei handelt es sich um:

- nicht an Bedingungen gebundene Akzeptanz und Achtung des Klienten,
- emphatische Fähigkeiten des Therapeuten (aktives Zuhören und Verbalisieren emotionaler Erlebnisinhalte des Klienten durch den Therapeuten) und
- Kongruenz und Echtheit (Authentizität) des Therapeuten im Beratungsprozess.

Später erweiterte Rogers dieses Konzept zum personenbezogenen Ansatz. Dieser geht über psychotherapeutische Verfahren weit hinaus. Mit Hilfe dieses Ansatzes können auch schulische Lernprozesse, Konflikte in zwischenmenschlichen Beziehungen, Kontakte zwischen verfeindeten Gruppen positiv beeinflusst werden. Die ganzheitliche Begegnung zwischen Menschen und ihre Kommunikation „face to face“ ermöglicht ein Durchbrechen von Vorurteilen und eingefrorenen Beziehungen.

Rogers verstand sich als radikaler Demokrat. Er kritisierte in diesem Zusammenhang insbesondere die Ausübung von Macht und Herrschaft in zwischenmenschlichen Beziehungen, die er als kontraproduktiv ablehnte.

Rogers selbst hat das Konzept eines schülerzentrierten Unterrichts propagiert, das durch das Ehepaar Tausch und Tausch in Deutschland bekannt wurde. Schülerinnen und Schüler, aber auch Eltern, Kollegen, Vorgesetzte oder Untergebene haben ein Recht darauf, akzeptiert und geachtet zu werden. Ihnen mit Empathie, Kongruenz und Authentizität zu begegnen, ist eine gute Voraussetzung für erfolgreiche Gespräche und erfolgreichen Unterricht – der allerdings darüber hinaus auch Fachwissen und didaktisch-methodische Kompetenzen umfasst.

Der ratsuchende Mensch soll nicht als abhängiger Patient sondern als verantwortlicher Klient behandelt werden. Seine Fähigkeiten, sich selber zu helfen, sind der Kern erfolgreicher Beratungsarbeit. Der Berater ist Begleiter, Unterstützer, „Hebamme“ in diesem Prozess, nicht alleinwissender Herrscher. Diese Bedingungen für erfolgreiche Beratungsarbeit lassen sich auf die Schul- und Unterrichtsarbeit übertragen.

Eine Haltung der Empathie, Kongruenz und Authentizität zu realisieren, hört sich sehr viel einfacher an als sie ist, zumal die Dimensionen zueinander nicht widerspruchsfrei sind. Sie kann aber gelernt werden. Ein solcher Lernprozess sollte Bestandteil jeder professionellen pädagogischen Ausbildung sein.

Rogers (1984, S.41) fasst die zentralen Aspekte seines Ansatzes wie folgt zusammen:

1. *Ein sensibler Mensch, der sich bemüht, anderen zu helfen, wird, gleichgültig von welcher Orientierung er ausgeht, mit der Zeit personenbezogener, weil sich dieser Ansatz als effektiver erweist.*
2. *Wenn man sich auf die Person konzentriert, werden diagnostische Ettiketten weitgehend belanglos.*
3. *Das traditionelle medizinische Modell der Psychotherapie steht vielfach in Widerspruch zur personenbezogenen Orientierung.*
4. *Es hat sich gezeigt, dass diejenigen Helfer, die eine effektive personenbezogene Beziehung herstellen könne, sich nicht notwendigerweise aus dem akademisch gebildeten Gruppen rekrutieren.*
5. *Je weitergehender dieser personenbezogene Ansatz in der Praxis verwirklicht wird, desto mehr werden durch ihn die hierarchischen Methoden der ‚Behandlung' und die hierarchischen Methoden der Organisation in Frage gestellt.*

6. *Gerade die Wirksamkeit dieses konsequenten personenbezogenen Ansatzes stellt für die Standesvertreter, Administratoren und andere eine Bedrohung dar und deshalb werden – bewusst oder unbewusst – Schritte unternommen, um ihn zu zerstören. Er ist zu revolutionär.*

Der personenbezogene Ansatz steht also in einer Spannung zum Verständnis der Schule als einer hierarchischen vorrangig administrativ orientierten Institution, in der die Personen eher als Störfaktoren erscheinen. Der personenbezogene Ansatz fordert dazu auf, die Sicherheit, die das hierarchische Denken bietet, aufzugeben und die Schule als Lern- und zugleich auch als Lebensraum zu gestalten. Das dürfte einer der entscheidenden Gründe sein, warum das therapeutische Deutungsmuster von manchen mit so viel Skepsis und Ablehnung betrachtet wird. Es bedeutet, sich nicht mehr auf den von der Institution vorgegebenen Status zu verlassen, sondern sich mit seiner Person und Persönlichkeit auf das, was ansteht, einzulassen. Das ist eine Herausforderung, die Angst machen kann.

Der personenbezogene Ansatz wurde insbesondere in sozialökologischen Theorien wieder aufgegriffen. Sie betonen die *Wichtigkeit der tatsächlich gelebten sozialen Beziehungen* in ihrer Vielfalt, Widersprüchlichkeit und Dynamik. *Institutionen* werden *nicht als Wert an sich* begriffen, sondern *als veränderbare Größen,* die Perspektiven für gemeinsames Handeln enthalten. Die Institutionen sind zwar *vor* den Mitgliedern da, aber gleichzeitig auch *für* diese und mit diesen. Somit müssen sich Institutionen längerfristig in ihrem lebenspraktischen Sinn für ihre Mitglieder bewähren. Das bedeutet, dass ihre *biographische Bedeutung* für alle Mitglieder immer wieder zu thematisieren, auszuhandeln und zu erproben ist (vgl. Schön 1993).

Krappmann betont in diesem Zusammenhang unser verändertes Verständnis vom Kind und seinen Rechten – auch und gerade in der Schule. Kinder wollen aktiv und mit ursprünglicher Neugier die Welt erkunden und verstehen. Sie sind junge Menschen mit eigener Wahrnehmung, eigenen Bedürfnissen und eigenen Erwartungen. Als Subjekte haben sie Rechte. Es soll künftig sicherstellt werden, dass ihre Perspektive in Erziehungs- und Beziehungsproblemen zur Kenntnis genommen wird. *Kinder bedürfen des Respekts* (vgl. auch www.mehr-respekt-für-kinder.de).

> *Für Kinder ist entscheidend, in ihrer Familie Sicherheit, Unterstützung und liebevolle Zuwendung zu erhalten. Über die Familie hinaus ist wichtig, dass Kinder auch die weiteren Erwachsenen, die in ihr Leben treten, Erzieherinnen, Sozialpädagoginnen, Lehrerinnen, nicht nur in ihren Funktionen, sondern als Personen erleben und von ihnen als Personen anerkannt werden. (Krappmann 1999, S. 333.*

Eine solche Arbeitsweise erfordert allerdings vom Lehrpersonal nicht nur ein hohes Maß an Kompetenz, sondern auch die Bereitschaft, die dabei zum Ausdruck kommenden Affekte und Probleme ernst zu nehmen und Verbindungen zu rationalem Durchdringen von Erfahrungen möglich zu machen. Das aber erfordert radikales Umdenken. Sich mit eigenen Schwächen und Stärken auseinander zu setzen, sich Fehler zu erlauben und sich auf das Risiko einzulassen, Neues auszuprobieren, halte ich inzwischen für eine stark vernachlässigte, teilweise *tabuisierte Kompetenz* für alle, die in lehrenden Berufen arbeiten.

Die Erweiterung der Ausdrucks- und Beeinflussungsmöglichkeiten hat allerdings auch eine kritische Seite: Mögliche Widerstände des Klienten werden mit den eher „weichen“ Methoden der humanistischen Therapie zwar nicht mehr gewaltsam gebrochen, aber möglicherweise geschickt unterlaufen. Manipulation und schlimmstenfalls unkontrollierte Regression können die Folge sein. Im autoritären Familienklima galt es als erklärtes Erziehungsziel, den Widerstand des Kindes zu brechen. Im Volksmund war die Parole „Kinder, die was wollen, kriegen was auf die Bollen“ weit verbreitet. In der schwarzen Pädagogik wurden differenzierte Anleitungen entwickelt, wie Widerstand zu brechen sei (vgl. Rutschky 1977).

In der traditionellen Psychoanalyse gibt es ebenfalls ein negatives Verständnis von Widerstand: Widerstand soll überwunden werden. Problematisch ist hier vor allem, dass die Deutung eines Verhaltens als Widerstand das ohnehin ungleiche Machtgewicht zwischen Therapeut und Klient noch weiter zu dessen Ungunsten verschiebt. Akzeptiert der Klient die Deutung seines Verhaltens als Widerstand, ist der Therapeut ohnehin im Recht. Widerspricht der Patient, so ist dies nur ein weiterer Indikator für den Widerstand des Klienten und der Therapeut fühlt sich in seiner Deutung bestätigt.

Demgegenüber zeichnet sich in den humanistischen Therapiekonzepten ein qualitativ neues Verständnis von Widerstand ab. Das Ziel ist ein akzeptierender Umgang mit Widerstand.

> *Grundsätzlich sind Widerstände nichts Schlechtes oder Unerwünschtes, sondern Ausdruck davon, dass die Neurose die unter den gegebenen äußeren und inneren Bedingungen optimale Konfliktlösung ist, welche gar nicht ohne Widerstand aufgegeben werden kann. Jeder moralisierende Umgang damit zeigt nichts anderes als die Verkennung dieser Grundtatsache der Neurosenlehre. Der Widerstand ist zu respektieren und in seiner Funktion anerkennend zu würdigen, bevor er bearbeitet werden kann (Binswanger 1980, S. 233).*

Widerstand ist Ausdruck einer Reaktion, die einmal in der Lebensgeschichte des Klienten unumgänglich war, um zu überleben. Eine solche Auffassung geht davon aus, dass alle Klienten so gesund wie möglich sind (statt so krank wie möglich, um den Therapeuten zu verärgern).

Manche Erlebnisse sind ohne Hilfe durch andere so überwältigend schmerzhaft, dass ihre Verdrängung die einzig gesunde Reaktion in der betreffenden Situation ist. Sie ist der Preis des Überlebens von allzu heftigen Frustrationen und Enttäuschungen.

> *Kinder sind im Grunde unvermeidlich hilflos und abhängig, gleichgültig, welche Hilfsmittel sie entwickeln, um in dieser maßlosen Welt zurechtzukommen. Auf die eine oder andere Art erweisen sich die Eltern immer als Enttäuschung. Der Frustrationen sind viele, und das Leben ist von Natur aus nicht kontrollierbar (Kopp 1978, S. 39).*

Problematisch ist, dass die modernen Methoden der Psychotherapie leicht zum Unterlaufen von Widerständen benutzt werden können. Es gibt manipulative Techniken, mit deren Hilfe Klienten dazu verführt werden, Probleme oder Gefühle zu artikulieren, zu denen sie ansonsten nicht bereit wären. Damit aber wird keine positive Veränderung erzielt. Die Person selbst wird in ihrer Wahrnehmung und Entscheidungsfähigkeit nicht unterstützt. Es findet eine Konzentration auf das manifeste Verhalten statt, die am erzieherischen Deutungsmuster kritisiert worden ist.

> *Die Analyse der Dynamik, die hinter einem Begriff wie dem des Widerstandes (...) auf Seiten der Therapeuten beziehungsweise der Schöpfer derartiger theoretischer Konzepte steht, bleibt noch zu leisten. Es zeichnet sich aber ab, dass Gegenübertragungsreaktionen, die vom Klienten frustrierten Allmachtsphantasien der Therapeuten, die Not der Therapeuten an ihrem Versagen, die Frustration ernsthaften Engagements durch das Faktum, dass vieles nicht machbar ist, der Zorn auf den Patienten, der allen Anstrengungen zum Trotz sich nicht ändern will oder kann, hinter dem 'Feindbild Widerstand' stehen. Da ist keine Freude an der 'resistence' (das französische Wort hat einen weitaus positiveren Klang als der deutsche und der englische Begriff), an der Eigenwilligkeit, Querköpfigkeit, da ist kein Akzeptieren schicksalhafter Tragik, für die es im Moment oder vielleicht grundsätzlich keine Lösung gibt. Da ist viel mehr die Schwierigkeit, sich aus der identifikatorischen Bindung an das Leiden des Patienten zu lösen, (...) ihn zu lassen, ohne dass damit in eine Haltung der Lieblosigkeit, der Gleichgültigkeit, der technischen Routine ausgewichen würde. Mit der eigenen Hilflosigkeit und Ohnmacht bei Patienten umzugehen, die sich* unseren *Vorstellungen von Gesundheit und gesund werden versagen, ist kein leichtes Unterfangen" (Petzold 1985, S. 29 f, Hervorhebung d. Verf.).*

Ein weiterer kritischer Punkt für die pädagogische Arbeit ist die Schwierigkeit von freiem und ungehemmten Ausdruck und Darstellung auf der einen Seite und normierender und hierarchischer Bewertung auf der anderen Seite. Wenn im therapeutischen Setting Lernprozesse ermöglicht werden, die an der gegenwärtigen Erlebnis- und Erfahrungswelt des Klienten ansetzen und von hier aus Raum für „Wachstum und Entfaltung" schaffen wollen, ist für Zensur und Zensuren kein Platz. Will man in den Schulen oder Universitäten Raum für diese Bereiche schaffen, muss dieses Problem bedacht werden. Eine naive Übertragung der Konzepte therapeutischen Arbeitens auf Institutionen wie Schulen oder Universitäten ist zum Scheitern verurteilt.

Wenn die Entwicklung und der Lernprozess des Kindes realitätsangemessen erfasst werden soll, müssen die Dimensionen des Unter- und Unbewussten, der Lebensgeschichte und sozialen Erfahrungen, der Emotionen und des Leibes mit berücksichtigt werden. Das Kind ist dann nicht mehr nur das Objekt von Erziehungs- und sonstigen Einflüssen, sondern ein aktives Subjekt, das in der Interaktion mit anderen viele Möglichkeiten authentischen Selbstausdrucks und der Weiterentwicklung hat. Dies impliziert allerdings die Freiwilligkeit des Kontaktes und die Bereitschaft, sich auf den anderen, so wie er ist, einzulassen. Das sind Ansprüche, die leichter als Postulat zu erheben als in der Realität zu erfüllen sind und die auch mit den Faktoren der Leistungsbewertung und Selektion notwendig in Konflikt geraten. Damit komme ich zu den kritischen Aspekte der Therapeutisierung pädagogischer Arbeit.

3. Probleme der Therapeutisierung

Die Frage nach der Entwicklung des Kindes und seiner Förderung durch Erwachsene wurde durch das therapeutische Deutungsmuster erheblich verändert. Die Attraktivität dieses Paradigmas wurde sicherlich nicht zuletzt dadurch gefördert, dass insbesondere in den sechziger und siebziger Jahren des letzten Jahrhunderts die theoretischen Konzepte im Mainstream dazu tendierten, Personen zu verdinglichen. Die Soziologie hat Menschen auf „Funktionsstellen" in institutionellen Bedingungsgefügen reduziert. Die – am Ideal der Naturwissenschaften orientierte – Psychologie erklärte Menschen im gleichen Zeitraum zu „Variablenaggregaten". Das therapeutische Deutungsmuster postulierte statt dessen, den Menschen in seiner komplexen Lebens- und Lerngeschichte ernst zu nehmen und ihn auch mit vermeintlichen Störungen und Auffälligkeiten anzunehmen. Betont wurde die Bedeutung des menschlichen Faktors gerade auch in der Arbeit mit anderen Menschen.

Damit werden auf der einen Seite tabuisierte Dimensionen und Kompetenzen in die Aufmerksamkeit gerückt, auf der anderen Seite kann mit einer ausschließlichen Fokussierung auf die Psyche des Individuums ein verzerrtes Bild des Zusammenhangs entstehen, in den Erziehungsprozesse eingebettet sind. Das passiert insbesondere dann, wenn die problematischen Aspekte des therapeutischen Deutungsmusters nicht gleichermaßen betrachtet werden. Ich konzentriere mich auf folgende Punkte:

- Professionalisierung, Spezialisierung und Vermarktung,
- Verschiebung der Schuldproblematik vom Kind auf die Eltern, meist die Mutter, und die damit verbundene Individualisierung sozialer Probleme,

- Reduzierung des Erfahrungsbegriffs auf Interaktionsprozesse und die Ausblendung von realen gesellschaftlich-historischen Rahmenbedingungen,
- neue moralische Normen und Ansprüche.

3.1 Professionalisierung, Spezialisierung und Vermarktung

Durch das therapeutische Deutungsmuster wurde aus einer Bosheit des Kindes, die mit pädagogischen Mitteln zu beeinflussen ist, ein psychisches Problem, das therapeutisch zu bearbeiten ist. Aus dem Zappelphilipp wurde ein Kind mit Aufmerksamkeitsdefizit-Syndrom, aus dem Suppenkaspar die Magersüchtige. Für jedes Verhalten gibt es eine entsprechende Störung, für deren Diagnose und Behandlung ein Experte benötigt wird.

Die Zuständigkeit verlagert sich von Eltern und Lehrern auf Therapeuten. Damit gibt es einerseits für Eltern und Lehrer mehr Beratungs- und Unterstützungsmöglichkeiten, auf der anderen Seite geht mit der Expertisierung eine zunehmender quantitativer Anstieg und eine Ausdifferenzierung der möglichen Störungen einher.

Ich habe bereits darauf hingewiesen, dass Freud die Psychoanalyse durch die Behandlung von psychisch *Kranken* entwickelte und in diesem Zusammenhang postulierte, dass zwischen normaler und neurotischer, gesunder und kranker Entwicklung kein struktureller, sondern nur ein gradueller Unterschied besteht. Durch die Deutung der Störung als ein verstehbares Verhalten, das Sinn macht, sind die Grenzen zwischen psychischer Gesundheit und Krankheit relativ fließend geworden.

Es gibt kein Verhalten, das nicht unter bestimmten Aspekten als „neurotisch", „auffällig", „gestört" bezeichnet werden kann. Dies birgt einerseits die Möglichkeit, für fremde und irritierende Verhaltensweisen mehr Verständnis zu entwickeln, beinhaltet aber andererseits die Gefahr folgenreicher Stigmatisierungsprozesse. Der Prozentsatz der angeblich gestörten, behandlungsbedürftigen Kinder liegt – wenn man einer ganzen Reihe von wissenschaftlichen Analysen Glauben schenken will – bei mindestens fünf bis zehn Prozent, aber auch Angaben von fünfundzwanzig bis dreißig Prozent sind keine Seltenheit. Der – offensichtlich je nach Diagnoseprinzip – stark schwankende Prozentsatz liegt in jedem Fall über dem der dafür ausgebildeten Experten und ist anscheinend in den letzten fünfzig Jahren sprunghaft angestiegen.

Ich fürchte, dass mit dem immer geschulteren und umfassenderen Blick des Experten beliebig viele Störungen auszumachen sind. Schmidbauer (1982, S. 81) verweist in diesem Zusammenhang auf eine interessante Studie.

> *Zunächst wurden aus einer Gruppe der Bevölkerung von einschlägigen Experten die eindeutig psychisch gesunden Erwachsenen ausgewählt. Diese umfassten weniger als vierzig Prozent der Gesamtpopulation, mehr als die Hälfte der Population galten also als nicht eindeutig gesund. Diese gesunden Erwachsenen wurden dann anderen einschlägigen Experten vorgestellt. In den dann durchgeführten Experten-Interviews von drei Stunden wurden selbst bei dieser – vorher als gesund diagnostizierten – Gruppe neun gravierende psychische Störungen (von allgemeiner innerer Unruhe bis zu Suchtverhalten und Depressionen) ausgemacht.*

Solche Untersuchungen zeigen die Brüchigkeit der Diagnose psychischer Störungen. Sie sind schwieriger als physiologische Erkrankungen festzustellen und nicht zuletzt abhängig „vom Auge des Betrachters“. Für Kinder gilt dies erst recht. Ihr Verhalten ist nicht unbedingt stabil sondern wird durch vielfältige Einflüsse leicht irritiert. Selbst wenn das Kind einem entsprechenden Facharzt vorgestellt wird, ist dieser in vielen Fällen auf Auskünfte durch Eltern oder Lehrer angewiesen. Eine Krankheits-Diagnose durch einen Experten entlastet auf den ersten Blick Eltern und Lehrer, zumindest solange die Störung „im Kind“ und nicht in den Beziehungen zwischen Kind und Eltern oder Kind und Lehrkraft festgemacht wird.

Es verwundet daher nicht, dass zahlreiche Untersuchungen den – steigenden – Umfang und die Vielfältigkeit von Verhaltensauffälligkeiten im Kindesalter feststellen.

Solche Aussagen können unterschiedlich interpretiert werden:

- Erwachsene und Kinder werden immer „gestörter“ und bedürfen damit immer umfassenderer und spezialisierterer therapeutischer Hilfe (das ist die vorherrschende Variante).
- Das Diagnose-Instrument ist untauglich, weil es Menschen nach dem Vorbild einer ohne Funktionsbeeinträchtigung arbeitenden Maschine misst (das ist der kritische Blick einer Minderheit).

Welche Interpretation angemessen ist, kann hier nicht abschließend geklärt werden. Es sollen aber Zweifel daran geweckt werden, ob die Behauptungen des „immer schlimmer, stärker, heftiger“ für bare Münze zu nehmen sind. Unsere Lebens- und Arbeitsbedingungen sind sicherlich komplizierter geworden. Damit treten Störungen möglicherweise häufiger und früher auf. Vieles wird aber heute auch als „Störung“ etikettiert, was früher als normales Verhalten galt, das „sich auswächst“ oder mit pädagogischen Mitteln bearbeitet werden kann (also z.B. durch das Vorlesen von Struwwelpeter-Geschichten oder durch die Anwendung von Sanktionen).

Heute steht eine Vielzahl von Diagnosemöglichkeiten und von professionellen Experten, die ihre Dienste anbieten, zur Verfügung. Solche Dienste werden dann – nicht anders als in der Schulmedizin – in Anspruch genommen. Dass Kinder nicht fraglos gehorchen, war früher eine Selbstverständlichkeit. Heute gehört die mangelnde Bereitschaft von Kindern, sich den Anweisungen von Erwachsenen fraglos zu fügen, schon als ein Symptom des Aufmerksamkeitsdefizitssyndroms. Gerade im Hinblick auf Begriffe wie Verhaltensstörung oder Verhaltensauffälligkeit ist Vorsicht angesagt.

Voss (1987, S. 61) verwies schon vor zwanzig Jahren darauf, dass der Stand der wissenschaftlichen Diskussion über die kindliche Verhaltensstörung in hohem Maße als unzureichend zu bezeichnen ist. Die Vielzahl an Publikationen steht in einem umgekehrten proportionalen Verhältnis zur Klarheit der Begriffe, Erklärungsmuster und Interventionsmaßnahmen. Leider hat sich daran bis heute nicht viel geändert:

- Obwohl die verschiedenen humanwissenschaftlichen Disziplinen weit von ausreichenden Erkenntnissen über das Auftreten und die Häufigkeit von kindlichen Verhaltensstörungen entfernt sind, gibt es eine Fülle von Häufigkeitsangaben, die ein solches Wissen vorspiegeln.
- Diese wissenschaftlichen Untersuchungen behaupten eine hohe (steigende) Zahl von Verhaltensstörungen.
- Die Häufigkeitsangaben beruhen zumeist auf methodisch umstrittenen empirischen Arbeiten. Aufgrund fehlender Reliabilität und Validität ist der Aussagegehalt der meisten Untersuchungen als begrenzt zu bezeichnen.

Skepsis ist angebracht. Das alles immer schlimmer wird, ist vielleicht einfach eine beliebte rhetorische Floskel. Vergleichbare Daten aus früheren historischen Epochen stehen meist nicht zur Verfügung. Die Bezugsnormen sind unklar. Wenn die Kinder immer gestörter werden, erbringen Eltern und Lehrkräfte, die mit der aktuellen Population zu tun haben, Höchstleistungen und müssen dafür bewundert werden, weil ihre Arbeit dadurch viel schwieriger geworden ist. Schon das dürfte einer der Gründe dafür sein, dass Schwierigkeiten behauptet werden.

Gleichzeitig wird mit solchen Diagnosen ein Markt für entsprechend professionalisiertes therapeutisches Personal geschaffen. Nur wenn der Nachweis gelingt, dass das Problem gravierend ist, häufig auftritt und eine Behandlung zwingend erforderlich ist, können die jeweiligen Berufsgruppen hoffen, vom Fleischtopf der Krankenkassen zu profitieren. Unter Hinweis auf die zunehmenden psychischen Störungen bei Kindern können berufsständische Interessen der diagnostizierenden und behandelnden Berufsgruppen kaschiert werden. Wenn die Störung als medizinisch zu behandelndes Problem etikettiert wird, lassen sich auch entsprechende Psychopharmaka hervorragend vermarkten.

Eine geradezu dramatische Entwicklung lässt sich in bezug auf die Diagnose des Aufmerksamkeits-Defizits-Syndrom (ADS oder ADHS) feststellen. Es wird in aller Regel als individuelle Störung des Kindes diagnostiziert und gerne mit Ritalin behandelt.

Die Einnahme von Ritalin stieg in den neunziger Jahren des letzten Jahrhunderts in England und Deutschland um mehr als das 50fache, liegt dennoch immer noch 20- bis 30-mal unter dem in den USA (vgl. DeGrandpre 2002, S. 11) ADS ist in den USA inzwischen die häufigste diagnostizierte psychische Störung bei Kindern. Sie wird dort in neunzig Prozent der Fälle mit Ritalin behandelt.

Kein anderes Medikament, das unter das Betäubungsmittelgesetz fällt, verzeichnet derartige Zuwachsraten. In Deutschland stieg der Absatz von Ritalin-Tabletten von 0,7 Millionen (1995) auf 31 Millionen Tabletten (1999). Innerhalb von fünf Jahren war das mehr als das 40fache. Der Wirkstoff muss entweder extrem effektiv sein oder die Krankheit breitet sich wie eine Epidemie aus (vgl. Hüther/ Bonney (2004, S. 13f.). Die Behandlung mit Ritalin ist relativ bequem und wenig aufwändig – jedenfalls im Vergleich zu einer psychotherapeutischen Behandlung.

Eine weitere mögliche Erklärung für die gerade explodierenden Zahlen liefert der veränderte Diagnoseschlüssel:

> *Mit dem Begriff Syndrom werden in der Medizin seit jeher Auffälligkeiten zusammengefasst, die jede für sich noch nicht unbedingt pathologische sind, deren regelhaftes gemeinsames Auftreten aber auf eine gemeinsame Störung hinweist. Bei ADHS ist die Liste dieser Auffälligkeiten im Verlauf der letzten Jahre immer länger geworden. Sie umfasst inzwischen nahezu alles, was am Verhalten eines Kindes auffallen kann (Hüther/ Bonney 2004, S. 21).*

Es ist unmittelbar plausibel, dass mit einer zunehmenden Liste von denkbaren Faktoren auch die Anzahl der Kinder steigt, bei denen die Krankheit diagnostiziert wird. DeGrandpre fasst dies markant wie folgt zusammen „ADS: Eine Generation wird krankgeschrieben." (Untertitel des Buches)

Dabei darf durchaus bezweifelt werden, ob die Störungen eine biologische Ursache haben. Hüther, immerhin ein Experte für Neubiologe, und Bonney, Experte für Kinderpsychiatrie und Familientherapie weisen die Hypothese, eine singuläre Störung eines bestimmten Transmittersystems sei für die Störung verantwortlich, explizit zurück. Alle in den letzten Jahren unternommenen Anstrengungen mit Hilfe molekularbiologischer Techniken eine charakteristische, nur bei ADHS-Patienten vorkommende Störung oder einen spezifischen Defekt auf der Ebene der genetischen Anlagen festzustellen, seien erfolglos geblieben. Die gefundenen messbaren Veränderungen seien *Symptome*, aber nicht *Ursachen* der Störung, das Gehirn passe sich schlicht und einfach an die Anforderungen der jeweiligen Entwicklung des Kindes an. Es handle sich um eine komplexe und durch unterschiedliche Faktoren bedingte Fehlentwicklung.

Bei der Behandlung dürfe man daher nicht allein das Kind im Auge haben, sondern müsse das gesamte Umfeld des Kindes in seiner stabilisierenden oder destabilisierenden Bedeutung für das Fühlen, Denken und Handeln des betreffenden Kindes abschätzen und gegebenenfalls korrigierend in ein ungünstiges Beziehungs- und Interaktionsmuster eingreifen (vgl. Hüther / Bonney 2004, S. 82).

Sieht man die entsprechenden Störungen als gesellschaftlich bedingt an, so hat dies weitreichende Folgen für die Gestaltung von Kindheit und alle Institutionen, in denen Kinder aufwachsen und lernen. Da ist die Diagnose der Störung „im Kind“ viel bequemer.

Auch Voss sieht die wesentliche Funktion der Verwendung des Begriffs der Verhaltensstörung darin, die zentralen gesellschaftlichen Institutionen wie Familie, Schule und Klinik von kritischen Fragen zu entlasten. Die allgemeine gesellschaftliche Funktion bestehe darin, das Verhalten der Kinder im Sinne der Erwachsenen zu kontrollieren und zu regulieren. Auf diese Weise werde eine stetig expandierende Aussonderung von Kindern ermöglicht und die Anpassung und Normierung der Heranwachsenden gesichert.

> *Das Kind soll ein beliebig zu steuerndes Wesen sein, das auf Anordnungen der Erwachsenen in berechenbarer Weise (!) zu reagieren hat. (Voss 1987, S. 64 f).*

Solange die Störung als individuelles Problem des Kindes oder als Beziehungsstörung gedeutet wird, steht das Versagen der Institution oder der Gesellschaft nicht zur Debatte. Dem Opfer wird die Schuld zugeschoben. Mit dem therapeutischen Deutungsmuster breiten sich Strategien und Technologien der Normalisierung in allen Lebensbereichen aus. Die *Kindheit selbst* als Etappe mit eigenen Verhaltensmöglichkeiten und größerer Freiheit wird im Prozess der Normalisierung liquidiert, argwöhnt Wambach (1981, S. 261f.).

Ich würde allerdings stärker die Ambivalenz dieses Prozesses betonen. Wenn man die Störungen ernst nimmt und ihren Sinn zu entschlüsseln sucht, bietet das auch Chancen, die pathogenen Strukturen von Institutionen zu erkennen – und damit Ansätze für Veränderungen zu entwickeln. Eine solche Idee geht davon aus, dass „Kranke“ und „Gesunde“ grundsätzlich an den gleichen Problemen leiden:

> *Der Neurotiker leidet mehr als der Wohlangepasste; in vielem leidet er aber am Gleichen, was in der Angepasstheit stumm geworden ist.(Mitscherlich 1963, S. 365)*

An Schulversagern etwa kann deutlich werden, was an der Institution Schule problematisch ist, die mangelnde Individualisierung des Lernens, der fehlende Bezug zur „Sache“, die nur an formaler Leistung und Selektion orientierte Lernkontrolle. Schulpsychologische Arbeit würde sich dann auf die Institution Schule richten, nicht auf die Normalisierung des einzelnen Schülers, wie das heute in der Regel der Fall ist (Schön 1993).

Mit dem therapeutischen Deutungsmuster könnten auch die kreativen Momente abweichenden Verhaltens in den Blick geraten, etwa der Widerstand gegen Anpassung an eine Gesellschaft, in der Kinder und ihre Eltern immer mehr zu Außenseitern werden. Das wäre allerdings davon abhängig, dass man die Störung nicht im Kind sondern im Umfeld des Kindes sucht.

Die gesellschaftlich dominante Diagnostik und Behandlung des Aufmerksamkeitsdefizitsyndroms als individuelle Störung im Stoffwechsel des Kindes ist Symptom für die Ausblendung pathogener Strukturen im Umfeld des Kindes. Solange der institutionelle und gesellschaftliche Kontext des Verhaltens ausgeblendet bleibt, ist der mit dem therapeutischen Deutungsmuster gewonnene Schritt von der Entlastung (von Bosheit, individuellen Schuldvorwürfen, Bestrafung) zur Entmachtung (krankhaft, daher nicht ernst zu nehmen) klein.

Diagnosen von Verhaltensstörungen oder Verhaltensauffälligkeiten gehen in der Regel auch mit Selbst- und Fremdstigmatisierungsprozessen einher. Negative Halo-Effekte sowie die Einleitung oder Verfestigung einer negativen Karriere sind nicht unwahrscheinlich.

Mit der Ausbreitung des therapeutischen Deutungsmusters geht auch ein Trend zur zunehmenden Differenzierung pädagogischer Anforderungsprofile einher Die Führung von Gesprächen, Anteilnahme an den Problemen des anderen sowie Aufmerksamkeit für Gruppenprozesse bedürfen einer spezialisierten Ausbildung, die nicht selten in einer Therapie der plötzlich erkannten dramatischen eigenen Konflikte endet. Szasz (1982) sieht in der Deklarierung von menschlichen Kontakten als Therapie Demagogie. Damit werde das Ziel verfolgt, das, was wirklich in psychotherapeutischen Prozessen abläuft, zu verschleiern und einer kritischen Beurteilung zu entziehen. So wird der Mythos von der allumfassenden Überlegenheit des Experten gegenüber dem Laien wirkungsvoll unterstützt. Kritische Überprüfungen zeigen jedoch erstaunlich geringe Erfolgsunterschiede zwischen Selbsthilfegruppen und von Experten geleiteten Gruppen (vgl. z.B. Moeller 1984).

Es scheint fast allgemeiner Konsens zu werden, dass Lehrer, Sozialarbeiter und Eltern ohne Schulung und Training in therapeutischem Denken und Handeln eigentlich nicht mit Kindern umgehen dürften. Die Therapeutisierung bedeutet so auch eine Verschiebung der Zuständigkeit vom Laien zum Experten. Das therapeutische Deutungsmuster verführt zu der Auffassung, dass wir alle mit den uns zur Verfügung stehenden, im Lebenszusammenhang erworbenen Verhaltensweisen nicht mehr fähig sind, bedeutsame Probleme individueller Entwicklung oder sozialer Beziehungen zu lösen. Ich bezeichne das als Verächtlichmachung von Laien. Die Delegation eines Problems an einen Spezialisten kann aber selbst zum Problem werden. Sie kann die Entfremdung von den eigenen Wünschen, Impulsen, Nöten verschärfen.

Zu fragen ist, ob nicht auch im therapeutischen Deutungsmuster latent die Annahme von der Machbarkeit einer gesunden Persönlichkeit steckt. Dabei wird die Hoffnung (oder auch der

Alptraum) erzeugt, es bedürfe nur der richtigen Therapie, um richtig mit Menschen umgehen zu können, Kinder fehlerfrei erziehen zu können, lebenslanges Glück gewährleisten zu können.

Diese Behauptung unterscheidet sich nur durch die Betonung des affektiven Anteils am Geschehen von analogen Annahmen, eine wissenschaftliche Aufklärung über die Bedingungen von Sozialisationsverläufen könne „richtiges Leben“, etwa einen fehlerfreien Umgang von Eltern mit ihren Kindern oder erfolgreiche Lernprozesse, anleiten und garantieren.

Solche Machbarkeitskonzepte konstruieren Erziehungs- und Entwicklungskonzepte als linear planbare Produktionsabläufe. Sie behaupten direkte, kalkulierbare Zusammenhänge zwischen Erziehungszielen, -methoden und -effekten. Für die Widerständigkeit des Subjekts, für seine Eigenständigkeit, Querköpfigkeit, für kreative Abweichungsprozesse bleibt letztlich kein Raum.

Die zunehmende Professionalisierung und Spezialisierung von menschlichen Umgangsweisen und die damit einhergehende Verächtlichmachung von Laien steht in einem merkwürdigen Kontrast zur Roger'schen Konzeption einer nicht-professionellen, nicht-lenkenden und nicht-wertenden Beziehungsgrundhaltung dem Klienten gegenüber, die auch in anderen humanistischen Therapie-Ansätzen von zentraler Bedeutung ist.

Nicht unproblematisch ist auch die Vermarktung der Psychotherapie. In der psychotherapeutischen Beziehung wird die Zuwendung des Therapeuten faktisch gegen Geld getauscht. Der Klient bezahlt den Therapeuten dafür, dass er ihm einen Teil seiner Aufmerksamkeit, seiner Zeit, seiner Zuwendung zuteil werden lässt. Die Diskrepanz zwischen dem Warencharakter der Beziehung und der in der humanistischen Therapie versprochenen Authentizität der persönlichen Begegnung ist offensichtlich. Die Beziehung des Klienten zum Therapeuten und die Beziehung des Therapeuten zu seinen stündlich wechselnden Klienten ist in aller Regel sehr unterschiedlich.

Die Intensität des Austausches und der Begegnung mit dem Therapeuten verschleiert oftmals wirksam den Warencharakter der Beziehung. Die professionelle Aufmerksamkeit für die Probleme des Klienten wird von diesem leicht mit einem echten Interesse an seiner Person verwechselt. Schmerzlich erfahren wird diese Diskrepanz aber oft erst dann, wenn die finanziellen Mittel des Klienten erschöpft sind. Die herzliche, authentische Anteilnahme am Prozess, das Interesse, die persönliche Entwicklung des Klienten zu fördern, erlöscht häufig genug so schnell, wie sie zustande gekommen ist, wenn der Klient das Honorar nicht mehr bezahlen kann. Die Offenheit und Herzlichkeit täuscht über die Oberflächlichkeit des Kontaktes hinweg.

Eine Lösung dieser Probleme scheint mir zum gegenwärtigen Zeitpunkt nicht in Sicht. Auch Therapeuten, die in Institutionen arbeiten und somit nicht direkt durch die Klienten bezahlt werden, sondern indirekt über gesellschaftliche Institutionen, sind mit dieser Problematik konfrontiert. Vielleicht verschärft die institutionelle Absicherung sogar diese Problematik. Der angestellte Therapeut wird in der Regel jedem seine Aufmerksamkeit geben müssen, den die Institution aufnimmt und hat vielleicht noch mehr (wechselnde) Klienten, als es seiner Aufnahmekapazität und seiner Fähigkeit, sich auf immer wieder wechselnde Personen einzulassen, entspricht. In der privaten Praxis sieht es anders aus - freilich nur dann, wenn der Therapeut genügend Geld verdient, um sich eine Auswahl und eine Begrenzung seiner Klienten leisten zu können.

Die Vermarktung zeigt sich nicht zuletzt auch in der Fort- und Weiterbildung. Stellenanzeigen fordern immer häufiger den Nachweis einer oft sehr spezifischen therapeutischen Zusatzausbildung, die der Stellenanwärter in privaten Instituten auf eigene Rechnung teuer erwerben muss. Obwohl viele Diplom-Psychologen als Therapeuten arbeiten und viele Professoren Fortbildung in psychotherapeutischen Verfahren anbieten, können sie die entsprechenden Kompetenzen in der Regel nicht an der Universität erwerben. Die Universität erklärt sich dafür als nicht zuständig. Die Professoren erbringen diese Leistungen an separaten Instituten, die abrechnen können.

3.2 Die Verschiebung der Schuldproblematik vom Kind auf die Mutter

Im therapeutischen Setting ist der Therapeut vor allem seinem Klienten zugewandt. Die Probleme des Klienten sollen aus seiner Lebensgeschichte und seinen persönlichen Erfahrungen heraus verstanden werden. Die Parteinahme zugunsten des Klienten ist notwendig und sinnvoll, um überhaupt einen Kontakt herzustellen, um ein Verständnis für die Schwierigkeiten des Klienten zu gewinnen. Selbst wenn man sich – wie in der Gestalttherapie – vorrangig den gegenwärtigen Problemen zuwendet, stößt man mit der Frage, woher die Gewohnheiten stammen so und nicht anders zu denken und zu handeln, zwangsläufig auf die Lebensgeschichte des Klienten. In der Anti-Struwwelpeter-Geschichte zeigte sich dies deutlich: Friederichs Schwierigkeiten rührten offensichtlich daher, dass er von seinem Vater verprügelt, beschimpft und eingesperrt wurde.

Der Klient konnte als Kind bestimmte Verhaltensweisen der Eltern nicht ertragen oder verarbeiten, war mit erlebten Konflikten, Verhaltensvorschriften oder Sanktionen überfordert. Aus dieser Perspektive waren die Eltern immer zu böse oder zu lieb, zu überfordernd oder zu unterfordernd, lieblos und egozentrisch oder ohne hinreichende eigene Persönlichkeit.

Im therapeutischen Deutungsmuster werden mehr oder weniger direkt die Eltern, meistens die Mütter, zu den Verantwortlichen/ Schuldigen für die Schwierigkeiten der Klienten gemacht. Sie haben ihre Kinder zu wenig oder zu viel behütet, zu wenig Einfühlungsvermögen gezeigt, ihre eigenen Interessen zu wenig oder zu viel verfolgt, haben in der Erziehung unendlich viele Fehler gemacht.

Es gibt wohl kaum eine Verhaltensauffälligkeit oder Störung, die nicht mit dem Fehlverhalten der Mutter in Beziehung gesetzt wird. Die gängigen psychiatrischen/ psychotherapeutischen Theorien deklarieren durchweg die Mütter als schuldig, wissenschaftlich formuliert als „schizophrenogen“, „overprotecting“, „gefühlskalt“ – die Liste ist fast beliebig fortsetzbar. Sie führen durchweg die Schwierigkeiten ihrer erwachsenen Patienten auf deren Kindheitserlebnisse zurück.

Eine solche Schuldzuschreibung hat mindestens zwei problematische Aspekte:

Zum einen machen die vorrangig männlichen Forscher Frauen für die Probleme zwischen Eltern und Kindern verantwortlich. Damit wird tendenziell der männliche Anteil an psychischen Störungen verleugnet. Mütter können sich in der Privatheit der Familien kaum gegen diese professionellen Schuldzuschreibungen wehren. Ihre Perspektive wird in der Forschung kaum wahrgenommen, zumal der Anteil der weiblichen Wissenschaftlerinnen immer noch sehr gering ist. Totzek (1980, S. 155) – (immerhin) ein Mann – führt diese einseitige Schuldzuschreibung auf eine partielle Wahrnehmungsschwäche der männlichen Forscher (auch einiger Frauen!) zurück. Diese Wahrnehmungsschwäche führt dazu, dass sie ihre eigene Rolle als Vater und Mann in der Erziehung nicht wahrnehmen. Projektionen und Sündenbock-Theorien seien die Folgen.

Zum zweiten wird damit das Verständnis für Sozialisationsprozesse letztlich lediglich um eine Generation verschoben: Die Kinder werden als Produkte ihrer Erziehung gesehen, als Opfer der Psychodynamik der Erwachsenen und deren unerledigter Konflikte, jene aber werden quasi zum Verursacher der kindlichen Probleme. Die Begründung für ihr Handeln bleibt weitgehend unberücksichtigt.

Diese Verschiebung vom bösen Kind auf die böse Mutter bleibt – trotz seines therapeutischen Kontextes – dem traditionellen erzieherischen Deutungsmuster verhaftet (vgl. dazu auch Dörner u.a. 1984). Auch hier wird eine individuelle Verantwortlichkeit, Schuldzuschreibung sowie eine moralischen Bewertung des Verhaltens vorgenommen. Insofern ist auch die Anti-Struwwelpeter-Geschichte vom Friederich eine „böse“ Geschichte: Die Stelle des grausamen, bösen Kindes nimmt hier der prügelnde Vater ein. In aller Regel ist aber die Mutter die Böse – nicht nur im Märchen.

In der Folge wird die Verantwortung der Mutter für das Kind weiter verstärkt. Die Väter werden tendenziell noch weiter aus der Verantwortung entlassen. Unsicherheiten und Ängste der Mütter, in der Erziehung des Kindes etwas falsch zu machen, werden verstärkt. Psychische Probleme werden verschärft.

Bei der umfassenden Verantwortung der Mutter für die Entwicklung des Kindes fällt es leicht, ihr Fehlverhalten nachzuweisen (nur, wer gar nichts macht, macht keine Fehler!). Jedes kindliche Problem kann leicht einem Zuviel oder Zuwenig an Zuwendung, Aufmerksamkeit, Behütung angelastet werden. Zwischen „over-protecting“ und Kindesvernachlässigung ist dann nur noch ein gradueller Unterschied (vgl. Oubaid 1987). Wird ein Kind von seiner Mutter nicht hinreichend vor den ihm drohenden Gefahren geschützt – und dies zeigt sich immer dann, wenn etwas passiert ist – hat sie ihr Kind vernachlässigt. Schützt die Mutter dagegen ihr Kind vor drohender Gefährdung, so ist sie eine überbehütende Glucke, die die gesunde Entwicklung ihres Kindes blockiert. Bei den raschen und teilweise sprunghaften Veränderungen in der kindlichen Entwicklung ist das, was heute genau richtig ist, morgen vielleicht schon falsch.

Auch der Widerspruch zwischen der im therapeutischen Deutungsmuster betonten Notwendigkeit eines durch Affektivität und Intimität bestimmten Familienklimas und der Vorwurf der Gestaltung des familiären Beziehungsklimas durch Intimität und Affektivität bleibt ungelöst.

Das therapeutische Deutungsmuster mit seiner Parteinahme zugunsten des leidenden Kindes bewirkt allzu leicht, wie Hagemann-White (1987) eindringlich beschreibt, eine Sicht der Welt und Welterklärung aus der Perspektive des Kindes. Aus dessen Unfähigkeit, reale Zusammenhänge zu verstehen und sich in die Perspektive des anderen hineinzuversetzen, resultiert eine Sicht auf die Mutter, in der diese unendlich machtvoll und scheinbar willkürlich über Leben oder Tod, Genuss oder Verzweiflung verfügt. Aus der Unfähigkeit, die eigenen Bedürfnisse selbständig zu befriedigen, resultiert eine unbegrenzte Sehnsucht nach einer stets verfügbaren Mutter. Daran gemessen erinnert man sich an die Mutter als böse Person: Sie handelte oft anders, als es der Säugling, das Kleinkind oder der Heranwachsende gewollt und/ oder gebraucht hätte.

Die Perspektive des Kindes, des Abweichlers, des psychisch Kranken zu entdecken und zu entfalten, ist eine bedeutende und zentrale Leistung der Psychoanalyse gewesen. Der Lernprozess, die Andersartigkeit (neben der partiellen Gleichheit) des anderen zu erkennen, zu tolerieren, zu verstehen, ist ein unumgänglicher Schritt zur sozialen Handlungsfähigkeit und Weltbewältigung. Mit Hilfe des therapeutischen Deutungsmusters wird dieses Thema mit neuer Qualität beschrieben und durchgearbeitet. Mit Kindern angemessen umzugehen, ihre Entwicklung zu fördern, ihre Konflikte zu begreifen, erfordert ein Einfühlungsvermögen in das Kind. Nur das kann verhindern, dass der Erwachsene allzu bruchlos seine eigenen Erfahrungen und Gefühle auf das Kind überträgt.

Die Entdeckung und Entfaltung der kindlichen Perspektive ist aber kein Ersatz für die Erwachsenenperspektive. Was das kleine Kind zwangsläufig nicht erkennen kann, sind die Regeln, Prinzipien und Nöte, nach denen die Mutter gewährt oder versagt. Gemessen an den unendlichen Bedürfnissen des Kleinkindes, die aus seiner Unfähigkeit resultieren, sich selbst zu versorgen, ist die Mutter immer auch böse: Sie kommt nicht schnell genug, nicht häufig genug, nicht früh genug, nicht fröhlich genug – oder später auch zu früh, zu häufig, zu heftig, wo man sich doch gerade selbst erproben wollte.

In einem von mir durchgeführten Seminar zur Mütterproblematik berichtet eine ältere Frau (Jahrgang 1928) über die Vorwürfe, die ihr ihre dreiunddreißigjährige Tochter schriftlich gemacht hat: „Autoritäre Erziehung. Dieses Muster hätte ich von meinen Eltern übernommen und ganz selbstverständlich an meine Kinder weitergegeben. Erwachsene, insbesondere Eltern, haben immer und grundsätzlich recht, man darf ihnen niemals widersprechen, es wäre eine Todsünde. Mein Denken sei starr und von Zwangsstrukturen geprägt, geradezu destruktiv und mein Weltbild eingeschränkt und negativ. Eine sexuelle Aufklärung fand nicht statt. Moralische Druckmittel auf erotischem Gebiet. Ich hätte nie über eigene Fehler nachgedacht, ich stand schließlich als Mutter immer über allen Dingen. Statt dessen hätte ich meine eigenen Fehler, Ängste und Probleme erfolgreich verdrängt und immer auf meine Kinder projiziert. Wenn

die Kinder Fehler gemacht haben, hätte ich sie immer zur Rechenschaft gezogen und nie versucht, ihre Fehler zu verstehen, beziehungsweise nach deren Ursache zu suchen. Dagegen hätte ich mich selbst nie in Frage gestellt und dadurch mehr oder weniger diesen Teufelskreis ausgelöst. Und schließlich als schwersten Vorwurf: Mangelnde Liebesfähigkeit und Gefühlskälte aufgrund fehlender Eigenliebe."
Sie berichtet über ihre Reaktion: „Ich verstrickte mich in Schuldgefühlen und tiefe Niedergeschlagenheit." Erst allmählich gelingt ihr im Kontakt mit anderen Müttern ihres Jahrgangs, die ähnliches erlebt haben, der Enttäuschung ihrer Tochter über ihre angeblich misslungene Erziehung ihre eigene Enttäuschung entgegenzusetzen. „Die (erwachsenen) Kinder haben einfach keine Antenne für meine seelischen Nöte und Schwächen. Warum bringen sie mir nicht einen Teil der Toleranz entgegen, die sie ständig von mir fordern?"
Dieser Bericht löst bei den meisten Studierenden Betroffenheit aus. Fast alle Anwesenden kennen solche Vorwürfe und machen ihren Müttern ähnliche Vorwürfe.

In der Auseinandersetzung mit einer ihnen fremden Frau, mit der sie affektiv nicht so eng verstrickt sind, gewinnen sie zum ersten Mal Verständnis dafür, dass in den Vorwürfen nur die eine Seite zur Sprache kommt und das Verhalten der Mütter in einen gesellschaftlichen Kontext eingebettet ist. Nebenbei bemerkt: Die Väter erfahren solche Vorwürfe fast nie mit solcher Heftigkeit. Das idealisierte Mutterbild muss an der Realität zwangsläufig scheitern.

Die Frage, ob die Mutter auch noch andere Notwendigkeiten und Bedürfnisse hat, als auf dieses hilflose und auf sie angewiesene Kind einzugehen, und ob sie denn überhaupt die Ressourcen hat, die akuten Nöte des Kindes zu beseitigen, stellt sich aus der kindlichen Perspektive nicht und kann sich aus der kindlichen Perspektive heraus auch nicht stellen. Sie müsste sich aber stellen aus der Sicht eines erwachsenen Zugangs zur Welt, in der die kindliche Perspektive mit all seiner affektiven Not ergänzt wird durch rationale und mehrperspektivische Erklärungen. Wenn die Erziehungswissenschaft einen erwachsenen Zugang zur Welt eröffnen will, kann das therapeutische Deutungsmuster nicht die einzige Perspektive sein.

Hagemann-White (1987, S. 22) fordert in diesem Zusammenhang, folgende Fragen zu stellen:

- *Haben Mütter das nötige Wissen? Können sie erkennen und verstehen, was ihre Kinder benötigen, um überhaupt zu gedeihen? Wissen sie, wie sie handeln müssten, damit ihre Kinder so werden, wie sie es selbst möchten und wie die Gesellschaft sie auch akzeptieren wird?*
- *Haben Mütter das freie Ermessen, die unabhängige Entscheidungsbefugnis darüber, was ihren Kindern zukommt und wie mit ihnen umgegangen wird?*
- *Haben Mütter die konkreten Mittel, ihren Kindern das zu geben, was diese brauchen? Steht das, was die Mütter ihren Kindern möglicherweise vorenthalten, ihnen selbst überhaupt zur Verfügung?*

Nur durch die Beantwortung dieser Fragen kann geklärt werden welchen Anteil die Mütter – und die Väter – an dem haben, was passiert ist. Dass das Kind leidet, macht sich also an der Mutter fest, aber es ist in der Regel nicht durch sie verursacht.

> *Die Familie ist der Ort der Entstehung psychischer Störungen, aber bei Gott nicht ihre Ursache und daher auch nicht der Anlass für Schuldzuschreibungen (Dörner u. a. 1984, S. 39).*

In aller Regel sind die Mütter selbst eingebunden in ökonomische, soziale und psychische Zwänge, so dass sie die Bedürfnisse des Kindes nicht erkennen oder nicht erfüllen können. Erst in der Auseinandersetzung um fehlende Ressourcen und gegebene Zwänge wird der Blick frei für die sozialen Dimensionen von Interaktionen (vgl. dazu Ruddick 1989 und Schön 1989).

Erfolgt eine solche Ergänzung der kindlichen Perspektive durch eine sozialstrukturelle Sicht nicht, bleibt die „Täter-Opferperspektive“, die am traditionellen erzieherischen Deutungsmuster kritisiert worden war, erhalten. Die Person erscheint in ihren Handlungen als mutwilliges oder böswilliges Einzelwesen. War traditionell das Kind der Täter, wird die Kehrseite hervorgehoben, die Kinder als „Produkte“ der Eltern, das Muster aber bleibt gleich. Das Individuum wird nach seinem manifesten Verhalten be- und verurteilt.

Das therapeutische Deutungsmuster verführt zu einer Schuldzuweisung an die Eltern, insbesondere die Mutter. Handelt es sich dabei nicht um eine vorübergehende Phase im therapeutischen Prozess, die der (Wieder-)Entdeckung des kindlichen Erlebens dient, kommt es zu einer problematischen Entwicklung. Die Schuldzuschreibung an die Mutter muss dann als Abschieben der Verantwortung und als Entschuldigung des eigenen Lebens und Handelns gewertet werden, nach dem Motto: Ich schlage meine Frau, weil meine Mutter mich frustriert hat.

Richter (1986, S. 111) hat in seiner Autobiographie seine eigenen früheren Arbeiten, wie etwa „Eltern, Kinder und Neurose", aber auch die Arbeiten von Miller diesbezüglich als unzureichend klassifiziert. Das therapeutische Deutungsmuster muss – so seine Forderung – erweitert werden zur psychosozialen Institutionsanalyse, Ethno-Psychoanalyse, politischen Psychologie, „Psycho-History". Man könne weder einen anderen noch sich selbst hinreichend verstehen, ohne auch die psychosozialen Verhältnisse und das Schicksal der Familie im gesellschaftlichen Prozess zu reflektieren.

Dörner (1984, S. 47) hat in diesem Zusammenhang einige interessante Thesen zum Verständnis der Familiendynamik entwickelt. Alle Familienmitglieder:

1. *Leiden gleich viel.*
2. *Leiden gleich lang, unter Umständen lebenslang.*
3. *Haben das gleiche Recht.*
4. *Haben die gleichen Chancen.*
5. *Sind gleich stark.*
6. *Sind gleich isoliert.*
7. *Sprechen nur allein ihre ganze Wahrheit aus.*
8. *Haben den gleichen Anspruch auf Glaubwürdigkeit.*

Damit plädiert er für eine All-Parteilichkeit des Therapeuten. Die Kategorien des entweder – oder (recht oder unrecht haben, schuldig oder unschuldig, Täter oder Opfer sein) sollen aufgehoben werden zugunsten einer „systemischen" Dimensionierung. Alle sind voneinander abhängig und beziehen sich aufeinander.

Allerdings steht dieser Ansatz, allen Mitgliedern eines Systems gleiche Chancen einzuräumen, in Spannung zu Phänomenen wie Gewalt, Macht und Kontrolle (vgl. Girgensohn-Marchand 1996, S. 99). Gewalt gegen Frauen und Kinder, Inzest und Unterdrückung sagen aber etwas über reale Verhältnisse aus, bei der Stärke und Schwäche, Wahrheit und Leid ungleich verteilt sind. Auf die Ambivalenzen eines solchen systemischen Denkens gehe ich in Kapitel 4.2 ein.

3.3 Reduzierung des Erfahrungsbegriffs auf Interaktionsprozesse

Die Konzentration des therapeutischen Deutungsmusters auf individuelle Fehl-Entwicklungen steht in der Gefahr, soziale und gesellschaftlich-historische Begrenzungen und Chancen von Entwicklungsprozessen zu vernachlässigen. In der Betonung dessen, was beim Klienten problematisch und veränderbar ist, wird leicht die Notwendigkeit der kollektiven Bearbeitung und Veränderung von Gesellschaft ausgeblendet. Das therapeutische Setting kann auch der Ablenkung von gravierenden Problemen der Gegenwart Vorschub leisten, indem man sich der Aufarbeitung der (individuellen) Vergangenheit zuwendet.

Statt die Menschen in ihren berechtigten Interessen, zum Beispiel beider Suche nach einem sinnvollen und humanen Arbeitsplatz, zu unterstützen, werden sie mit freundlicher Empathie abgespeist. Was damit gemeint ist, zeigt sich am deutlichsten in der Anekdote vom Bauern, der sich in der Stadt verirrt hat. Er trifft auf einen Therapeuten und fragt ihn:

> *„Können Sie mir sagen, wo der Bahnhof ist?" Der antwortet: „Tut mir leid, den Weg weiß ich auch nicht, aber ich freue mich wirklich, Sie kennen gelernt zu haben."*

Der richtige Hinweis, dass Schwierigkeiten und Probleme erfahrungsbedingt sind, beinhaltet nicht sinnvollerweise eine Reduzierung des Erfahrungsbegriffs auf Interaktionen. Erfahrung heißt immer auch Begegnung mit materieller und symbolischer Kultur. Die Förderung von Entwicklung und Entfaltung kann nicht sinnvoll auf menschliche Beziehungen reduziert werden:

> *Als Orte früher Erfahrungen werden selten die Wohnungen, die Zimmer, die Gärten und die Stadtteile beschrieben, sondern seltsam raumlos gedachte Beziehungen zwischen Eltern und Kind (Meinold 1981, S. 33).*

Die im therapeutischen Deutungsmuster vorgenommene Reduzierung von Erfahrungen auf Interaktionsprozesse hängt wahrscheinlich mit der bereits beschriebenen Konzentration auf die kindliche Perspektive zusammen. Für das Kind ist die Mutter der Schlüssel zur Welt. Die kindliche Begegnung und Auseinandersetzung mit materieller wie symbolischer Kultur erfolgt im familiären Kontext.

Dennoch vollzieht sich die kindliche Sozialisation natürlich auch über die Begegnung mit „Sachen“, über die Erfahrung und die handelnde Auseinandersetzung mit Gegenständen, mit Natur und Kultur. Auf welche Möglichkeiten und Zwänge das Kind dabei trifft, welche Ressourcen ihm eröffnet werden, welche Restriktionen es erfährt, ist nicht nur abhängig von den Eltern. Es wird geprägt durch die gesellschaftlich-historischen Bedingungen. Diese werden in spezifischen Schichten, Subkulturen, Geschlechtern, Regionen jeweils in besonderer Weise erfahren und mit den Besonderheiten der jeweiligen Personen verschmolzen (vgl. dazu Merkelbach/ Schön 2005).

Eine Reduzierung des Erfahrungsbegriffs auf Beziehungen lässt Therapie zur Beziehungstechnologie verkommen. Das therapeutische Deutungsmuster reduziert damit perspektivisch den Freiheitsspielraum der einzelnen auf die Gestaltung individueller Beziehungen. Lebensgeschichtlich erfahrene gesellschaftliche – und das heißt immer auch kollektiv erfahrene – Gewalt wird durch Nicht-Thematisierung zum Verschwinden gebracht.

> *Es hieße wohl, einen folgenschweren Irrtum zu begehen, meinte man, in der psychoanalytischen Arbeit seien die beiden Beteiligten nur mit der Privatheit einer persönlichen Geschichte*

befasst, das heißt mit dem persönlichen Unbewussten. Es ist vielmehr davon auszugehen, dass die in Träumen und Phantasien und Identifizierungen zutage tretenden Bilder auch kollektiv verdrängte Geschichte dem Tageslicht zugänglich machen (Springer 1988, S. 49).

Die Einpferchung sozialhistorischer Dimensionen in die Schranken der subjektiven Problematik ist nicht nur naiv, sondern auch gesellschaftlich funktional. Sie lenkt von brennenden sozialen Fragen trotz ihrer Kritik an der Entfremdung und Kälte des gesellschaftlichen Lebens ab. Das therapeutische Deutungsmuster trägt so dazu bei, moralische, psychologische, individualistische, an Leistung und Verdienst orientierte Interpretationsschemata gegenüber sozialen und politischen Kategorien durchzusetzen. Es reduziert Fragen nach gesellschaftlicher Macht und Ohnmacht, Reichtum, und Armut, Normalität und Anormalität auf die psychischen Komponenten. Zumindest bewertet es diese Faktoren sehr viel höher als sozialstrukturelle und institutionelle Faktoren.

3.4 Neue moralische Normen und Ansprüche[1]

Wie weiter vorn dargestellt wurde, soll die Ablösung des erzieherischen durch das therapeutische Deutungsmuster der Aufhebung moralistischer Schemata dienen. Insbesondere humanistisch orientierte Therapiekonzepte treten mit dem Anspruch an, Menschen aus rigiden Zwängen und Konventionen zu entlassen. Das Individuum soll sich nicht blind einer konventionellen Moral unterwerfen, sondern seinen eigenen Weg und Rhythmus finden.

In gestalttherapeutischen Konzepten wird der Prozesscharakter der Entwicklung betont. Die Entwicklung setzt danach notwendig beim gegenwärtigen Zustand an, begreift diesen als geworden, und fragt ausgehend vom „hier und jetzt“ nach weiteren Möglichkeiten, nach dem nächsten sinnvollen Schritt. Gestalttherapeutische Konzepte wenden sich damit explizit gegen die Orientierung an absolu-

[1]) Die Darstellung dieses Punktes beruht wesentlich auf einem Gespräch zwischen Hedwig Ortmann, Universität Bremen, und mir über Gruppen- und Einzelerfahrungen in therapeutischen Prozessen.

ten Normen und abstrakten Zielen. Mögliche Entwicklungen werden leicht verschüttet oder übersehen, wenn das Ziel ohnehin unerreichbar erscheint. Für die Institution Schule wird diese Diskussion immer wieder im Zusammenhang mit dem schulischen Selektionsprozess und der Notengebung diskutiert.

Die Würde des Schülers ist verletzbar. Schon die im Klassenzimmer öffentlich sichtbare Tatsache, dass jemand einen Sachverhalt nicht verstanden hat oder langsamer oder schwerfälliger als die anderen ist, entwertet den Schüler und entmutigt ihn, ohne dass es dazu gezielter Handlungen bedürfte. Lernprozesse werden leicht blockiert, wenn das Ziel unerreichbar erscheint. In diesem Sinne scheinen Metaphern wie „der Weg ist das Ziel" oder „jede Bergbesteigung fängt mit dem ersten Schritt an" als Eröffnung von Entfaltungsmöglichkeiten. Sie orientieren sich am individuell Möglichen statt am angeblich objektiv Richtigen.

Dieses Ziel steht jedoch nicht selten in Widerspruch zu dem, was in der therapeutischen Arbeit faktisch passiert, insbesondere wenn es sich um Gruppenprozesse handelt. Als heimlicher Lehrplan schleichen sich neue moralische Ansprüche ein, die oft nicht weniger rigide und starr sind als die konventionellen Normen.

Vor allem in den humanistisch orientierten Therapiegruppen schleichen sich leicht neue Ansprüche über das ein, was „man" tut.

Offenheit ist einer der beliebtesten Begriffe im therapeutischen Kontext. Zur Offenheit gehört die Vorstellung mit Vornamen und das Duzen, die Vertrautheit und Nähe miteinander suggerieren, unabhängig davon, ob diese Gefühle der Realität entsprechen. Im Kern bezieht sich aber diese Forderung auf eine Öffnung der Person nach innen und nach außen.

Nach innen offen sein, heißt, die eigenen unbewussten Gefühle, somatische und/oder psycho-somatische Regungen, eigene Bedürfnisse und Interessen bewusst wahrzunehmen.

- „Was fühlst Du jetzt?"
- „Was spürst Du?"
- „Was ist im Moment?"

Nach außen offen sein bedeutet, die eigenen Regungen anderen mitzuteilen und zwar spontan und unkontrolliert („die erste Idee ist immer die beste, nicht zensieren, zulassen!“). Gefordert wird auch , dass die einzelnen Gruppenmitglieder für die Regungen der anderen offen sind. Sie sollen ihnen mit Akzeptanz, Wärme und Empathie begegnen, sollen das, was zum Ausdruck gebracht wird, annehmen und mittragen. Es gilt als hinderlich, hemmend und störend, wenn sich jemand eigenen oder fremden Impulsen gegenüber verschließt.

Solche Normen sind unvereinbar mit einem Verständnis von Abwehr und Widerstand als notwendige, nicht mit dem Bewusstsein gesteuerte Impulse. Was sich einfach anhört, ist schwer zu realisieren. In der Gruppe wird Widerstand meist negativ gedeutet. Das alte, autoritäre Konzept von gut und böse wird im neuen Gewand von Offenheit und (verbotener) Geschlossenheit reproduziert. Dies wird besonders makaber, wenn einzelne mit ihren Gefühlen, Normen und Vorstellungen konträr zum vorherrschenden „Gruppenfeeling“ beziehungsweise „Therapeutenfeeling“ stehen. Wer abweicht, wird leicht zum Prügelknaben in der Gruppe. Es entsteht ein Klima, als ob psychodynamische Prozesse diktiert werden könnten und dem Gesetz der Mehrheit unterlägen.

Auch der Begriff des *Wachstums* gehört in diesen Zusammenhang. Obwohl Wachstum, Stagnation und Verwelken in der viel beschworenen Natur zusammengehören, überbetont die Gestalttherapie den Akzent des Wachstums. Unbegrenztes emotionales Wachstum ist aber ebenso unsinnig wie unbegrenztes industrielles Wachstum (vgl. Schmidbauer 1982, S. 93). Dennoch wird in den meisten Gruppen Wachstum glorifiziert. Die Verklärung der Jugend wird weiter vorangetrieben.

Der Therapieprozess ermöglicht Offenheit, Wachstum und Widerstandsfreiheit durch die Bearbeitung der Konflikte. In der hoffnungsvoll gestimmten Gruppe koppelt sich hieran die Erwartung, dass die therapeutische Bearbeitung immer die Lösung bringt. „Was bearbeitet ist, muss erledigt sein“ wird zur Maxime. Psychosomatische Krankheiten, die durchgearbeitet wurden, müssen über Nacht verschwinden, Ehen perfekt funktionieren oder endlich getrennt werden. Suchtverhalten oder Arbeitsstörungen lösen sich auf, Leid verschwindet im Nichts. Wie viel Schwäche darf ein „therapeutisch durchgearbeiteter" Mensch sich erlauben, wie viel Leid? Es gibt keine Berechtigung mehr, an den Zuständen der Welt, der Gruppe (!) oder an sich selbst zu leiden. Die Erwartung, mit Hilfe der Therapie endlich und endgültig glücklich zu werden, lässt sich als säkularisierte Heilserwartung deuten.

Damit einher geht der Anspruch an unbedingte Perfektion. Jeder ist an seinen Schwächen selber schuld. Wer sich genügend „therapeutisch durcharbeitet" wird immer besser, immer glücklicher. Damit geht die unangefochtene Autorität des Therapeut einher. Auf dem Hintergrund seiner gründlichen Selbsterfahrung und Therapie-Ausbildung werden seine Entscheidungen in der Regel nicht zur Disposition gestellt. Alles, was er tut, gilt als heilig. Was er nicht tut, wird als bewusste Entscheidung für das Abwarten und Laufen lassen interpretiert. Falls doch jemand wagt, Entscheidungsprozesse in Frage zu stellen, kommt es entweder zur Sündenbock-Strategie oder zur Übertragungsfrage: „Woher kennst Du dieses Gefühl, dieses Verhalten?" Der Effekt ist, dass die Leitung unangefochten bleibt.

Auffällig ist, dass in der Therapie-Szene kaum Auseinandersetzungen um die Verführungen der Macht stattfinden, die mit dem Leiten von Gruppen entstehen. In der Gruppe ist dem Leiter in der Regel Aufmerksamkeit und Zuwendung sicher und die Annahme, er sei „okay". In diesem Zusammenhang gilt auch die ungeschriebene Regel, der Therapeut bleibt – als authentische Person im Leben draußen – außen vor. Fragen nach dem Privatleben des Leiters gelten als unangemessen. So bleibt für alle Beteiligten im Dunkel, inwieweit die in der Gruppe ablaufende Dynamik auch die Dynamik des Leiters und seine Probleme widerspiegelt. Auch diese Strategie schürt die Illusion, der Therapeut sei ein „besserer Mensch", handle stets und insbesondere in der Gruppe aus „edlen" – therapeutisch begründeten – Motiven.

4. Lebensgeschichte als Lerngeschichte

In diesem Teil der Arbeit sollen neuere Konzepte mit integrativem Anspruch vorgestellt und diskutiert werden. Im Kern geht es dabei um Versuche, von der Behandlung einzelner zu einer Pädagogik für alle zu kommen. Einsichten aus dem therapeutischen Kontext sollen in die Gestaltung von Lernprozessen einfließen. Cohn (2004) hat diesbezüglich mit dem von ihr entwickelten Konzept der themenzentrierten Interaktion als eine der ersten einen systematischen Versuch gemacht, Lernprozesse so zu gestalten, dass nicht die Sache allein im Zentrum des Unterrichts steht, sondern die Bedürfnisse und Probleme des einzelnen und die Interaktionen in der Gruppe systematisch einbezogen werden. Erkenntnisse aus der Psychoanalyse und anderen psychotherapeutisch orientierten Perspektiven sollen dafür genutzt werden, Schule und Unterricht systematisch zu verbessern. Ich werde im Folgenden solche Konzepte nicht im Detail darstellen, sondern vielmehr Grundüberzeugungen und kritische Aspekte herausarbeiten. Dabei gehe ich insbesondere auf behavioristische und auf systemisch-konstruktivistische Paradigmen ein.

Beide Konzepte stimmen darin überein, das der Umgang mit eigenen und fremden Ressourcen, mit Herausforderungen oder Krisen *gelernt* wird. Das, was uns widerfährt und wie wir damit umgehen, ist kein unabänderliches Schicksal sondern wir können uns dazu verhalten. Menschen sind in der Lage, nicht *nur äußere sondern auch innere Prozesse* wie von außen zu betrachten. *Sie können sich zu sich selber verhalten.* In inneren Dialogen, in Auseinandersetzung mit ihren Träumen, Hoffnungen und Verletzungen können sie sich selbst auf die Spur kommen. Sie können also ihr Leben und ihr Lernen reflektieren und sich zielgerichtet zu dazu verhalten. Psychisches Geschehen muss nicht länger unbewusst bleiben, sondern kann zu einem erheblichen Anteil bewusst werden und dann auch verändert werden. Das gilt für „dumme" Angewohnheiten genauso wie etwa für die Vermeidung von Risiken oder Reaktionen auf Störungen.

Therapeutische Konzepte beschäftigen sich mit Lernprozessen von Erwachsenen, die eine Veränderung des eigenen Lebens als notwendig ansehen. Am Anfang steht damit keine naturgegebene Notwendigkeit, sondern ein vorläufig abgeschlossener Entwicklungsprozess. Dieser rechtfertigt und erlaubt eine Behandlung nur auf der Basis von Freiwilligkeit, setzt also Einsicht in eine Fehlentwicklung voraus, die der Korrektur bedarf. Mit Varianten von „Unterstützung" wie sie z.B. in Supervision, Training, Coaching zu finden sind, sind die Zielgruppen allerdings unbegrenzt und nicht mehr an das Krankheitsparadigma gekoppelt (vgl. Schön 2002).

4.1 Lernen als Verhaltensänderung

Die Psychologen, die Lernen als Verhaltensänderung beschreiben, grenzen sich ausdrücklich ab gegen alle „Spekulationen" über subjektive Motive, Wünsche, Intentionen von Menschen. Sie konzentrieren sich allein auf das sichtbare und messbare Verhalten. Dieses Paradigma wird häufig als Behaviorismus bezeichnet. Ob ein Lernprozess stattgefunden hat, kann man konstatieren, wenn man das Verhalten eines Menschen betrachtet. Nur beobachtbare Verhaltensänderungen lassen auf Lernprozesse schließen. Die Gesetzmäßigkeiten des Lernens sollen exakt erforscht werden. Unerwünschte Verhaltensweisen der neuen Generation könnten bei angemessener Anwendung vermieden, gewünschte Verhaltensweisen technologisch-manipulativ erzeugt werden.

Therapeutische Maßnahmen zielen also in dieser Perspektive auf eine Korrektur des Verhaltens. Verhaltensänderungen sollen durch gezielte Experimente oder Einflussnahmen ausgelöst werden. Solche Veränderungen erscheinen vor allem dann sinnvoll bzw. notwendig, wenn ein solches Verhalten für das betroffene Individuum oder für die entsprechende gesellschaftliche Gruppe, etwa die Familie oder die Schulklasse, belastend oder störend ist.

In verhaltenstheoretischen Konzepten finden wir problematische theoretische Annahmen über die Person und ihre mögliche Entwicklung und Veränderung, die mit humanistischen Konzepten nicht vereinbar sind. Wir finden dort aber auch pragmatische Konzepte zur Hilfe und Selbsthilfe in Krisensituationen, die sehr wohl mit humanistischen Zielsetzungen vereinbar sind. Beides steht zum Teil unverbunden nebeneinander und kann je nach Kontext unterschiedlich genutzt werden.

Der klassische Konditionierungsvorgang wurde von Pawlow (1849-1936) anhand von Hunden beschrieben. Tierexperimente spielten bei der Entwicklung der Verhaltenstheorien eine große Rolle.

Hunde sondern für gewöhnlich Speichel ab, wenn man sie füttert. Das ist ein elementarer Prozess, der automatisch passiert - unabhängig vom Willen des Betreffenden. In der Sprache der Wissenschaft handelt es sich um einen Reflex, der durch einen bestimmten Reiz – das Futter – ausgelöst wird.

Auch beim Menschen kennen wir – allerdings in viel geringerem Ausmaß als bei Tieren – solche Reflexe: etwa den Lidschlag, wenn die Wimpern berührt werden. Solche Reflexe haben die Funktion, präzise bestimmte Verhaltensweisen zu steuern, ohne dass es dafür kognitiver Überlegungen bedarf. So schützt z.B. der Lidschlagreflex das Auge vor Verletzungen, ohne dass das Subjekt mit seinen Wünschen, Zweifeln oder Ängsten ins Spiel kommt. Reflexe funktionieren blitzschnell ohne bewusstes eigenes Zutun.

Pawlow nahm diese Beobachtungen zum Anlass für sein klassisches Experiment der Konditionierung. Er koppelte die Futterabgabe an einen Glockenton. Nachdem er das mehrmals gemacht hatte, ließ er die Glocke ertönen, ohne den Hunden Futter zu geben. Und was passierte? Die Hunde sonderten Speichel ab. Sie hatten gelernt, ihr Verhalten hatte sich geändert.

Sie hatten den Glockenton mit der Erwartung von Futter kombiniert. Es handelt sich um durchaus sinnvolles Verhalten. Wer allerdings die Lerngeschichte dieser Hunde nicht kennt, wird das Verhalten als sinnlos oder absurd klassifizieren.

Die Lerngeschichte, die jemand gemacht hat, die Erfahrungen, denen jemand ausgesetzt war, können oft Reaktionen und Verhaltensweisen plausibel machen, die sonst unverständlich wären. Insofern macht es Sinn, eine Lebensgeschichte als Lerngeschichte zu betrachten und zu fragen, was jemand in seinem Leben gelernt hat. Manchmal wird dabei verstehbar, was ohne das Hintergrundwissen über die spezifischen Lernerfahrungen dieser Person nicht verständlich wäre.

Ich erinnere mich an einen Lehrer in einer Fortbildungsveranstaltung. Er war mir sehr fremd. Sein Verhalten erschien mir sehr kontrolliert, Gefühle ließ er nicht zu. Wenn jemand in der Gruppe Gefühle zeigte, neigte er zu sehr klaren, mathematisch inspirierten, rationalen Äußerungen und Erklärungen, die für die anderen Gruppenmitglieder oft irritierend waren. Später erzählte er seine Lebensgeschichte. Seine Mutter war früh gestorben. Er lebte einige Jahre im Heim. Als sein Vater wieder heiratete, wurde er zwar in die Familie wieder aufgenommen, aber insbesondere von seiner Stiefmutter heftig abgelehnt und ausgestoßen. Sie warf ihm zum Beispiel immer wieder vor, er sei wegen seines unmöglichen Verhaltens schuld am Tod seiner Mutter und würde wohl auch die übrige Familie ins Grab bringen. Er wurde zum Schulversager und verließ mit 14 Jahren die Familie, schlug sich durch als ungelernter Arbeiter. Später machte er eine Lehre, wobei er nebenbei noch Geld verdiente, dann begann er abends, Schulabschlüsse nachzuholen. Mit einem unglaublichen Durchhaltevermögen, völlig auf sich alleingestellt, konnte er später studieren und Lehrer werden.

Durch seine Lebensgeschichte hatte er durchaus Zugang zu vielen seiner Schüler, die ebenfalls unter problematischen Bedingungen aufwuchsen. Er hatte aber in seiner Lebensgeschichte gelernt, seine Bedürfnisse nach Zuwendung, Geborgenheit zu verbannen und sich auf die Bewältigung seiner Lebensanforderungen zu konzentrieren. Dabei war ihm die Betrachtung des Lebens als „Rechenaufgabe“ eine große Hilfe. Ohne Härte gegen sich selbst hätte er vielleicht nicht überlebt, zumindest keinen Anschluss mehr an ein geregeltes Leben gefunden. Erst als ich – und andere in der Gruppe – das verstanden hatten, konnten wir ihm akzeptierender begegnen.

Der Grundmechanismus des klassischen Konditionierens basiert darauf, dass eine elementare Reaktion auf einen Reiz (Futter - hier der angeborene Reflex der Speichelabsonderung) durch einen ursprünglich neutralen Reiz – hier den Glockenton – ausgelöst wird (natürlich nur bei den Hunden, die diese Lebensgeschichte durchleben, Hunde reagieren ansonsten auf Glockentöne nicht mit Speichelabsonderung).

Das Pawlow'sche Experiment war Anlass genug um zu probieren, ob man ähnliches auch mit Menschen erfolgreich durchexerzieren könne. In Anlehnung an Steiner (1988) lässt sich dieses Experiment wie folgt beschreiben:

Watson und Rayner (1920) schnappten sich den kleinen Albert. Es handelte sich wohl nicht um ihren eigener Sohn, wie häufig behauptet wird, sondern ein fremdes Kind. Sie wollten Antworten auf folgende Fragen finden:

- Kann ein Säugling oder ein Kleinkind lernen? Kann man es dazu bringen, ein Verhalten zu zeigen, das es ursprünglich nicht hat? Kann es konditioniert werden, ein Tier zu fürchten, das gleichzeitig mit einem lauten, furchterregenden Lärm erscheint?
- Lässt sich eine solche Furcht auf andere Tiere oder sogar unbelebte Objekte übertragen? Kann man die Furcht generalisieren?
- Wie lange hält eine solche Angst an?

Zu Beginn musste zunächst beobachtet werden, welches Verhalten das Kind vor den Experimenten hatte. Nur so kann ein exakter Vergleich vorgenommen werden. Unabhängig von vielen kritischen Fragen, die an solche Experimente zu stellen sind, ist der Verweis auf *präzise Verhaltensbeobachtungen* für die Einschätzung von Lernprozessen fundamental bedeutsam. Nur wenn man weiß, was Kinder etwa zu Beginn einer Unterrichtseinheit von einem Thema wissen, kann man beurteilen, was sie durch die Beschäftigung mit dem Sachverhalt neu lernen!

Albert hatte keine Angst vor Tieren, weder vor einer Ratte noch vor einem Kaninchen. Er hatte keine Angst vor einem Hund oder einem Äffchen, nicht vor Watte, nicht vor menschlichen Masken und nicht einmal vor einer brennenden Zeitung. Auf eine Ratte reagierte er sogar erfreut – sie war ein sogenannter neutraler Reiz, jedenfalls hatte die Ratte keinerlei negative Auswirkung auf sein Verhalten.

Auf starken Lärm aber reagierte er deutlich mit Anzeichen von Angst. Schlug man heimlich, hinter seinem Rücken, unvorbereitet und unerwartet mit einem Hammer auf eine Eisenstange, was einen großen Lärm machte, so reagierte er mit Angst. Er fiel hintenüber, bedeckte mit den Händen das Gesicht, um sich zu schützen und begann zu weinen. Der Lärm war also ein Reiz, auf den er mit Angst als einer unkonditionierten Reaktion antwortete, so die Sprache der Verhaltenstheoretiker.

Zwei Monate wurde dies sorgsam beobachtet.

Wenn nun Albert mit der Ratte spielte, so tat man, was man tun musste, damit das wissenschaftliche Experiment gelang. Sobald er das Tier berührte, haute man hinter seinem Rücken den Hammer auf die Eisenstange. Dies machte man insgesamt siebenmal in zwei Sitzungen, dann hatte man „Erfolg“: Albert hatte nun Angst, sobald die Ratte zu ihm in die Nähe kam. Der ursprünglich neutrale Reiz - die Ratte - war nun zu einem bedingten Reiz geworden, löste nun eine konditionierte Reaktion aus.

Es gelang später, diese Wirkung beim kleinen Albert auch durch andere Tiere, z.B. Kaninchen, auszulösen, sogar durch ein Seehundfell. Seine Furchtreaktion war allerdings schwächer, wenn man ihm diese Reize in einem größeren Raum zeigte. Das hing möglicherweise auch damit zusammen, dass man das ursprüngliche Experiment nicht mehr wiederholte und die Erinnerung an den Lärm allmählich abnahm.

Daraus lässt sich nun ein weiteres Lerngesetz ableiten. Wenn nach der Konditionierung einer Reaktion auf einen konditionierten Reiz konsequent keine Darbietung des unkonditionierten Reizes, also des Lärms, mehr erfolgt, so schwächt sich die bedingte Reaktion ab, also die Furcht. Sie tritt bei weitergeführter Präsentation des konditionierten Stimulus, also hier der Ratte, immer seltener und schließlich gar nicht mehr auf. Das ist das Phänomen der Extinktion, der Auslöschung. Diese funktioniert allerdings nicht immer. Manchmal „erholt“ sich sogar die Reaktion – wird wieder heftiger, wenn längere Zeit pausiert wurde. Warum das so ist, weiß man nicht.

Verlässt man die Theorie der behavioralen Verhaltensänderung für einen Moment, lässt sich eine pädagogisch bedeutsame Frage stellen. Welchen Sinn eigentlich hat Alberts Reaktion auf den Lärm bzw. später auf die Ratte? Diese Frage können wir nur beantworten, wenn wir das von ihm gezeigte Verhalten interpretieren. Eine solche Interpretation hätten die klassischen Behavioristen abgelehnt, da sie aus der Sicht ihres theoretischen Rahmens spekulativ ist.

Das Verhalten des Kindes (er hält seine Hände vor sein Gesicht, er weint) können wir zweifach deuten: Albert versucht einerseits, sich selbst mit seiner Reaktion, so gut wie ihm dies als Kleinkind möglich ist, gegen die Gefahr zu wappnen. Er bedeckt sein Gesicht und wirft sich flach auf den Boden – ein instinktiv sich schützendes Verhalten. Andererseits gibt er mit diesem Verhalten ein Signal an seine Umwelt. Weinen heißt: „Ich fühle mich nicht wohl, hilf mir, rette mich aus der bedrohlichen Situation!"

Die Mutter oder der Experimentator stehen nun vor der Wahl, diese Aufforderung zu akzeptieren und das Kind zu „retten" oder die Aufforderung zu ignorieren. In beiden Fällen wird Albert etwas lernen. Er wird begreifen, ob es Sinn macht, um Hilfe zu bitten oder ob dies letztendlich eine vergebliche Haltung ist.

Wenn die Mutter Albert aus der bedrohlichen Situation befreit, lernt Albert seine Mutter nicht nur als eine hilfreiche und unterstützende Person kennen und erfährt so ein Modell für unterstützendes Verhalten. Er lernt auch, dass man mit Hilfe solcher Signale die Umwelt/die Mutter beeinflussen, ja in gewisser Weise kontrollieren kann.

In den Gesetzen der Verhaltenstheoretiker formuliert: Man lernt am Erfolg. Das Schreien bewirkt eine „Rettung", z.B. die Wegnahme der Ratte oder die Vermeidung des Lärms in der Nähe des kleinen Kindes.

Greift die Umwelt in dieser Situation nicht helfend ein – etwa um den Erfolg des Experimentes nicht zu gefährden – lernt Albert ein anderes Muster. Es ist erfolglos oder sinnlos, seine Umwelt um Hilfe zu bitten. Er wird möglicherweise resignieren und das Gefühl entwickeln, Bedrohungen aus seiner Umwelt schutzlos ausgeliefert zu sein. „Erlernte Hilflosigkeit" ist ein weit verbreitetes Muster im Umgang mit schwierigen Situationen, aber auch „Optimismus kann man lernen". Beides wird sich darauf auswirken, wie Menschen Herausforderungen oder Krisen bewältigen.

Misserfolg oder Erfolg bei einer Handlung bewirken Lernprozesse, wirken sich aus auf zukünftige Verhaltensweisen. Einige Lerntheoretiker haben daraus abgeleitet, man dürfe Kinder niemals füttern oder aus dem Bett nehmen, wenn sie schreien, sonst würden sie sich das Schreien noch mehr „angewöhnen", weil sie schließlich dafür belohnt würden.

Lernen durch Verstärkung bzw. durch Vermeidung wurde von Skinner (geb. 1904) systematisch erprobt. Man spricht von operantem oder instrumentellem Konditionieren, wenn das Auftreten spontaner, meist erwünschter Verhaltensweisen systematisch verstärkt wird, indem ein solches Verhalten jeweils mit positiven Reizen belohnt wird. Das Individuum wird diese Verhaltensweisen dann häufiger zeigen, damit es die verstärkenden Reize erhält.

Tauben etwa kann man auf diese Weise das Tanzen beibringen. Jedes Mal, wenn sie sich zufällig gedreht haben, bekommen sie Futter. Das funktioniert allerdings nur, wenn die Tauben hungrig sind, das heißt, wenn die zur Verstärkung eingesetzten Mittel attraktiv sind bzw. begehrt werden.

Es gehört zum weit verbreiteten Alltagswissen, dass man Kinder positiv beeinflussen kann, wenn man erwünschtes Verhalten durch Lob, Zuwendung oder materielle Belohnungen wie Süßigkeiten oder Geld verstärkt. Auch in der Schule finden wir solche Verhaltensmuster: so stempelt z.B. die Lehrerin ein lachendes Gesicht unter die schöngeschriebenen Hausarbeiten des Erstklässlers, verteilt „Fleißkärtchen" oder versteht gute Noten als verstärkendes Belohnungssystem für erbrachte Leistungen.

Beim operanten Konditionieren geht es um das Erlernen neuer Verhaltensweisen, nicht um das Auslösen angeborener Reaktionen. Man kann hier auch Verstärkungspläne mit Quoten oder Intervallen aufstellen, bei denen nicht jedes Mal die Belohnung eintritt, sondern nach einem bestimmten Schema nur (noch) jedes dritte oder vierte Mal.

Analog gilt dies bei unerwünschtem Verhalten. Durch das Verabreichen eines sogenannten aversiven, das heißt unlustbetonten Reizes auf eine Reaktion hin werden unerwünschte Verhaltensweisen unterlassen. Das ist das klassische Prinzip bei der Prügelstrafe. Jedes Mal, wenn das Kind etwas Unerwünschtes (was der Erwachsene nicht will) tut, bekommt es mit der Ohrfeige einen aversiven Reiz. Das Kind wird, um den aversiven Reiz nicht zu erhalten (um nicht geschlagen zu werden), das unerwünschte Verhalten unterlassen.

Als Lerngesetz wurde dies so formuliert: Aversive Reize werden vom Individuum als unangenehm bewertet und vermieden. Aversive Reize senken die Reaktionswahrscheinlichkeit oder führen zur Hemmung oder Löschung einer Reaktion. Damit haben die Behavioristen die in den Struwwelpeter-Geschichten dargestellten Erziehungsmethoden empirisch untermauert. Aus dieser Sicht scheinen die dort angewendeten Methoden plausibel. Das Darbieten der aversiven Reize (wie schmerzhafter Hundebiss, Daumen-Abschneiden, Verhungern, Verbrennen) erfolgte, um die Bosheiten der Kinder zu hemmen oder zu löschen!

In der Verhaltenstherapie wurden einfache Programme entwickelt, um Menschen zu helfen, falsche Gewohnheiten oder Ängste zu verlernen. Es wurden Verhaltenspläne entwickelt, bei denen positiv oder negativ bewertete Verhaltensweisen in klar voneinander unterscheidbare, einzelne Lernschritte zerlegt wurden. Lernprogramme wurden auf die aktuellen gegenwärtigen Probleme bezogen und nicht auf schwer zugängliche („unbewusste“) Prozesse. Der Fokus der Aufmerksamkeit war nicht die kognitive Einsicht sondern die Konfrontation mit subjektiv schwierigen Situationen. In der Verhaltenstherapie wurde systematisch trainiert, solche Schwierigkeiten zu bewältigen. Die Verhaltenstherapie war dadurch auch für andere Schichten zugänglich Etwa Menschen, die nicht so sprachgewandt sind. Allerdings hat man – nicht nur mit dem kleinen Albert – auch fragwürdige Experimente gemacht. So hat man beispielsweise versucht, Homosexuelle dadurch zu Heterosexuellen zu machen, indem man ihnen entsprechende pornographische Filme gezeigt und bei heterosexuellen Szenen jeweils mit positiven Reizen reagiert hat, während die Klienten beim Anschauen homosexueller Szenen jeweils negative Reize erfuhren. Dies war nicht sehr erfolgreich. Dies ist ein erster Hinweis darauf, dass durchaus nicht alle Verhaltensweisen beim Menschen konditionierbar sind.

Steiner (1988, S. 24f) fasst die behavioralen Lerngesetze wie folgt zusammenfassen:

1. *Bei der klassischen Konditionierung wird das Auslösen von elementaren, natürlichen (angeborenen oder sehr früh erworbenen) Reaktionen oder Verhaltensweisen auf neue Reize gelernt. Es werden keine neuen Verhaltensweisen, wohl aber neue Reize gelernt.*
2. *Dem klassischen Konditionieren liegt ein natürlicher Reiz, z. B. ein Schmerz, zugrunde, der zuverlässig eine Reaktion (das Schreien) auslöst. Es braucht einen ursprünglich neutralen Reiz, der die betreffende Reaktion ursprünglich nicht auslöst.*
3. *Der neutrale Reiz übernimmt aufgrund systematischer Darbietung zusammen mit dem natürlichen Reiz die auslösende Funktion für die betreffende Reaktion (der kleine Albert weint schließlich, wenn er das Kaninchen oder die Ratte sieht).*
4. *Reaktionen können durch Reize ausgelöst werden, die dem bedingten Reiz ähnlich sind. Die Auslösung erfolgt dann aufgrund einer Reizgeneralisierung (dies ist der Fall, wenn Albert vor einem anderen Tier oder einem Kaninchenfell Angst hat).*
5. *Auslösende Reize können durch wiederholte, gepaarte, also gleichzeitige Darbietung mit anderen Reizen durch diese ersetzt werden. Dieses Verfahren führt zu einer Reizsubstitution.*
6. *Die Untersuchung mit dem kleinen Albert hat experimentell belegt, dass auch Emotionen klassisch konditioniert werden können. (Daraus lässt sich folgern: man kann solche Gefühle*

auch wieder „wegkonditionieren". Das geschieht in der Verhaltenstherapie.)

7. *Reflexe werden durch Reize von bestimmter physikalischer Beschaffenheit ausgelöst. Ich erinnere hier an den Lidschlagreflex, der durch Staub ausgelöst wird. Andere natürliche, elementare Reaktionen, zum Beispiel emotionale Reaktionen, werden nicht aufgrund der physikalischen Eigenschaften des Reizes, sondern aufgrund einer entsprechenden subjektiven Interpretation durch das Individuum ausgelöst.*

Mit dem Hinweis auf *subjektive Interpretationen* wird allerdings der theoretische Rahmen der klassischen Verhaltenstheorie durchbrochen. Mit diesem Begriff wird eine Kategorie eingeführt, die den klassischen Geisteswissenschaften viel näher steht als den naturwissenschaftlich orientierten Behavioristen. „Die Natur erklären wir, das Seelenleben verstehen wir" lautet einer der berühmtesten Sätze von Dilthey, dem Begründer der Hermeneutik. Verstehen meint gerade nicht das analytische Zerlegen in naturwissenschaftliche, mathematisierbare Regeln, sondern das ganzheitliche Erfassen des Phänomens und der Person. Das ist ein Prozess des Suchens und Tastens, der Einfühlung, des Mitschwingens, des Pendelns zwischen eigenem Verständnis und Eintauchen in die Welt des anderen – ein Prozess, der sich dem Verhaltensbeobachter nicht ohne weiteres erschließt sondern auf „unsichtbare" Denk- und Fühlprozesse verweist.

Wenn menschliches Verhalten nicht als – mehr oder weniger mechanisch erklärbare – Reaktion auf einen Reiz gedeutet wird, sondern als Reaktion auf eine Interpretation eines Reizes, so schreibt das handelnde Subjekt dem Reiz eine *Bedeutung* zu. Es deutet den Reiz „als Zeichen für" und seine Reaktion erfolgt auf der Grundlage dieser Bedeutungszuschreibung. Damit sind wir aber näher an der Psychoanalyse als Deutungsprozess als an der klassischen Verhaltenstheorie.

Menschen, die geschlagen werden, werden wahrscheinlich angesichts der Schläge bestimmte Verhaltensweisen kurzfristig vermeiden. Möglicherweise entwickeln sie sich aber selbst zu Schlägern, weil sie das Muster des Schlagens lernen (nach Lerngesetzen, die von den Behavioristen ausgeblendet wurden, weil sie in ihr Welt- und Menschenbild nicht passten!). Mit der Einführung des Begriffs der Bedeutungszuschreibung wird erklärlich, warum viele der mechanischen verhaltenstheoretischen Elemente bei Menschen nicht zuverlässig funktionieren.

Man könnte im Zusammenhang des hier vorgestellten Experimentes etwa vermuten: Albert interpretiert den Lärm als selbst verursacht, meint, der Lärm würde durch die Ratte bzw. sein Berühren der Ratte ausgelöst. Deswegen flößt ihm die Ratte nun Angst ein, seine Berührung des Tieres könnte wieder zu den schrecklich lauten Geräuschen führen, die er so hasst. Wir neigen oft zu linearen Erklärungen, wenn wir nicht wissen, warum etwas passiert.

Wenn ich mit dem linken Fuß zuerst aus dem Bett aussteige, passiert ein Unglück. Wenn mir ein Unglück passiert, bin ich bestimmt (versehentlich und ohne es zu merken!) mit dem linken Fuß aus dem Bett gestiegen. Ich muss in Zukunft unbedingt darauf achten, mit dem rechten Fuß zuerst aus dem Bett auszusteigen. Und wenn ich mir morgens die Zeit nehme, in aller Ruhe darauf zu achten, dass ich nicht mit dem verkehrten Bein aus dem Bett aussteige, dann entwickle ich vielleicht genügend Ruhe, damit mir im weiteren Verlauf des Tages kein Unglück mehr zustößt.

Wenn es nicht die Reize sind, die das Verhalten auslösen, sondern die Interpretation der Reize durch das Subjekt, hat das weitreichende theoretische Folgen: Identische Reize können zu verschiedenen Zeitpunkten durch dasselbe Individuum oder zum gleichen Zeitpunkt durch verschiedene Individuen unterschiedlich interpretiert werden und so zu unterschiedlichen Reaktionen führen. Begreift man Instruktionsprozesse von Lehrkräften einmal verkürzt als solche Reize, wird erklärbar, warum unterschiedliche Schüler zu unterschiedlichen Zeiten darauf ganz unterschiedlich reagieren. Was für die einen eine produktive Herausforderung ist, bringt andere zum Gähnen. Was morgens zu konzentriertem Zuhören führt, ist in der sechsten Schulstunde vielleicht eine absolute Überforderung.

Die Reduzierung von Sozialisationsprozessen auf mechanistische Lerngesetze ist problematisch. Die modernere Verhaltenstherapie bezieht deshalb Überlegungen über subjektive Interpretationen in ihr Behandlungsrepertoire mit ein. Indem dort z.B. mit den Klienten Gespräche geführt werden über die Bedeutung von Reizen und die subjektive Wahrnehmung ihrer Wirkung, kann der/die Betreffende vielleicht lernen, diese Reize anders zu interpretieren.

Skinner selbst, einer der maßgeblichen Theoretiker des Behaviorismus, hat sich 1989 noch einmal dazu geäußert hat, warum die neuere Sozialwissenschaft die Verhaltenstheorien zunehmend skeptisch beurteilt. Er sieht die Gründe dafür wie folgt:

- *Humanistische Orientierungen in der Psychologie (Skinner versteht darunter bestimmte anthropozentrische und idealistische Werthaltungen);*
- *die helfende Einstellung der Psychologie, besonders deutlich in den psychotherapeutischen Positionen und*
- *das Aufkommen des Interesses an Informationsverarbeitung und Wissensstrukturen (vgl. Ulich 1991, S.66).*

Damit ist indirekt formuliert, dass sich die klassische Verhaltenstheorie weder mit einer humanistischen noch mit einer helfenden Grundeinstellung verträgt – das wäre schon Grund genug dafür, dass Pädagogen solchen Theorien skeptisch gegenüber stehen sollten. Aber auch die Bedeutung von Informationsverarbeitung und Wissensstrukturen darf von Lehrkräften nicht unterschätzt werden, diese stehen schließlich im Zentrum von Unterricht.

Ein weiterer Aspekt ist zu bedenken: *Alltagssituationen sind meistens komplex, vielschichtig und mehrdeutig.* Es ist oft schwierig zu beurteilen, welche Lernprozesse wodurch zustande kommen, was Reiz, was Reaktion ist und welche anderen Lerngesetze möglicherweise zum Tragen kommen.

Susi quengelt, weil sie ein Eis haben möchte. Als sie damit keinen unmittelbaren Erfolg hat, wird ihr Quengeln lauter und lauter. Schließlich hält der Vater es nicht mehr aus; er verabreicht Susi eine kräftige Tracht Prügel. Vaters Verhalten ist erfolgreich, Susi hört auf zu quengeln.

> *Zwei Tage später auf dem Spielplatz möchte Susi den Ball von Peter haben. Als sie ihn wegnehmen will, hält der seinen Ball fest und fängt an zu quengeln. Susi verändert daraufhin ihr Verhalten. Sie gibt Peter eine kräftige Tracht Prügel und rennt mit dem Ball davon.*

Möglicherweise hat Susi bei der Geschichte mit dem Eis noch etwas anderes gelernt. Die Schläge des Vaters waren zwar ein aversiver Reiz für sie, aber der Vater war auch ein Modell für sie. Er hat gezeigt, mit Hilfe welcher Methoden man seine Umwelt erfolgreich kontrollieren kann. Modelle aber bewirken mehr als Belehrung und darum waren die verbalen Belehrungen der Eltern „Hauen darf man nicht!“ für Susi weniger wirksam als das Modelllernen.

Fragt man also nach der Bedeutung behavioristischer Theorien für Lernprozesse, kann man resumierend folgendes konstatieren:

> *Der Schwerpunkt behavioristischer Lerntheorien und behavioristischer Lernforschung liegt auf bestimmten Lernformen: dem unwillkürlichen eher als dem willkürlichen Lernen, dem Lernen von Verhalten eher als dem Lernen von Wissen, der allmählichen Ausbildung von Gewohnheiten eher als der plötzlichen Einsicht oder der aktiven Informationsverarbeitung oder Konstruktion, der interaktiven Rückkopplung mit der Umwelt (Verstärkung) eher als der selbstgesteuerten oder selbstinitiierten Verhaltensänderung (Ulich 1991, S. 61).*

Bei Lernprozessen, bei denen die Subjekte im Zentrum stehen, ihre Aktivitäten, ihre Interessen und ihre Erkenntnisse gefördert werden sollen, geht es um Lernprozesse, die *nicht* behavioristisch erklärbar sind. Diese sollten im Zentrum schulischer Lernprozesse stehen, auch wenn behavioristisch erklärbare Lernprozesse in Schule und Unterricht (wie etwa Angst vor der Klassenarbeit) nicht unbeachtet bleiben dürfen.

Die verhaltenstheoretischen Konzepte haben ein mechanisches Menschenbild propagiert. Sie haben eher den Experimentator, den Lehrer als den Lerner fokussiert. Lernprozesse waren in dieser Sicht eher Ergebnis einer fremdgesteuerten Manipulation. Der Lerner war Objekt der Behandlung, nicht Subjekt. Aus unserer heutigen Sicht war er eher Opfer als aktiv Handelnder.

Dennoch kann nicht geleugnet werden, dass von den Verhaltenstheorien fruchtbare Provokationen ausgegangen sind. Gefordert wurde die genaue Beobachtung von Lernprozessen. Das *Lernen durch Erfahrung* statt durch Belehrung wurde ins Zentrum der Aufmerksamkeit gerückt. Betont wurde allgemein die Lernfähigkeit von „Organismen", ihre Offenheit für neue Erfahrungen. Auch wenn Wahrnehmung und Denken dabei als weniger bedeutsam deklariert wurden als Umweltbezug sowie aktives Handeln, haben sie zur Fokussierung vom Lehrer auf den Lerner beigetragen. Sie haben Aktivitäten, Handeln, Erfahrungen zur Stimulierung von Lernprozessen eingefordert. Lernen passiert, wenn jemand etwas tut, nicht wenn er hört oder liest. Für die Belehrungsschule waren dies wichtige Hinweise.

Manches, was damals formuliert wurde, erscheint uns heute als naiv. Aber durch diese theoretischen Annahmen ist auch der Optimismus ausgelöst worden, Änderungen seien bei hinreichender Präzision und Anstrengung in kurzer Zeit erreichbar: Eine Hoffnung, die schon allein Quelle für Mut und Veränderung war. Auch „Optimismus kann man lernen." (Seligman 1991)

Andererseits waren die klassischen Verhaltenstheorien eher auf Manipulation des „Objekts" als auf Selbststeuerung ausgerichtet. Die Kontrolle von Verhalten, Vorhersage von Verhalten, Veränderung von Verhalten geschieht nicht durch das betroffene Subjekt, den Lerner. sondern durch den Lehrer. Er erscheint hier als Experimentator, der die Bedingungen des Lernens systematisch-experimentell manipuliert. Er ist Subjekt der Handlungen, der Schüler das Objekt.

Die Behavioristen haben statt von Personen eher von Organismen gesprochen: Sie haben – vielfach unter Bezug auf Tierexperimente – technologisch-manipulative Lerngesetze propagiert, die unterhalb des Bewusstseins ablaufen. Die Verknüpfungen zwischen elementaren Reizen und motorischen Reaktionen laufen quasi hinter dem Rücken des Subjekts automatisch und unvermittelt ab.

Die Verhaltenstheorien beinhaltet aber auch die Betonung des Kontextes, der Umwelt. Das ist im Zeitalter des Konstruktivismus, bei dem Konstruktionen als individuelle autopoetische Prozesse gelten, die von außen nicht beeinflussbar sind, eine wichtige Einsicht. Die Umwelt, die Institutionen, die Lehrkräfte, die Ziele, Methoden und Durchführung des Unterrichts haben durchaus Einfluss auf Lernprozesse. Sie können mehr leisten als „Perturbationen". Wenn man die Umwelt anders gestaltet, kann man die Lerngeschichte eines Menschen verändern.

Verhaltenstheoretische Konzepte und Analysen korrigieren und erweitern mit der Akzentuierung von Umwelt und handlungsbezogenen Erfahrungen kognitivistische Theorien. Sie lehnen die Reduzierung von Lernprozessen auf Sprache und Psychodynamik ab. Sie verweisen darauf, dass es neben dem kognitiven Lernen auch das unwillkürliche, das automatisierte, das funktionierende psychische Geschehen und Verhalten gibt. Auch dieses weist eine Entwicklungs- und Lerngeschichte auf. Die gewohnheitsmäßigen und die reaktiven Verhaltensweisen machen einen erheblichen Teil dessen aus, was unter Sozialisationseinflüssen gelernt wird und was die in kognitiven Lernprozessen angestrebten Ziele erheblich beeinträchtigen kann. Hier gelten Prinzipien der assoziativen Verknüpfung, der Kontiguität, der Verstärkung, des Modell-Lernens.

Auch die Betonung präziser Beobachtungen und Analysen und empirischer Daten und Fakten ist für pädagogische Prozesse hilfreich. Verhaltenstheoretische Konzepte und Analysen haben in der Verhaltensmodifikation und Verhaltenstherapie eine Erklärungskraft erlangt, die nicht nur für die Entwicklungspsychologie und Sozialisationsforschung genutzt werden könnte sondern eben auch für Planung und Analyse schulischer Lernprozesse. Wo ist der Ausgangspunkt für die angestrebten Lernprozesse, wo das Ziel, mit welchen Schritten soll das Ziel erreicht werden? Welche – bereits gelernten – Annahmen, Ideen, Ängste, Vorurteile sind für die angestrebten Prozesse möglicherweise hinderlich? (Wie) Können diese Schritt für Schritt überwunden werden? Auch für die nachträgliche Analyse sind solche Fragen hilfreich. Wurde das Ziel erreicht? Welche Schritte waren (nicht) erfolgreich?

Ulich (1991) verweist auf einige Momente in der Verhaltenstherapie, die auch für schulische Lernprozesse bedeutsam sind:

- *Planung*:

  Das impliziert die generelle menschliche Fähigkeit zum Planen, also zur Antizipation, dessen was geschehen kann oder soll und den Optimismus, dass Ereignisse oder Emotionen unter Kontrolle gebracht werden können. Auch eine Öffnung des Unterrichts, Individualisierung und Differenzierung des Lernprozesses müssen geplant werden. Planung und Improvisation, eine flexible Reaktion auf das, was gerade passiert, schließen sich aber nicht aus.

- *Übung:*

  Einsicht, wie sie in der psychoanalytischen Behandlung, aber auch in der Schule favorisiert wird, ist wichtig, aber sie reicht oft nicht aus, um dauerhafte Lernprozesse zu sichern. Wenn Schüler etwas „im Prinzip“ verstanden haben, so können sie das Gelernte noch nicht sicher anwenden. Der Erwerb von Routinen, Wiederholung, das Üben und Erproben neuer Lernschritte oder neuer Verhaltensweisen sind integrale Bestandteile des Lernens. Nur Einsicht und Training führen zur sicheren Beherrschung neuer Erfahrungen. Hier ist die Phantasie und Kreativität der Lehrkraft in besonderem Maße gefordert, damit Übung nicht zu Langeweile und Desinteresse führt.

- *Gerichtete, multiple Aktivität:*

  Es ist wichtig, Lernen als Zusammenspiel von „Kopf, Herz und Hand“ (Pestalozzi) zu begreifen. Je mehr zielgerichtet verschiedene Aktivitäten auf unterschiedlichen Ebenen zum Lernen angeregt werden, um so eher kommen produktive Lernprozesse zustande.

- *Aktuelle Determination*:

  Verhaltenstherapeutische Konzepte „graben“ nicht in der Vergangenheit des Klienten, sondern betonen die aktuelle Bezogenheit von Mensch und Umwelt. Sie suchen daher nach

Veränderungsmöglichkeiten, die rasch eintreten können. Damit können sie Gefühle von Ausgeliefertheit, Unveränderbarkeit, Resignation wenigstens sporadisch unterbrechen. Solche Gefühle sind für Lernprozesse absolut kontraproduktiv. Mit der Betonung der aktuellen Determination kann in der Schule auch der Gefahr entgegengesteuert werden, alle Störungen der Kinder als familienbedingt anzusehen. Störungen, die als aktuell determiniert gelten, sind also zunächst Hinweise auf fehlgeschlagene Unterrichtssituationen: Überforderung, mangelnde Berücksichtigung der Lebenswelt, interaktive Störungen zwischen Lehrperson und Schülerin sind die ersten Hypothesen, bevor sich die Erklärungen den Bedingungen außerhalb des Unterrichts zuwenden.

- *Das Moment der Spezifität*:

  In der Verhaltenstherapie werden die Lerngeschichte und die Lernmöglichkeiten des jeweiligen Klienten präzise herausgearbeitet. Es wird auch nach speziellen Bekräftigungen gesucht, die dieser Klient für sich selbst akzeptieren kann. Je besser dies auch in schulischen Lernprozessen gelingt, um so erfolgreicher wird das Lernen sein. Solche Spezifika können jeweils nur mit den Schülern, nicht ohne sie erarbeitet werden.

- *Veränderbarkeit der Umwelt und zwar auch durch den Klienten selbst.*

  Dieses Moment ist besonders wichtig, weil es die Opferhaltung (die anderen sind schuld) nachhaltig in Frage stellt und die Frage nach der eigenen Verantwortung ins Blickfeld rückt. Wenn Unterricht so gestaltet wird, dass die Schüler Verantwortung für ihren Lernprozess übernehmen können und müssen, erfahren sie sich als Personen, die handelnd Einfluss nehmen und Veränderungen bewirken können – das ist das exakte Gegenkonzept zur gelernten Hilflosigkeit.

Im Gegensatz zur Psychoanalyse und zu vielen humanistischen Therapiekonzepten schätzt die Verhaltenstheorie plötzliche Einsicht geringer ein als Lernen durch übende Wiederholung. Neue

Handlungskompetenzen und Orientierungssysteme müssen kontinuierlich aufgebaut werden. Wenn dabei die beteiligten Personen, ihre Interpretation und Bewertung der Lernprozesse ins Blickfeld kommen, ermöglicht die verhaltenstheoretische Fokussierung neue Aufschlüsse über das, was im Unterricht passiert und passieren sollte.

4.2 Systemisches und konstruktivistisches Denken

In den letzten Jahren haben konstruktivistische und systemische Paradigmen in den Sozialwissenschaften zunehmend an Boden gewonnen. Eine zentrale Wurzel dieser Paradigmen ist das therapeutische Denken. Deshalb sollen in diesem Zusammenhang einige grundlegende Aussagen vorgestellt werden. Ich frage danach, welche Bedeutung diese Aussagen für den erziehungswissenschaftlichen Kontext haben. In welcher Beziehung stehen die Menschen zur Realität, zum Kontext, in dem sie sich bewegen? Können sie diesen Kontext erkennen und sich daran orientieren oder sind sie „selbstreferentiell" und außerstande, Aussagen über die Realität zu treffen?

Die bisherige Argumentation hat darauf verwiesen, dass das Verhältnis des Menschen zur Realität keinen Abbildungscharakter hat, sondern dass sich menschliche Wahrnehmungen und menschliches Handeln auf der Basis von Bedeutungen und Deutungen vollziehen. Mit der Gegenüberstellung des erzieherischen und des therapeutischen Deutungsmusters wurden solche unterschiedlichen Deutungsmöglichkeiten und ihre Bedeutung für das pädagogische Handeln und Denken herausgearbeitet. Menschen sind nicht instinktgebunden. Sie haben unterschiedliche Möglichkeiten, sich zu verhalten, Phänomene wahrzunehmen oder auszublenden.

Die Fülle unterschiedlicher Eindrücke, Erfahrungen und Handlungsmöglichkeiten werden so selektiert (wenn ich hungrig bin, registriere ich den Duft aus der Bäckerei, wenn ich mit meinen Gedanken bei der Vorbereitung einer Lehrveranstaltung bin, nehme ich möglicherweise gar nicht wahr, dass ich an einer Bäckerei vorbei gehe). Darüber hinaus werden die Eindrücke und Gedanken geordnet und prägen so auch Tätigkeiten in ihrer Richtung und Gestalt.

Deutungen sind Ideen, Gedanken, Erkenntnisse, die sich in der Interaktion mit anderen und in der Auseinandersetzung mit objektiven Gegebenheiten zu relativ stabilen Wissensbeständen verdichten. Auf dem Hintergrund einer immer selektiv wahrgenommenen Realität bilden solche Deutungen Raster, die den Charakter des Alltäglichen, des Normalen, des Selbstverständlichen tragen. Es handelt sich um Wissen, auf das man sich beziehen kann, ohne es ausdrücklich zu begründen oder zu thematisieren.

Wir nehmen solche Deutungen als Realität wahr und sind uns normalerweise nicht bewusst, dass wir dabei Selektions- und Konstruktionsleistungen vollbringen. Insofern gibt es mit dem Verweis auf die Relevanz gegebener Deutungsmuster Ähnlichkeiten zwischen dem radikalen Konstruktivismus und verschiedenen anderen Theorien wie der des symbolischen Interaktionismus, der Wissenssoziologie und der Ethnomethodologie, aber auch der Phänomenologie und verschiedenen psycho-dynamischen Ansätzen.

Eine weitere Übereinstimmung besteht darin, dass solche Deutungsmuster tendenziell einen selbstreflexiven Charakter haben, das heißt in diesem Zusammenhang dazu neigen, sich selbst zu bestätigen. Wie weiter oben dargestellt wurde, war es zum Beispiel im traditionellen erzieherischen Deutungsmuster üblich, Kinder und kindliche Verhaltensweisen mit Begriffen wie „artig“ oder „böse“ zu klassifizieren. Solche Begriffe wurden angewendet, ohne sich über eine damit verbundene moralistische Klassifikation klar zu werden. Die Einbettung in ein umfassenderes Welt- und Menschenbild wird normalerweise sprachlich nicht erörtert. Dieses schleicht sich vielmehr ein über die unreflektierte Verwendung der in diesem Kontext benutzten Begrifflichkeit.

Das Deutungsmuster dient nicht nur zur Fokussierung der gegenwärtigen Realität, sondern er prägt zugleich auch die Wahrnehmung zukünftiger Situationen – und darin liegt seine besondere Relevanz. Die Herausbildung des Wissens vollzieht sich zwar über Sprache und Kommunikation, aber der Prozess der Aneignung des Wissens wird normalerweise nicht meta-kommunikativ ausgetauscht: Er läuft quasi naturwüchsig, vorbewusst ab. Neue Erfahrungen werden so wahrgenommen beziehungsweise interpretiert, dass der Wissensbestand nicht in Frage gestellt wird. Die Wissensbestandteile des Alltagsbewusstseins sind auf eine Weise miteinander verknüpft, dass es sich um einen selbsterhaltenen, reflexiven Prozess handelt (Mehan/Wood 1976)

Diese Reflexivität ist sowohl gesellschaftspolitisch wie lebensgeschichtlich relevant: Alternative Handlungs- und Erfahrungsmöglichkeiten, ohne die gesellschaftliche Veränderungen, aber auch die Veränderung der eigenen Person wenig sinnvoll erscheinen, bleiben aufgrund des „mythischen“, dinghaften Charakters der Wirklichkeit (vgl. Barthes 1970) ausgeschlossen. Ich erläutere dies noch einmal an einem Beispiel:

Wer vom Sinn der Prügelstrafe überzeugt ist, konstruiert einen Zusammenhang zwischen „Missetaten“ und der Bestrafung durch körperliche Züchtigung. Von dieser Maßnahme wird eine „Besserung“ des Täters erwartet, eine Verhinderung weiteren Bosheiten. Wenn diese Erwartungen nicht eintreffen, wird nicht ohne weiteres das Deutungsmuster als solches in Frage gestellt. Vielmehr werden innerhalb des Deutungsmusters die Bedingungen des Tuns reflektiert, z.B. mit Fragen, ob die Züchtigung zu heftig oder zu seicht war oder zum falschen Zeitpunkt erfolgte. Führen diese Überlegungen nicht weiter, so gilt möglicherweise der Täter als unverbesserlich oder eine bestimmte Verbreitung von Missetaten als unumgänglich.

Somit kann das Deutungsmuster gegen die empirische Realität aufrechterhalten werden – es ist gegen widersprechende Erfahrungen immun, selbst-reflexiv. Konträre Deutungsmuster bilden einen zentralen Aspekt von menschlichen Konflikten. Behauptungen z.B. über den Nutzen der Prügelstrafe können nicht ohne weiteres durch argumentative Kraft erschüttert werden. Sie können sich aber durchaus verändern, also z.B. durch ein therapeutisches Deutungsmuster abgelöst werden. Spannend ist die Frage, wodurch solche Veränderungen zustande kommen. Diesbezüglich unterscheidet sich der radikale Konstruktivismus von anderen Theorien.

Unter spezifischen, historischen, sozialen und psycho-dynamischen Bedingungen kommt es zu einer ernsthaften Infragestellung eines solchen Deutungsmusters, etwa zu der Frage, ob körperliche Züchtigungen überhaupt sinnvolle und erfolgversprechende Reaktionen auf Missetaten sind. Wenn Menschen sich über solche Zusammenhänge austauschen, insbesondere wenn ein meta-kommunikativer Austausch über den Bedeutungskontext von Begriffen und Handlungen geführt wird, kann das vorhandene Welt- und Menschenbildes erschüttert werden und durch andere Deutungsmuster ersetzt werden. Das sind pädagogisch bedeutsame Theorien darüber, unter welchen Bedingungen Menschen lernen. Aus der Tatsache, dass Menschen Aussagen über die Realität konstruieren, folgt keineswegs zwangläufig, dass sie die Realität nicht erkennen können und dass sie dabei von anderen Menschen nicht beeinflusst werden können, wie dies der radikale Konstruktivismus behauptet.

In Anlehnung an Nüse u.a. (1991, S.200f.) lassen sich in Auseinandersetzung mit der Wirklichkeitskonstruktion des radikalen Konstruktivismus folgende Thesen formulieren:

> *Wir haben keinen direkten Zugang zur Wirklichkeit, sondern müssen davon ausgehen, dass es unbeobachtbare Entitäten gibt, über deren Vorliegen wir nur Hypothesen aufstellen können.*
> *Es gibt keine absolute Wahrheit im Sinne einer Feststellung dessen, was wirklich ist.*
> *Wir können uns immer und mit allem, was wir denken, irren. Trotzdem ist es sinnvoll, sich Gedanken darüber zu machen, wie man die Erkenntnis der Wirklichkeit verbessern kann.*

Nüse u.a (1991) haben auch darauf hingewiesen, dass es sich bei diesen Aussagen nicht um genuin radikal-konstruktivistische Ideen, sondern um Allgemeingut der Wissenschaftstheorie des 20. Jahrhunderts handelt. Den Konstruktivisten ist es allerdings gelungen, diese Aussagen in den Mainstream der wissenschaftlichen Diskussion zu bringen (vgl. Girgensohn-Marchand 1996).

Mit dem Eindringen des radikalen Konstruktivismus in die Erziehungswissenschaft kommt es allerdings nicht selten zu problematischen Verkürzungen des Sinns schulischen Lernens und der

Interaktionszusammenhänge in Schule und Unterricht. Beispielsweise wird behauptet, Lernprozesse seien autopoetisch, könnten deshalb nicht geplant werden und deshalb trügen die Schüler dafür die alleinige Verantwortung.

> *Lernen ist Selbstorganisation, Selbstbewegung und Eigengestaltung.(...) Die Verantwortung der Schüler liegt darin, ihre eigenen Bildungsziele zu formulieren und ihre eigenen Lernleistungen zu bewerten und bei Bedarf ihre Anstrengungsbereitschaft zu erhöhen und ihr schulischen Engagement zu vergrößern (Bründel/Simon 2003, S. 36).*

> *Unterrichtsstörungen ...können zwar durch Lehrerinnen und Lehrer, die unvorbereitet in die Klasse kommen, sich neuen didaktischen und methodischen Erkenntnissen verschließen und ihren Unterricht eher desinteressiert und gelangweilt durchführen, provoziert und verstärkt, jedoch nicht damit entschuldigt werden (Bründel/Simon 2003, S. 38).*

Mit solchen Aussagen wird die institutionelle Struktur der Schule und die Machtposition des Lehrers ausgeblendet. Die Verantwortung des Schülers beschränkt sich darauf, die scheinbar objektiven Leistungsanforderungen zu erfüllen, indem er gegebenenfalls seine Anstrengungsbereitschaft erhöht. Für die Erziehungswissenschaft scheint es mir gerade ungeheuerlich zu sein, wenn dem Kind allein die Last seiner Entwicklung und dem Schüler die gesamte Verantwortung für seinen Lernprozess aufgebürdet wird. Dies gilt zumal für ein System, in dem die Schüler viel zu wenige Chancen haben, wirklich in eigener Verantwortung zu lernen, also eigene Bildungsziele zu formulieren und ihre eigenen Lernleistungen zu bewerten.

Das Spannungsfeld zwischen dem institutionellen Rahmen von Schule, dem, was von der Lehrkraft geplant werden kann und dem, was die Schüler warum daraus machen, ist konstitutiv für pädagogisches Denken und Handeln. Kernfragen jeder didaktischen Konzeption, was und wie Schüler lernen sollen und wie man solche Lernprozesse am besten fördern kann, werden hinfällig und durch einen solchen theoretischen Diskurs ins Nichts aufgelöst.

Die Verantwortung der Gesellschaft für das Schulsystem besteht doch darin, die notwendigen Rahmenbedingungen und Ressourcen für die Schule bereitzustellen. Die Verantwortung der Einzelschule besteht darin, in diesem Rahmen die Ressourcen optimal zu nutzen. Die Verantwortung des Lehrers besteht gerade darin, konkrete Lernprozesse mit konkreten Schülern und nicht mit abstrakten autopoetischen Systemen zu planen (vgl. Girgensohn-Marchand 1996, S.111). Dass Menschen sich irren können, dass Planungen sich im Nachhinein als Fehlplanungen erweisen, dass Schüler hinreichend Gelegenheit bekommen müssen, ihre eigenen Lernprozesse zu machen, eröffnet doch gerade erst das Feld für ein Spiel, das sich in der Spannung und Dynamik zwischen sorgfältiger Planung, unberechenbarer Dynamik und flexibler Improvisation bewegt (vgl. dazu Schön 2005).

Erst da werden doch die Fragen gestellt und beantwortet, die den Kern des Unterrichtsgeschehens ausmachen. Hier muss geklärt werden, ob die Planung des Unterrichts angemessen oder unangemessen ist, ob die Bedürfnisse, Interessen und Erfahrungen der Schülerinnen und Schüler hinreichend zum Tragen kommen, woran man dies gegebenenfalls erkennen kann und welche alternativen Zugänge es zu einem Thema gäbe und warum diese Alternativen nicht gewählt wurden.

Um so erstaunlicher ist, dass von vielen das systemische und konstruktivistische Denken mit so viel Begeisterung aufgegriffen wurde. Girgensohn-Marchand (1996, S. 111) erklärt dies damit, dass die damit implizierte Autonomie des Menschen und das Eingeständnis, einen anderen Menschen nicht formen zu können, offensichtlich für viele imponierend ist. Und in der Tat ist die Abkehr von der Belehrung und die Hinwendung zum Subjekt eine wichtige Fokussierung pädagogischer Prozesse, wenn sie nicht dabei stehen bleibt.

> *Die Systemtheoretiker haben mit mehr Erfolg als die akademische Psychologie und die Alltagspsychologie darauf aufmerksam gemacht, dass Verhalten und Erleben nicht nur von den individuellen Dispositionen, sondern auch von dem Kontext, in dem Menschen handeln und erleben, abhängig ist. Sie haben erreicht, dass Störungen nicht mehr ausschließlich als Ausdruck eines lebensgeschichtlich determinierten persönlichen Problems*

verstanden werden, sondern dass sie ihre Ursache oder Aufrechterhaltung auch in aufeinander bezogenen Verhaltensstrukturen und Deutungsmustern der Familie haben können. (Girgensohn-Marchand 1996, 123)

Für die Erziehungswissenschaft bedeutsam ist die Fokussierung der Aufmerksamkeit auf (unproduktive) Wechselbeziehungen zwischen Schüler- und Lehrerverhalten. Die Klasse wird laut, der Lehrer fängt an, seine Stimme zu erheben, die Klasse wird noch lauter, der Lehrer fängt an zu brüllen, die Schüler überschreien ihn noch. Beide Parteien sehen jeweils das eigene Verhalten als Folge des Verhaltens der anderen Partei.

Auf solche problematischen Teufelskreise aufmerksam zu machen und alternative Handlungsweisen zu eruieren (also z.B. als Lehrkraft die Stimme abzusenken, so dass die Schüler nur, wenn sie ruhig sind, die Lehrkraft verstehen können oder mit der eigenen Körpersprache mehr Autorität einzufordern) ist durchaus wichtig. Girgensohn-Marchand (1996, S.124) verweist in diesem Zusammenhang darauf , dass ein professioneller Pädagoge weder reiner Systemiker ist, bei dem das Individuum zur Black Box verkümmert, noch reiner Konstruktivist, bei dem zwischenmenschliche Beeinflussungsprozesse kaum möglich sind. Die Beachtung des Individuums und des Systems sind für ihn keine unvereinbaren Gegensätze.

In der Erziehungswissenschaft gibt es ein „Technologiedefizit". Der Schüler unterwirft sich nicht ohne weiteres den Erziehungszielen, die die Lehrkraft setzt. Manche Methoden erreichen eher das Gegenteil von dem, was erwünscht ist. Patentrezepte für pädagogisches Handeln gibt es nicht. Dennoch werden kausale Zusammenhänge dadurch nicht außer Kraft gesetzt. Wenn eine Lehrveranstaltung adressatengerecht durchgeführt wird, erhöht sich der Wissensstand der Lernenden. Der Lehrer ist in diesem Sinne verantwortlich für eine adressatengerechte Gestaltung des Unterrichts. Das schließt aber nicht aus, dass einzelne mehr lernen als andere. Die Gründe dafür zu eruieren, ist spannend und verweist, wie bereits oben dargestellt, auf ein Geflecht zwischen unterschiedlichen Ebenen, die analytisch und reflexiv zu klären sind.

Girgensohn-Marchand plädiert deshalb für einen bewussten Umgang und eine bewusste Reflexion der eigenen Annahmen und Handlungen und gegebenenfalls um notwendige Veränderungen des eigenen Denkens und Handeln. In pädagogischen Zusammenhängen geht es immer wieder um eine Gratwanderung zwischen „akzeptierenden" und „eingreifenden" Impulsen. Veränderung erfordert ein Klima von Akzeptanz und Vertrauen. Diese reichen aber nicht aus, um notwendige Veränderungen zu inspirieren. Der Pädagoge muss mehr leisten. „Er wird z.B. ermutigen und bekräftigen, anregen und vormachen, informieren, erklären und Zusammenhänge bewusst machen. Er wird dabei nicht umhin kommen, zu bewerten und zu beeinflussen." (Girgensohn-Marchand 1996, S. 130) Wie sich Empathie und direktivere Methoden miteinander vereinbaren lassen, wann und bei wem das eine, wann und bei wem das andere in einer gegebenen Situation zum Tragen kommen muss, lässt sich weder abstrakt noch absolut beantworten. Es muss immer wieder fallbezogen eruiert werden und verweist auf die Beziehung zwischen Sender und Empfänger, aber auch auf deren jeweiligen aktuellen und lebensgeschichtlichen Kontext.

Girgensohn-Marchand (1996, S. 85) führt die absolutistisch anmutende Trennung zwischen Sender und Empfänger auf eine Kehrtwendung in der Theorie Watzlawicks zurück. Er geißelte in seinem ursprünglichen Ansatz die Psychologie des Individuums und betonte Interaktion und Kommunikation, die sich *zwischen* Menschen abspielt. Mit seinem Bekenntnis zum radikalen Konstruktivismus geht es dagegen nur noch um das autonome Individuum. Wirklichkeit spielt sich nun nicht mehr zwischen Menschen ab, sondern *in den konstruktivistischen Köpfen der einzelnen.*

Es passt in das neo-liberale Denken unserer Zeit, dass dem Individuum alle Belastungen einseitig auferlegt werden, während strukturelle Zusammenhänge ausgeblendet werden (vgl. dazu auch Schön 2003a und 2003b). Wenn Lernen *nur* Selbstorganisation wäre, bedürfte es weder der Schule als Institution noch aller auf Unterricht bezogenen Anstrengungen, Lehrprozesse professionell zu gestalten. Es ist zwar richtig, dass die Intention des Absenders und das, was der Empfänger daraus macht, zwei Stiefel sind, aber es ist doch wohl eher ein Paar Stiefel, wo beide Teile deutlich miteinander in Beziehung stehen.

Aus der Tatsache, dass Menschen keinen direkten Zugang zur Wirklichkeit haben, folgt *nicht*, dass sie die Idee der Wahrheit aufgeben sollten (vgl. Nüsse u.a. 1991). „Auch eine empirische Überprüfung von Theorien ist hinfällig, wenn jede Konstruktion Gültigkeit beanspruchen darf." (Girgensohn-Marchand 1996, 124) Ich erläutere die Konfusion exemplarisch an einem banalen Beispiel.

Die Aussage, dass „vier mal vier sechzehn" ist, ist eine Konstruktion, aber keine beliebige. Sie kann nicht durch die Konstruktion vier mal vier sei siebzehn ersetzt werden!

Sie gilt nur unter bestimmen Voraussetzungen, nämlich dann, wenn diese Operation zulässig ist. Sie macht nur in spezifischen Kontexten Sinn, nämlich dann, wenn die betreffenden Sachverhalte mit den jeweiligen Operationen präziser als mit anderen Deskriptionen erfasst werden können und Mengen aufeinander bezogen und miteinander verglichen werden sollen.

Schüler sollen Vorstellungen von solchen grundlegenden mathematischen Operationen erwerben und damit umgehen können. Mathematische Operationen können in diesem Sinn richtig oder falsch sein, sie haben einen objektiven Wahrheitsgehalt.

Auch wenn die mathematische Operation richtig ist, kann aber ihre Anwendung in manchen Kontexten falsch sein. Auch wenn vier mal vier sechzehn ist, brauchen vier Arbeiter für eine Tätigkeit, für die einer vier Stunden braucht, nicht sechzehn sondern nur eine Stunde – es sei denn, sie sind durch eine falsche Organisation der Arbeit daran gehindert, effektiv tätig zu sein, sie streiten sich statt zu arbeiten, zwei schauen zu und arbeiten nicht mit.

Darüber mit Schülern zu reflektieren, macht Sinn. Schüler sollen lernen, wann spezifische Rechenoperationen angemessen und wann sie unangemessen sind. Das ändert aber nichts am Wahrheitsgehalt der Rechenoperation und daran, dass die Rechenleistungen der Schüler richtig oder eben falsch sind!

Eine andere Frage ist die, wie Schüler solche mathematischen Operationen am besten erlernen. Auf der theoretischen Grundlage des Konstruktivismus werden sicherlich solche *Methoden* bevorzugt und ausprobiert, bei der die Schüler selber aktiv werden können. Auch gelten Fehler bei der Konstruktion als wichtige Hinweise auf die zugrundeliegende Denkleistung des Schülers und werden nicht „verdammt". Das ändert aber, wie weiter oben bereits dargestellt wurde, nichts daran, dass Rechenoperationen geübt und trainiert werden müssen, bevor Schüler sie sicher beherrschen.

Um einen völlig anderen Sachverhalt handelt es sich bei Aussagen über die Leistungsfähigkeit des Schülers, eine eventuelle Rechenschwäche oder Verhaltensauffälligkeiten, das wurde weiter vorn ausführlich dargestellt. Diesbezüglich gibt es keine voraussetzungsfreien Aussagen über die zugrundeliegende Realität sondern nur Aussagen mit Hypothesencharakter. Solche Hypothesen haben einen theoretischen und empirischen wissenschaftlichen Hintergrund und können nur im Kontext eines professionellen Umgangs damit geprüft werden.

Hypothesen sind vorläufige Aussagen, die sich bei genauerer Untersuchung als richtig oder falsch erweisen können. Die Lehrkraft sollte solche Aussagen mit Vorsicht machen und sich bewusst sein, das es sich um eine *eigene Konstruktion* handelt und dass es zu einem solchen Phänomen konkurrierende Erklärungsansätze geben kann.

Schlechte Leistungen in Mathematik können z.B. ein Hinweis auf eine Rechenschwäche des Schülers sein. Sie können aber auch mit Desinteresse oder mangelnder Konzentration des Schülers oder unzureichender Erklärungskompetenz der Lehrkraft zusammen hängen. Um Hypothesen über einen solchen Sachverhalt zu erhärten, müssen genauere Diagnosen und Reflexionen angestellt werden. So könnte der betreffende Schüler diesbezüglich in einer Beratungsstelle vorgestellt werden, die Lehrkraft könnt ihr eigenes Unterrichtskonzept reflektieren und ausprobieren, was passiert, wenn sie anders vorgeht.

Zur Professionalität einer Lehrkraft gehört die Fähigkeit, zu reflektieren, in welchem Kontext sie eine solche Hypothese äußert. Wenn sie mit dem Schüler selbst, seinen Eltern, oder in einem fachlichen Austausch mit Kollegen den Sachverhalt erörtert, verfolgt sie jeweils eine andere Intention. Die Lehrkraft sollte sich bewusst sein, dass ihre diesbezüglichen Äußerungen keineswegs beliebige Konstruktionen sind sondern zu gravierenden Konsequenzen führen können.

So kann ein entsprechendes Gespräch mit dem Schüler von diesem als Ansporn begriffen werden, es beim nächsten Mal besser zu machen oder bei ihm den Eindruck hinterlassen, dass er endgültig resigniert („dafür bin ich einfach zu blöd"). Ein Gespräch im Kollegium könnte dazu führen, dass zusätzlicher Förderunterricht eingerichtet wird, mehr Fortbildung in Anspruch genommen wird, eine Überweisung in eine Sonderschule erwogen wird.

Es ist offensichtlich, dass solche Prozesse in der Schule nicht in jeden Einzelfall differenziert verfolgt werden können. Dennoch muss der Anspruch erhoben werden, dass bei dramatischen Auffälligkeiten sorgfältig unterschiedliche Hypothesen erwogen werden und der Versuch unternommen wird, den Schüler angemessen zu fördern.

Auch wenn Menschen sich irren können und ihre Vorstellungen Konstruktionen sind, so können und sollten diese Konstruktionen durchaus *realitätsnah* sein. Eine professionelle Lehreraus- und Weiterbildung verfolgt nicht zuletzt das Ziel, das Lehrkräfte ihre diesbezüglichen Kompetenzen gezielt verbessern und sich ihr Urteil von dem eines Laien deutlich unterscheidet. Aus einem vermeintlich systemischen und konstruktivistischen theoretischen Ansatz folgt gerade nicht „Erfolge lassen sich... aus prinzipiellen Gründen nicht mehr planen; gewünschte Effekte sind eher das Resultat unsteuerbarer Prozesse auf Seiten des Klienten, des Kindes, des Schülers. (Huschke-Rhein, zitiert nach Girgensohn-Marchand 1996. S. 121) sondern eine andere Planung. Die wünschenswerten Prozesse bei den Schülern sollen so sorgsam wie möglich antizipativ bedacht werden, auch wenn sie letztendlich nicht steuerbar sind. Alles andere ist eine Bankrotterklärung, die nur in die Irre und zur Verstörung des Schülers führt.

Die Erfindung der Schule verdankt sich nicht zuletzt der Idee, dass die Leistungsfähigkeit eines Kindes durch systematische Lernprozesse gesteigert werden kann. Auch wenn dabei viel falsch gemacht wurde und immer noch wird, so kann daraus nicht gefolgert werden, dass Lernprozesse nicht geplant werden können und dementsprechend auch guter von schlechtem Unterricht nicht unterscheidbar ist.

Die Entwicklungstheorie *Piagets* zeigt, dass und wie in der Entwicklung des Kindes allmählich eine immer bessere Passung zwischen den eigenen Konstruktionen und der Realität außerhalb erzielt wird. Kinder lieben z.B. das Versteckspiel. Eine erste naive Konstruktion des Kindes ist die Idee, dass der Gegenstand verschwindet, wenn er – etwa durch das Zudecken mit einem Tuch – unsichtbar wird. Ähnliches gilt für das Verstecken des eigenen Person. Sich selbst die Augen zuzuhalten und dadurch für den anderen unsichtbar zu werden, ist eine interessante und beindruckende Denkleistung. Die Beobachtung einer solchen kindlichen Konstruktion ist für den mitspielenden Erwachsenen anrührend und er tut gut daran, diese kindliche Konstruktion nicht mit Gewalt zu zerstören. Dennoch bleibt die kindliche Entwicklung hier nicht stehen. Dass das Kind für den Betrachter immer noch sichtbar ist, auch wenn es sich selbst die Augen zuhält, ist eine bedeutsame Erkenntnis und führt zu allerlei neuen Versteckspielen, die durch die sich steigernde Raffinesse des Kindes ihren eigenen Reiz haben.

Piaget wird von den Konstruktivisten gerne als einer der Ihren in Anspruch genommen. Sein Verdienst war in der Tat der Nachweis, dass Kinder ihre Realität konstruieren und dass sich in Bezug auf diese Konstruktionen unterschiedliche Entwicklungsstufen nachzeichnen lassen. Die Berücksichtigung solcher Entwicklungsstufen soll zu einer besseren Passung des jeweiligen Unterrichtsangebotes etwa im Hinblick auf die den Schülern angebotenen Handlungsmöglichkeiten und die geforderten Denkleistungen führen. Dass Schüler, wenn sie lernen, Konstruktionsleistungen erbringen, steht nicht im Gegensatz zu einem angemessenen Lehrangebot. Das Angebot ist zu verfeinern und darauf abstimmen, was der jeweilige Schüler braucht.

Die konstruktivistische Behauptung, die Pädagogin könne lediglich beim „lebenden System“ Schüler lediglich „Perturbationen“ erzeugen, das System Schüler also stören oder verstören, um das

System zu Veränderungen zu bewegen, ist viel zu schlicht. Schüler sollen gerade nicht in beliebiger Weise durch den Unterricht gestört oder gar verstört werden, um sich zu verändern, sondern sie sollen in ihrer Handlungsfähigkeit gestärkt werden. *Veränderungen des Schülers sind nicht per se positiv zu bewerten sondern können auch unproduktiv oder gar destruktiv sein.*

Dass sich bei vielen Schülern die Begeisterung über das schulische Lernen rasch verflüchtigt und Schüler statt dessen zur Schule wie zu einem Zahnarztbesuch gehen (Kahl 2005) mit einem Bewusstsein, dass der Besuch notwendig ist und bestenfalls keine unnötigen Schmerzen erzeugt, ist in diesem Sinn ein Hinweis darauf, dass die Veränderungen, die der Schüler durch die Schule erfährt, problematisch sind. Schüler sollen anders lernen (Gebauer 2005)

Ein guter Unterricht kann von einem weniger guten dadurch unterschieden werden, dass im einen Fall die Handlungsfähigkeit der Schüler gesteigert wird, sie also etwa den Zusammenhang von Addition und Multiplikation erkennen, in anderem Fall aber eher eine Verstörung erfolgt, so dass die Schüler aus einem solchen Unterricht schlimmstenfalls die Erkenntnis mitnehmen, dass sie zu blöd sind, um mathematische Sachverhalte zu begreifen.

Ebenso unnütz ist die Behauptung, dass Menschen als „autopoetische Systeme“ aufgefasst werden müssen, die nur durch „strukturelle Koppelung“ mit anderen Systemen (Menschen oder Umwelt) verbunden sein können. Girgensohn-Marchand (1996, S. 110) bemerkt dazu süffisant:

> *Das unzweifelhaft vorhandene koordinierte Handeln und Sprechen zwischen Menschen, die nicht über die gleichen Strukturen verfügen, wird durch den Begriff der strukturellen Koppelung eher benannt als erklärt.*

Ähnliches gilt für eine Aussage wie „Das durch strukturelle Koppelung neu gebildete System aus zwei oder mehreren Systemen bildet eine ko-ontogenetische Einheit, deren Entwicklungsverlauf (...) nicht determiniert ist.“ Auf die Einführung einer neuen Semantik mit Begriffen wie „Selbstreferenz“, „Rekursion“, „Reziprokität“, „strukturelle Koppelung“, „energetische und materielle Offenheit", „operationale Geschlossenheit" kann ohne Verlust an theoretischer Substanz verzichten werden. Nur weil solche Begriffe so schwer zu verstehen sind, erzeugen sie einen Nimbus von Wissenschaftlichkeit, ohne dass mit diesen neuen Begriffen neue Erkenntnisse bewirkt werden.

Pädagogische Prozesse sind gerade deshalb spannend, weil die menschliche Entwicklung zugleich determiniert und nicht determiniert ist. Menschen sind sterblich, bisher jedenfalls hat niemand auf Dauer überlebt. Insofern ist die menschliche Entwicklung durchaus determiniert. Ihr Tod wird hoffentlich weder durch zugefügte menschliche Gewalt noch durch behandelbare Krankheiten verursacht. In diesem Sinne ist die menschliche Entwicklung nicht determiniert.

Menschen sind verletzlich. Sie können durch zugefügte Gewalt und/ oder durch traumatische Ereignisse gravierend verstört werden . Die Leistungsfähigkeit der Erziehungs- und Sozialwissenschaften erweist sich nicht zuletzt darin, möglichst präzise Aussagen darüber zu machen, wie die menschliche Entwicklung jedes einzelnen, aber auch letztlich der gesamten menschlichen Gemeinschaft gefördert werden und Verstörungen des einzelnen und der Gemeinschaft nach Möglichkeit vermieden werden können.

Solche Anstrengungen gibt es durchaus. Ich greife an dieser Stelle nur zwei Forschungsansätze heraus, die die menschliche Entwicklung nicht für determiniert halten, also in diesem Sinne Konstruktivisten sind, aber dennoch Aussagen darüber machen, wie menschliche Lernprozesse gefördert werden können:

Eine spannende Zugangsweise zur menschlichen Entwicklung stammt von dem jüdischen Medizinsoziologen Antonowsky (1997). Er bezieht seine Aussagen auf unsere Fähigkeiten, mit Krankheit und Gesundheit umzugehen. Daraus lassen sich weitreichende Folgerungen für menschliches Lernen in einem umfassenderen Sinne ziehen. Zur Erläuterung seiner Sicht wählt er die Metapher vom Wasser.

Es ist unübersehbar, dass der Fluss des Lebens vielfältig verschmutzt ist, dass er Strömungen, gefährliche Stromschnellen und

Strudel enthält. Niemand geht sicher am Ufer entlang. In diesem Sinne ist die menschliche Entwicklung also einerseits als riskant determiniert, andererseits aber unbestimmt, weil niemand genau vorher sehen kann, wo und wie genau die jeweiligen Gefährdungen im Detail aussehen. Das aber verurteilt uns gerade nicht zur Untätigkeit und Resignation, sondern im Gegenteil zu einem besonderem Engagement. Antonowsky fordert in diesem Zusammenhang, Menschen zu befähigen, gute Schwimmer zu werden. Nur gute Schwimmer können die Risiken, die der Fluss des Lebens unvermeidlich mit sich bringt, bewältigen.

Hauptfaktor einer solchen Bewältigungsmöglichkeit ist für ihn ein starkes Kohärenzgefühl, d.h. ein Gefühl, sich selbst als „stimmig" zu begreifen und als fähig, mit den Anforderungen, die der Fluss des Lebens stellt, fertig werden zu können. Dieses Kohärenzgefühl lässt sich analytisch in drei Komponenten untergliedern: Verstehbarkeit, Handhabkeit und Bedeutsamkeit. Verstehbarkeit meint, Anforderungen, die an die Person gestellt werden, als nachvollziehbar zu erleben und nicht als chaotisch, willkürlich, zufällig. Handhabbarkeit meint, Ressourcen zur Verfügung zu haben, mit denen man die Anforderungen bewältigen kann. Bedeutsamkeit meint, in die Anforderungen, die das Leben mit sich bringt, involviert zu sein – kognitiv wie emotional – sie als sinnvoll und lohnend zu begreifen, als. In diesem Zusammenhang ist es wichtig, eine Balance zwischen Überlastung und Unterforderung herzustellen. Überlastung ist genauso wenig förderlich wie Unterforderung. Das Wichtigste ist aber, an der Gestaltung der Anforderungen partizipativ beteiligt zu sein.

> *Wenn andere alles für uns entscheiden, wenn sie die Aufgaben stellen, die Regeln formulieren und die Ergebnisse managen – und wir in der Angelegenheit nichts zu sagen haben, werden wir zu Objekten reduziert (Antonovsky 1997, S. 93).*

Es geht also darum, Menschen zu Subjekten des eigenen Lebens zu machen und sie zu beteiligen an dem, was ansteht. Das ist eine viel anspruchsvollere Herausforderung, als Lernprozesse *entweder* als Leistung des Lehrers *oder* als isolierte Konstruktionsleistung des Schülers zu begreifen.

Ein ganz anderer Ansatz stammt von dem empirischen Bildungsforscher *Fend*. Wie sich unser theoretisches und empirisches Wissen über die Entwicklung des Kindes im letzten Jahrhundert deutlich verbessert hat, ohne dass es nun eine ein für allemal feststehende endgültige Wahrheit und Determination der Entwicklung gibt, hat er z.B. mit seinem hervorragenden Überblick über die Entwicklungspsychologie des Jugendalters (Fend 2003) gezeigt. Insbesondere ist es dem Autor auch gelungen, unterschiedliche Paradigmen der Entwicklung in ihrer jeweiligen Leistungsfähigkeit und ihren Grenzen gegenüberzustellen und daraus resultierende Konsequenzen für die Forschung aufzuzeigen.

Abb. 3.1: Paradigmen der Konzeptualisierung von Entwicklung

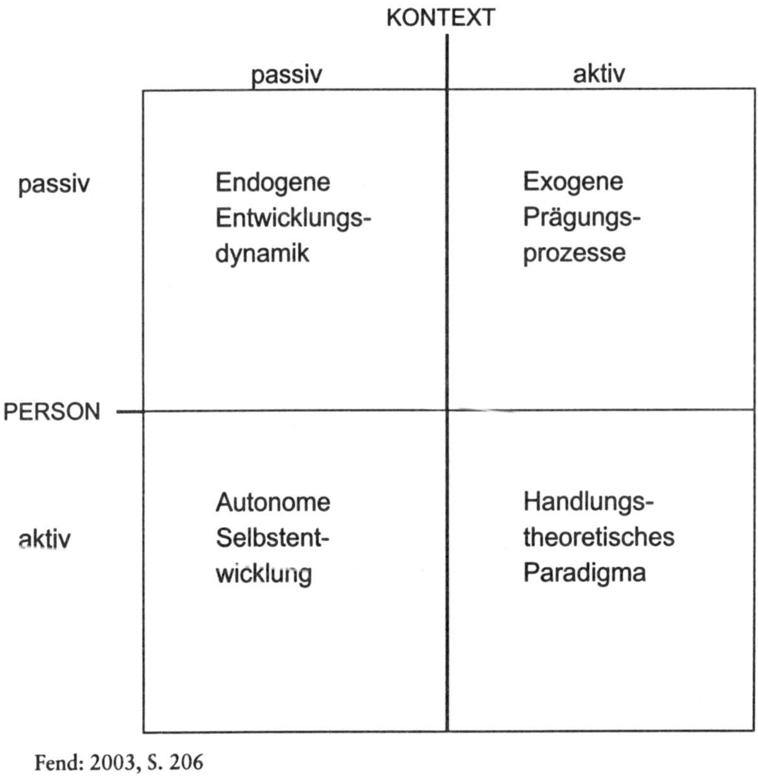

Fend: 2003, S. 206

Fend macht hier deutlich, wie vielfältig die Wechselbeziehungen zwischen Person und Kontext sind. Unterschiedliche theoretische Ansätze haben solche Wechselbeziehungen in unterschiedlicher Weise konstruiert und dabei dem Faktor Person oder Kontext unterschiedliche Bedeutung beigemessen. In den neueren Sozialwissenschaften wird ein handlungstheoretisches Paradigma favorisiert, bei dem der aktive Einfluss der Person *und* des Kontextes relevant sind. Dem genauer nachzugehen, erfordert die Fokussierung unterschiedlicher Einflussgrößen, ohne damit andere Größen auszuschließen.

Die moderne Entwicklungspsychologie versucht, solche Faktoren zu eruieren, ohne jedoch endgültige Wahrheiten zu formulieren. Das zeigt die folgende Abbildung.

Abb. 3.2: Struktur endogener, kontextueller und handungstheoretisch-ko-konstruktiver Paradigmen

	Endogenes Entwicklungsparadigma	Kontext-Paradigma	Handlungstheoretisches Paradigma
Erkenntnis-interessen	Suche nach Entwicklungsgesetzen	Suche nach gesellschaftlichen Prägefaktoren	Suche nach Verarbeitungsformen innerer und äußerer Handlungsbedingungen und deren Niederschlag in der Persönlichkeit
Kernannahmen	Innerer Entwicklungsplan	Situative Abhängigkeit des Handelns des Menschen	Selbständige Verarbeitungsprozesse
Forschungsstrategie	Kontrastierung der Besonderheiten von Lebensphasen	Kontrastierung von Jugend in verschiedenen Kontexten und historischen Epochen	Kontrastierung interindividueller Unterschiede in der Verarbeitung von Entwicklungsaufgaben
Themen	Ich-Findung, Idealbildung, soziale Verselbständigung	Lebenschancen in unterschiedlichen Kontexten	Personale und soziale Ressourcen der Problembewältigung, Normalentwicklung und Risikoentwicklung

Fend: 2003, S. 206

So kann Fend auch die Leistungsfähigkeit und die Begrenzung der einzelnen Ansätze gegenüberstellen. Idealiter sollte schulisches Lernen auf solchen theoretischen und empirischen Wissensbeständen aufbauen statt die Selbstverantwortung des Schülers zu propagieren.

5. Perspektiven

Die Erziehungswissenschaft darf sich nicht darauf beschränken, zu beschreiben, was ist, sondern muss sich der Aufgabe stellen, herauszuarbeiten, was sein könnte und sollte. Wenn pädagogische Arbeit nicht zur Anpassungstechnologie an gesellschaftlich gewonnene und verfestigte Herrschaftsstrukturen verkommen will, geht es um ihren Beitrag zur Befähigung zu vernünftiger Selbstbestimmung für alle. Klafki (1986) hat herausgearbeitet, dass diese Befähigung seit der Formulierung der klassischen Bildungstheorien bezogen ist auf Allgemeines, auf

- Möglichkeiten und Aufgaben humanitären Fortschrittes;
- Schlüsselprobleme unserer gesellschaftlichen und individuellen Existenz;
- die Entfaltung aller menschlichen Kräfte inklusive Empfindsamkeit, Phantasie, Genussfähigkeit, Spiel und Geselligkeit.

Auf diese Formulierungen bezogen sehe ich die Chancen im Wechsel vom erzieherischen zum therapeutischen Deutungsmuster vor allem darin, dass diese Fähigkeit zu vernünftiger Selbstbestimmung nicht mehr nur dem Erwachsenen, Vernünftigen, Gesunden, dem Mann zugestanden wird, sondern – teilweise sogar in paradox anmutender Umkehr – dem Kind, dem Verrückten, dem Kranken, der Frau. Bevor Menschen erzogen werden oder Therapie in Anspruch nehmen, ist die Berechtigung und Möglichkeit zu vernünftiger Selbstbestimmung anthropologisch immer schon vorhanden, realiter aber für alle Gruppen bedroht beziehungsweise nicht gegeben.

Dies ist der eigentliche Kern der revolutionären Botschaft vom Unbewussten und der radikal durch die Psychoanalyse veränderten Sichtweise:

> *Dort, wo die Ärzte der Epoche einzig krankhafte Abfallprodukte der psychischen Tätigkeit bemerkten, erkannte das Genie Freud einen Sinn – und in diesem Sinn das Ziel eines Subjekts (...). Was darauf hinausläuft, die Subjekte eben als Subjekte aufzufassen - auch und vor allem da, wo sie (sich) nicht als solche vorkommen und ihnen die Urheberschaft ihrer Reden und Symptome zuzurechnen, statt äußere Kausalketten dafür haftbar zu machen (...). Die kopernikanische Wende bestand darin, nicht mehr dem Arzt die ganze Vernunft und dem Patienten die ganze Unvernunft zuzuordnen, sondern in dieser die Erscheinung einer anderen Vernunft wahrzunehmen, aus der die ärztliche Vernunft gewissermaßen nur entsprungen ist. Dass dieser Spross begreifen soll, woraus er stammt, ist bloß eines der Paradoxe der dabei enthüllten Dialektik. (Castoriadis 1983, S. 33 f).*

Diese Botschaft ernst zu nehmen und auf alle Beteiligten anzuwenden – auf Klienten wie Therapeuten, Kinder wie Eltern, Schüler wie Lehrer, Laien wie Wissenschaftler – eröffnet exemplarisch das Modell eines herrschaftsfreien Diskurses. Dieser Diskurs umfasst aber im Unterschied zum Diskurs im Sinne von Habermas nicht nur Sprache und Vernunft, sondern auch die Emotionen und den Körper, und die ganze Lebensgeschichte.

Der Wechsel vom erzieherischen zum therapeutischen Deutungsmuster signalisiert, dass Menschen eine Reduktion auf vernünftige Sprache und eine Ausklammerung ihrer Emotionen und ihres Leibes nicht mehr akzeptieren und die Ausklammerung des Subjektiven aus der vermeintlich objektiven Wissenschaft kritisieren. Die Aufhebung der Sprachlosigkeit gehört zu den befreienden Aspekten des therapeutischen Deutungsmusters. Wenn es gelingt eine häufig jahrelang mit sich herumgeschleppte, beschämende Erfahrung auszudrücken und anderen davon Mitteilung zu machen, kann eine wirksame Auseinandersetzung mit dem Erlebten beginnen, kann Ohnmacht und die Traumatisierung allmählich überwunden werden. Die Frauenbewegung hat diese Aufhebung der Sprachlosigkeit nicht zuletzt in ihren Selbsterfahrungs- und Selbsthilfegruppen eindringlich unter Beweis gestellt. Mit der Frauenforschung sind andere Themen und neue Paradigmen in die Wissenschaft fokussiert worden. Es ist immer wieder faszinierend, biographische Erfahrungen mit theoretischen Postulaten und empirischen Erkenntnissen in Beziehung zu setzen.

Wie weiter vorn bereits dargestellt, sieht Dreitzel (1985, S. 64) in dieser neuen Aufmerksamkeit für Emotionen und Leib ein Moment gesellschaftspolitischer Radikalität der Gestalttherapie. Mit der Aufmerksamkeit und der Auseinandersetzung um diese Emotionen insbesondere in der Gruppe wird die Affektverdrängung in unserer Zivilisation ein Stück weit aufgehoben. Ich werde gelegentlich gefragt, ob ich im Ernst glaube, dass es Aufgabe der Schule sei, die Kinder glücklich zu machen. Es ist sicher nicht ihre erste und wichtigste Aufgabe, Kinder glücklich zu machen. Aber dass Lernen eine beglückende Erfahrung sein kann, dazu beitragen kann, die eigenen Kompetenzen und Gestaltungsmöglichkeiten zu steigern, das sollte die Schule leisten. Das gelingt, wenn die mit dem Lernen in aller Regel verbundene Anstrengung als lohnend erlebt wird, weil sie für das Subjekt mit Sinn verbunden ist, wenn Lernaufgaben so gestaltet sind, dass man in ihnen „aufgehen" kann, dass Flow-Erlebnisse nicht ausgeschlossen sind. Es wäre aber auch schon viel erreicht, wenn die Schule die Kinder nicht unglücklich machen würde.

Gegenüber soziologischen Theorien, die die Lebenssituation von Individuen und Gruppen aus objektiven Faktoren allein erklären wollen, betont das therapeutische Deutungsmuster die Fähigkeiten des Subjekts, seine Biographie zu gestalten. Insofern ist eine fundamentale Kritik an der im Therapeutischen gegebenen Orientierung am Subjekt, das eine Linderung seines Leidens im Hier und Jetzt verlangt (vgl. z. B. Nogala 1987, Kursbuch 82 und Beiträge 17) völlig verfehlt. Die Alternative, entweder die gesellschaftlichen Strukturen oder aber das Individuum selbst zu verändern, huldigt einem primitiven Dualismus. Dieser lässt sich nur so lange aufrechterhalten, wie sich das Handeln im Beklagen und Analysieren der gesellschaftlichen Zustände und der dadurch bedingten individuellen Probleme erschöpft. Die berühmte These von Marx (1969, S. 7) behält hier unverändert ihre argumentative Kraft.

Die materialistische Lehre von der Veränderung der Umstände und der Erziehung vergisst, dass die Umstände von den Menschen verändert und der Erzieher selbst erzogen werden muss.

Das leidende Individuum taugt als Beleg für die zerstörerischen Kräfte entfremdeter gesellschaftlicher Strukturen. Zu einer wirksamen Veränderung der gesellschaftlichen Verhältnisse ist es nur dann in der Lage, wenn es sich – jenseits allen Leids – seiner Gestaltungskräfte bewusst wird, über entsprechende Kompetenzen verfügt und bereit ist, in Kooperation mit anderen verantwortlich zu handeln. Dazu kann das therapeutische Deutungsmuster mit seiner Betonung von individueller Veränderung und bewusst gestalteter Verantwortung für das (eigene) Leben beitragen.

Individuen werden als aktive, prinzipiell handlungsmächtige Gestalter ihrer Lebensumstände und ihres Lebensablaufs begriffen. Als Subjekte sind sie lernfähig. Sie verhalten sich zu den äußeren und inneren Bedingungen, mit denen sie aufwachsen. Sie suchen nach dem Sinn dessen, was ihnen passiert und fragen nach Erklärungen. Sie treffen Entscheidungen und versuchen, aus ihrem Leben etwas zu machen.

Die Betonung der Subjekthaftigkeit des Menschen in diesem Sinne bedeutet aber nicht eine Verleugnung von objektiven Zwängen und Chancen. Wer – wie dies gegenwärtig modern und opportun erscheint – die Gesellschaftlichkeit des Menschen durch Hinweis auf seine Subjektivität in Abrede stellt, tut nichts anderes, als die Subjekte naturwüchsig sich selbst zu überlassen. Die Beschwörung subjektiver Potenzen wird heute vielfach zum Ersatz für politisches Handeln genommen. Damit setzt sich eine Politik der Stärke und des Marktes durch, bei dem die Schwächeren, die Labilen, die Behinderten, die Unangepassten auf der Strecke bleiben. So werden Subjekte zum Opfer unbegriffener und unverstandener „fremder Mächte“.

Die Bereitschaft, die eigene Aufmerksamkeit auf psychische Prozesse zu lenken, weist darauf hin, dass viele Menschen heute auf der

Schwelle stehen, sich zu den eigenen Erfahrungen reflexiv zu verhalten. Sie suchen nach neuen Möglichkeiten das, was sie erfahren haben, zu verstehen und zu verändern. Dies gilt nicht zuletzt für die Erziehung ihrer Kinder. Die Bereitschaft, die individuellen Erfahrungen zum Ausgangspunkt pragmatisch orientierter Veränderungen im Hier und Jetzt zu machen, verbindet das therapeutische Deutungsmuster mit erziehungswissenschaftlichen Konzeptionen, die bei aller soziologisch-strukturellen Kritik an den Zuständen der Gesellschaft das einzelne Kind, das jeweilige Individuum und seine Ansprüche und Bedürfnisse auf Lernen und Teilhabe nicht aus den Augen verlieren. Eine solche Auffassung wendet sich gegen Versuche, von außen zu beurteilen, was für bestimmte Menschen in spezifischen Situationen und Konflikten nützlich und sinnvoll ist.

Diese Erkenntnis ist eine Chance, eigene und fremde Erfahrungen nicht zu verleugnen. Wer lernt, die eigenen Erfahrungen ernst zu nehmen, zur Sprache zu bringen, sie zu begreifen, aber nicht als einzige Wahrheiten über das Leben zu verabsolutieren, ist schon einen Schritt weiter. Er kann sich und andere kritisch reflektieren.

Pädagogische Arbeit, die diese Impulse aufnimmt, könnte dazu beitragen, psychische Probleme als verständliche Reaktionen auf authentische Erfahrungen zu begreifen und nach Wegen der Erweiterung der Handlungsfähigkeit zu suchen. Die Aufgabe der Pädagogen wäre eine integrale Verknüpfung des Psycho-Logischen mit dem Sozio-Logischen. „Die Menschen stärken, die Sachen klären“, hat Hentig (1985) formuliert. Beides sind zwei Seiten einer Medaille.

Damit ist ein weites Feld gesteckt: die Gestaltung selbstbestimmter Lernprozesse in gesellschaftlichen Institutionen ist inzwischen ein zentrales Thema in der Erziehungswissenschaft, gehört aber noch längst nicht zu den Selbstverständlichkeiten im schulischen Alltag. Pädagogische Arbeit, die sich als Befähigung zu vernünftiger Selbstbestimmung für alle versteht, hätte darüber hinaus die Fragen der Gestaltung beziehungsweise Verweigerung gesellschaftlich sinnvoller Arbeit, der Kolonialisierung von Lebenswelten, der ungleichen individuellen und kollektiven Teilhabe an gesellschaftlichem Reichtum und gesellschaftlichen Entscheidungsprozessen mitzubedenken.

Das therapeutische Deutungsmuster kann – wie im zweiten Kapitel dieser Arbeit ausführlich dargestellt wurde – zur angemessenen Sicht menschlicher Entwicklung wichtige Impulse geben. Die Erziehungswissenschaft sollte sich aber spätestens da kritisch mit diesem Deutungsmuster auseinandersetzen, wo das therapeutische Deutungsmuster in Anlehnung an ein naturwissenschaftlich-technologisches Modell von der „Maschine" Mensch die Therapie als Herrschaftsinstrument missbraucht. Ein solcher Missbrauch liegt immer dann vor, wenn Psychotherapie

- nicht mehr als neue Qualität menschlichen Verstehens und menschlicher Begegnung begriffen wird, sondern als Technik zur Anpassung („Beziehungstechnologie");
- ihre Professionalität zur Durchsetzung bewertender Normierung und moralisierender Bewertung von abweichendem Verhalten missbraucht;
- den Spielraum des einzelnen nicht zu erweitern sucht, sondern Deutungen dazu nutzt, ihn abzuwerten oder auszugrenzen;
- sich statt als Katalysator für den Laien als Herrscher über ihn versteht;
- ihr Wissen und ihre Haltung nur als begrenzte berufliche Fähigkeit zum Zwecke therapeutischer Interventionen versteht, sie aber nicht als Medium der Selbstreflexion begreift.

Für die Schule muss hieraus eine besondere Aufmerksamkeit auf alle Beteiligten als Subjekte mit spezifischen lebensgeschichtlichen Erfahrungen, Wünschen und Bedürfnissen folgen. Erziehung muss basieren auf einem nicht autoritativen Generationenverständnis, das ist eine wichtige Differenz zum dargestellten traditionellen erzieherischen Deutungsmuster. Der geforderte Erziehungsbegriff kann nur als Interaktion und Kommunikation zwischen Subjekten verstanden werden, setzt Anerkennung der Rechte des anderen voraus und traut dem anderen zu, sich an dem, was ansteht, zu beteiligen. Es geht nicht darum, vorgegebene Ziele durchzusetzen, sondern Lehrerinnen und Lehrer benötigen kommunikative Fähigkeiten, die es ihnen ermöglichen, mit den Beteiligten und den Partnern der Schule Ziele und Verfahren auszuhandeln, deren Wirksamkeit zu erproben und auch Konflikte konstruktiv auszutragen. In der themenzentrierten Interaktion, in der Gestaltpädagogik, aber auch in der schulinternen Lehrerfortbildung und in der Organisationsentwicklung von Schule sind solche Konzepte für den pädagogischen Kontext bereits ansatzweise entwickelt.

Professionalisierung im Lehrerberuf, die nicht auf Hierarchie und Distanz basiert, sondern auf Dialog und Kooperation, benötigt unverzichtbar Selbsterfahrung, die Aneignung von mikrosozialen Kompetenzen zur angemessenen Gesprächsführung, Entwicklung einer Lernkultur innerhalb der Gruppe und Schulklasse und die Fähigkeit zur Kooperation mit anderen Kollegen und Kolleginnen innerhalb, aber auch außerhalb der Schule.

Professionalisierung heißt auch, die eigene Person nicht außen vor zu lassen, Ansprüche nicht absolut zu setzen sondern sie auch zu beziehen auf die eigenen Ressourcen und Kompetenzen und sich nicht dauerhaft zu überfordern. Nur dann kann die eigene Person als wichtigstes Medium verstanden werden, um zu begreifen und zu erfühlen, wo das Kind steht. Dort muss es abgeholt werden, wenn es – um im Bild zu bleiben – weder mit eisernem Griff irgendwo hingezerrt werden soll, noch vom Lehrer getragen werden kann sondern selber laufen soll, lernen soll, seinen Weg zu gehen, in einer Gesellschaft, in der es viele Wege, aber wenig Wegweiser gibt.

Eine solche Professionalisierung kann nur gelingen, wenn eine Verknüpfung von eher abstrakten theoretischen und empirischen Wissensbeständen mit Fallstudien vorgenommen wird, Fällen, in denen es um die Bewältigung von Erziehungsproblemen oder Konflikten ebenso gehen kann wie um die angemessene Strukturierung einer Lernsituation. Über diese Verknüpfung wird sowohl der Blick auf die Schulpraxis ausgerichtet, als dem Ort, an dem Professionalisierung sich zu bewähren hat, als auch modellhaft und exemplarisch die Überfüllung mit Stoff konterkariert.

„Teaching as Learning", die Organisation der eigenen Lehrtätigkeit als Selbstlernprozess nennen dies Beck/Scholz (1995, S. 15ff.). Teaching as Learning ist eine pädagogische Methode. Ihr

Gegenstand ist die Situation, in der Kind und Lehrkraft miteinander interagieren. Das eigene Handeln zum Fall zu machen bedeutet, die Situation nicht als selbstverständlich zu nehmen, sondern als fragwürdig. Es bedeutet, das schon immer Gewusste losgelöst von den schon immer vorhandenen Erklärungsmustern in einer gewissen Weise objektiv zu betrachten; zumindest neugierig und offen zu sein für neue Deutungen und neue Entwicklungen. Weder Familien noch Schulen sind einfach nur Opfer der gesellschaftlichen Verhältnisse. Sie haben mehr Optionen als nur blind durchzusetzen, was die Gesellschaft von ihnen verlangt. Menschen können sich zu den gesellschaftlichen Verhältnissen handelnd, reflexiv und selbstreflexiv in Beziehung setzen. Konkret heißt dies, Konzepte zu entwickeln, mit denen die widersprüchlichen Anforderungen besser begriffen, ausgehalten und bewältigt werden können.

Gelingen kann dies nur, wenn Ansprüche nicht absolut gesetzt werden, nicht in Kategorien von „alles oder nichts" gedacht wird, sondern immer wieder auf die konkreten Personen in den konkreten Verhältnissen bezogen werden. Widersprüche zwischen institutionellen Strukturen und personalen Bedürfnissen lassen sich nicht einfach oder gar auf Dauer zugunsten einer Seite auflösen, sie müssen immer wieder neu mit den und unter den jeweils beteiligten Gruppen ausgehandelt werden. Es geht also zentral darum: Prozesse zu ermöglichen, Entwicklungen anzustoßen, Auseinandersetzungen zu wagen, bei denen das Ergebnis nicht von vornherein feststeht und in diesem Sinne lernfähig zu bleiben.

Wenn für den einen oder die andere am Ende dieser Lektüre eine gewisse Nachdenklichkeit aufgetaucht ist, eine Reflexion bisheriger Positionen, eine Erinnerung an spezifische Erfahrungen, wäre mein Ziel erreicht. Denn dies ist es, was den Menschen vom Tier unterscheidet: Reflexivität und Selbst-Reflexivität als Fähigkeit, nicht automatisch auf vorgegebene Reize und Schemata instinktiv zu reagieren, sondern bewusst zwischen mehreren Möglichkeiten abzuwägen. Dies schließt die Fähigkeit, Fehler zu machen ebenso ein wie die Fähigkeit, Fehler zu erkennen, Korrekturen vorzunehmen, Veränderungen seiner Person oder seiner Lebensumstände zu bewirken.

6. Literatur

Abrahams/Sommerkorn: Arbeitswelt, Familienstruktur und Sozialisation, in: Hurrelmann, K. (Hg.): Sozialisation und Lebenslauf. Reinbek, Rowohlt, 1976

Antonovsky, A.: Salutogenese. Zur Entmystifizierung der Gesundheit. Köln, Deutsche Gesellschaft für Verhaltenstherapie, 1997

Baker Miller, J.: Die Stärke weiblicher Schwäche. Zu einem neuen Verständnis der Frau. Frankfurt, Fischer, 1976

Barthes, R.: Mythen des Alltags. Frankfurt, Suhrkamp, 1970

Beck, G./ Scholz, G. : Beobachten im Schulalltag. Frankfurt/Main, Cornelsen, 1995

Beck, U./ Beck-Gernsheim, E.: Das ganz normale Chaos in der Liebe. Frankfurt/Main, Suhrkamp 1990

Beck, U.: Risikogesellschaft. Auf dem Weg in eine andere Moderne, Frankfurt/Main, 1986

Beiträge 17 zur feministischen Theorie und Praxis, Neue Heimat Therapie. Köln, Eigenverlag des Vereins Sozialwissenschaftliche Forschung und Praxis für Frauen, 1986

Benard, Cheryl: Die geschlossene Gesellschaft und ihre Rebellen. Die internationale Frauenbewegung und die Schwarze Bewegung in den USA. Frankfurt, Syndikat, 1981

Bettelheim, Bruno: Die Geburt des Selbst. (The Empty Fortress) Erfolgreiche Therapie autistischer Kinder. Frankfurt, Fischer, 1983

Binswanger, Ralf: Widerstand und Übertragung im Psychodrama, in: Gruppenpsychotherapeutische Gruppendynamik 15, 1980

Böhnisch, Lothar: Abweichendes Verhalten. Eine pädagogisch-soziologische Einführung. Weinheim/München: Juventa, 1999

Bourdieu, Pierre: Die feinen Unterschiede. Frankfurt, Suhrkamp, 1987

Bründel, H./ Simon, E.: Die Trainingsraummethode. Weinheim, Beltz, 1993

Büchner, Peter: Vom Befehlen und Gehorchen zum Verhandeln. Entwicklungstendenzen von Verhaltensstandards und Umgangsnormen seit 1945, in: Preuß-Lausitz, Ulf u.a.: Kriegskinder, Konsumkinder, Krisenkinder. Zur Sozialisationsgeschichte seit dem zweiten Weltkrieg. Weinheim und Basel: Beltz, 1995

Castel, F./ Castel, R./Lovell, A.: Psychiatrisierung des Alltags. Produktion und Vermarktung der Psychowaren in den USA. Frankfurt, Suhrkamp, 1982

Castoriadis, C.: Durch's Labyrinth. Seele, Vernunft, Gesellschaft. Frankfurt, Suhrkamp, 1983

Cohn, R.: Von der Psychoanalyse zur themenzentrierten Interaktion. Stuttgart, Klett-Cotta, 2004

Davison, G. C./ Neale, J. M.: Klinische Psychologie. Weinheim, Psychologie Verlags Union, 1988

DeGrandpre, R.: Die Ritalingesellschaft. Weinheim, Beltz, 2002

Donzelot, J.: Die Ordnung der Familie. Frankfurt, Suhrkamp, 1980

Dörner, K. /Egtmeier, A. /König, K.: Freispruch der Familie. Angehörige, Patienten und die Psychiatrie. Rehberg und Loccum, Psychiatrie-Verlag, 1984

Dörr M./ Göppel R. (Hg.):Bildung der Gefühle. Innovation? Illusion? Intrusion? Gießen, Psychosozial-Verlag, 2003

Dornes, Martin: Der kompetente Säugling. Frankfurt, Fischer, 1993

Dreitzel, H.P.: Sozialpolitische Aspekte der Gestalttherapie, in: Zeitschrift für integrative Therapie, Beiheft 10, 1985

Elias, N.: Über den Prozess der Zivilisation, 2 Bände. Frankfurt, Suhrkamp, 1980

Erikson. E. H.: Identität und Lebenszyklus. Frankfurt, Suhrkamp, 1966

Festschrift „75 Jahre Busenberg-Grundschule“. Dortmund (ohne Jahresangabe)

Fend, H.: Entwicklungspsychologie des Jugendalters. Stuttgart: UTB, 2003

Flissikowski, R./ Kluge, K.-J./ Sauerhammer, Klaus: Vom Prügelstock zur Erziehungsklasse für „schwierige Kinder“. München, Minerva, 1980

Flügge, Sibylla: Von väterlicher Gewalt und elterlicher Sorge. Eine Gesetzesdokumentation 1900 – 1982, in: Streit 1 / 1983

Gebauer, K. (Hg.): Anders lernen . Düsseldorf und Zürich, Walter (erscheint demnächst).

Fürstenau, P.: Soziologie der Kindheit. Heidelberg, Quelle & Meyer, 1967

Giesecke, H.: Das Ende der Erziehung. Neue Chancen für

Familie und Schule. Stuttgart, Klett-Cotta, 1985

Girgensohn-Marchand: Der Mythos Watzlawick und die Folgen. Weinheim, Deutscher Studienverlag, 3. Auflage 1996

Goffman, Erving: On Cooling the Mark Out. Some Aspects of Adaptation to Failure, in Psychatrie 15, 1952

Groddeck, N.: Carl Rogers, die Reformpädagogik und die Reform der Regelschule. In: Schön, B. (Hg.): Wie viel Therapie braucht die Schule. Donauwörth, Auer, 1998

Groddeck, N.: Personzentrierte Konzepte im Bereich Schule und Lehrerbildung, in: Gesellschaft für wissenschaftliche Gesprächspsychotherapie e.V. (Hg.): Rogers und die Pädagogik. Weinheim u.a., Juventa, 1987

Gruen, A.: Der Verrat am Selbst. Die Angst vor Autonomie bei Mann und Frau. München, Deutscher Taschenbuch Verlag, 1986

Gstettner, P.: Die Eroberung des Kindes durch die Wissenschaft. Aus der Geschichte der Disziplinierung. Reinbek, Rowohlt, 1981

Hagemann-White, C.: Macht und Ohnmacht der Mutter, in: Rommelspacher, B. (Hg.): Weibliche Beziehungsmuster, Psychologie und Therapie von Frauen. Frankfurt und New York, Campus, 1987

Hemminger, H.: Kindheit als Schicksal? Die Folgen frühkindlicher seelischer Verletzungen. Reinbek, Rowohlt, 1982

Hentig, H. von: Die Menschen stärken, die Sachen klären. Stuttgart, Reclam, 1985

Hoffmann, H.: Der Struwwelpeter oder lustige Geschichten und drollige Bilder. Münster, Coppenrath, 1986 (Original 1831)

Hüther, G./ Bonney, H.: Neues vom Zappelphilipp. Düsseldorf und Zürich, Walter, 2003

Hurrelmann, Klaus: Einführung in die Sozialisationstheorie. Über den Zusammenhang von Sozialstruktur und Persönlichkeit. Weinheim u.a., Beltz, 1986

Hurrelmann, Klaus: Sozialisation und Gesundheit. Somatische, psychische und soziale Risikofaktoren im Lebenslauf. Weinheim und München, Juventa, 1988

Jaeggi, Eva/ Rohner, Robert/Wiedemann, Peter M.: Gibt es auch Wahnsinn, hat es doch Methoden – Eine Einführung in die Klinische Psychologie aus sozialwissenschaftlicher Sicht. München 1990

Keupp, H./ Schwarz, C.: Probleme der Professionalisierung und des Status von Gesundheitsberufen, in: Jahrbuch für Kritische Medizin, Band 5. Berlin, Argument-Verlag, 1980

Klafki, W.: Die Bedeutung der klassischen Bildungstheorien für ein zeitgemäßes Konzept allgemeiner Bildung, in: Zeitschrift für Pädagogik 32, 1986

Kohli, M.: Lebenslauf. Theoretische Ansätze in der Sozialisationsforschung, in: Hurrelmann, Klaus/Ulich, Dieter (Hg.): Handbuch der Sozialisationsforschung. Weinheim, Beltz, 1980

Kohli, M: Erwartungen an eine Soziologie des Lebenslaufs, in: Kohli, M. (Hg.): Soziologie des Lebenslaufes. Darmstadt und Neuwied, 1978

Kopp, S. B.: Triffst du Buddha unterwegs ... Psychotherapie und Selbsterfahrung. Frankfurt, Fischer, 1978

Krappmann, L. Der zehnte Kinder- und Jugendbericht, der erste Kinderbericht, in: Neue Sammlung 1999, Heft 3, S. 333 ff.

Krawitz, R: Pädagogik statt Therapie. Vom Sinn individualpädagogischen Denkens und Handelns. Mainz ,1992

Kursbuch 82: Die Therapie-Gesellschaft. Berlin, Kursbuch-Verlag, 1985

Lenzen, D.: Mythologie der Kindheit. Die Verewigung des Kindlichen in der Erwachsenenkultur. Versteckte Bilder und vergessene Geschichten. Reinbek, Rowohlt, 1985

Liedloff, J.: Auf der Suche nach dem verlorenen Glück. Gegen die Zerstörung unserer Glücksfähigkeit in der frühen Kindheit. München, Beck, 1980

Marx, K./Engels, F.: Werke ,Bd. 3. Berlin, Dietz Verlag, 1969

Mehan/Wood: Fünf Merkmale der Realität, in: Weingarten, Elmar u.a.: Ethnomethodologie. Beiträge zu einer Soziologie des Alltagshandelns. Frankfurt, Suhrkamp, 1976

Meinold, M.: Wie wirkt das Wissen der Experten im Leben der Eltern? In: Zeitschrift für Humanistische Therapie, Heft 3/4 1981

Merkelbach, A. und Schön, B.: »Bei uns war alles normal« – Die Bedeutung biographischer Reflexion für die Lehrerausbildung. In: Göppel, R. (Hg.): Biographie und Lernen. Gießen, psychosozial 2005 (erscheint demnächst)

Methfessel, Barbara und Schön, Bärbel: Biographie und Lernprozess. Ein Lehrforschungsprojekt, in: Petermann/Wellensiek (Hg.) Interdisziplinäres Lehren und Lernen. Weinheim: Deutscher Studienverlag, 2002

Meulenbelt, A.: Die Scham ist vorbei. München, Frauenoffensive, 1978

Mitscherlich, A.: Auf dem Weg zur vaterlosen Gesellschaft. München, Piper, 1963

Möller, M. L.: Anders helfen. Selbsthilfegruppen und Fachleute arbeiten zusammen. Reinbek, Rowohlt, 1984

Nagel, H./Seifert, M.: Inflation der Therapieformen. Gruppen- und Einzeltherapien in der sozialpädagogischen und klinischen Praxis. Sinn und Unsinn der Psycho-Industrie. Reinbek, Rowohlt, 1979

Nogala, D.: Gestalttherapie, in: Zygowski, Hans (Hg.): Psychotherapie und Gesellschaft. Reinbek, Rowohlt, 1987

Nüse, Ralf, Groeben, Norbert, Freitag, Burkhard, Schreier, Margrit: Über die Erfindung des Radikalen Konstruktivismus. Kritische Gegenargumente aus psychologischer Sicht. Weinheim, Deutscher Studienverlag, 1991

Oubaid, Monika: Das Mutter-Dilemma, in: Psychologie heute, Heft 2, 1987

Petzold, H. G. (Hg.): Widerstand. Ein strittiges Konzept in der Psychotherapie. Paderborn, Junfermann, 1985

Petzold, H. G.: Thymopraktik als Verfahren integrativer Therapie, in: Petzold, H. G.: Die neuen Körpertherapien. Paderborn, Junfermann, 1977

Pieper, B.: Familie im Urteil ihrer Therapeuten. Bausteine einer Theorie familialer Arbeit. Frankfurt und New York, Campus, 1986

Prengel, A.: Pädagogik der Vielfalt. Opladen, Leske und Budrich, 1993

Preuss-Lausitz, U.: Körper und Politik – Zur historischen Veränderung der Körpersozialisation im 20. Jahrhundert, in: Deutsche Jugend, Heft 35, 1987

Preuss-Lausitz, U: Wandlungstendenzen der institutionalisierten Erziehung in der Schule. In: Geulen, Dieter (Hg.): Kindheit. Weinheim, Deutscher Studienverlag, 1989

Rabe-Kleberg, U.: Verwaltete Kindheit? in: Preuß-Lausitz, U. u.a. Kriegskinder, Konsumkinder, Krisenkinder, Weinheim, Beltz 1984

Reichenbach R./ Oser F. (Hg.): Die Psychologisierung der Pädagogik. Übel, Notwendigkeit oder Fehldiagnose. Weinheim und München, Juventa, 2002

Richter, H.-E.: Die Chance des Gewissens. Hamburg, Hoffmann & Campe, 1986

Rogers, C.: Die klienten-zentrierte Gesprächspsychotherapie. München, Kindler, 1982

Rogers, C.: Lernen in Freiheit. München, Kösel, 1984

Rolff, H.-G./ Zimmermann, P.: Kindheit im Wandel. Eine Einführung in die Sozialisation im Kindesalter. Weinheim, Beltz, 1985

Rommelspacher, B.: Mitmenschlichkeit und Unterwerfung. Zur Ambivalenz weiblicher Moral. Frankfurt/New York, Campus, 1992

Ruddick, S.: Mütterliches Denken. In: Schön, Bärbel (Hg.): Mutterschaft und Emanzipation. Weinheim und München, Juventa, 1989

Rumpf, H.: Belebungsversuche. Weinheim und München, Juventa, 1987

Rumpf, H.: Die übergangene Sinnlichkeit. München, Juventa, 1981

Rutschky, K. (Hg.): Schwarze Pädagogik. Quellen zur Naturgeschichte der bürgerlichen Erziehung. Frankfurt, Berlin, Wien, Ullstein, 1977

Schmidbauer, W.: Im Körper zuhause. Frankfurt, Fischer, 1982

Schön, B. : Unterricht als Improvisationsspiel. In: Gebauer, K. (Hg.): Anders lernen . Düsseldorf und Zürich, Walter, 2005

Schön, B. : Biographisch bedeutsames Lernen. In: Zeitschrift: Haushalt und Bildung. (80.) 2003a, H.1,

Schön, B. : Bildung der Gefühle durch Programme zur Gewaltprävention? Einige Anmerkungen. In: M. Dörr und R. Göppel (Hg.):Bildung der Gefühle. Innovation? Illusion? Intrusion? Gießen: Psychosozial-Verlag, 2003b

Schön, B. : Gemeinsamkeiten und Differenzen zwischen pädagogischem und therapeutischem Denken und Handeln. In: Reichenbach R./ Oser F. (Hg.): Die Psychologisierung der Pädagogik. Übel, Notwendigkeit oder Fehldiagnose. Weinheim und München, Juventa, 2002a

Schön, B. : Leistet schulische Gewaltprävention einen Beitrag zur Chancengleichheit? In: M. Kampshoff und B. Lumer (Hg.) Chancengleichheit im Bildungswesen. Opladen, Leske und Budrich, 2002b

Schön, B.: Beratung statt Therapie, Diagnose, Selektion in der Schule, in: Schrader, M./ Winterich, H.: Grundlagen und Konzepte der Beratungslehrerausbildung. Soest, Landesinstitut für Schule und Weiterbildung 1993

Schön, B. (Hg.): Wie viel Therapie braucht die Schule? Donauwörth: Auer, 1998

Schön, B. (Hg.): Emanzipation und Mutterschaft. Weinheim und München, Juventa, 1989

Schütze, Y.: Psychoanalytische Theorien in der Sozialisationsforschung, in: Hurrelmann, K./Ulich, D. (Hg.): Handbuch der Sozialisationsforschung. Weinheim und Basel, Beltz, 1980

Schweitzer, F.: Identität und Erziehung. Was kann der Identitätsbegriff für die Pädagogik leisten? Weinheim, Beltz, 1985

Seligman, M.: Pessimisten küsst man nicht,Optimismus kann man lernen, München, Droemer Knaur, 2001

Spitz, Rene A.: Die Entstehung der ersten Objektbeziehungen. Direkte Beobachtungen an Säuglingen während des ersten Lebensjahres. Stuttgart, Klett, 1973

Spitz, Rene A.: Vom Dialog. Studien über den Ursprung der menschlichen Kommunikation und ihrer Rolle in der Persönlichkeitsbildung. Stuttgart, Klett, 1976

Springer, A.: Die Wiederkehr des Verdrängten in der Maskierung als Opfer, in: Büttner, C./Ende, A. (Hg.): Und wenn sie nicht gestorben sind ... – Lebensgeschichte und historische Realität.

Jahrbuch der Kindheit, Band 5. Weinheim und Basel, Beltz, 1988
Steiner, Gerhard: Lernen. Zwanzig Szenarien aus dem Alltag. Bern, Hans Huber, 1988
Szasz, Thomas Der Mythos der Psychotherapie, Wien u.a., Europa-Verlag, 1982
Tillmann, Klaus-Jürgen: Sozialisationstheorien. Reinbek, Rowohlt, 1991
Totzek, P.: Vom Mythos der Technik in der Kinderpsychotherapie, in: Unsere Jugend 32, 1980
Ulich, Dieter: Krise und Entwicklung. Zur Psychologie der seelischen Gesundheit. München und Weinheim, Psychologie Verlags-Union, 1987
Ulich, Dieter: Zur Relevanz verhaltenstheoretischer Lern-Konzepte für die Sozialisationsforschung. In: Hurrelmann, Klaus/ Ulich, Dieter: Neues Handbuch der Sozialisationsforschung. Weinheim und Basel, Beltz, 1991
Voss, Reinhard: Anpassung auf Rezept. Die fortschreitende Medizinisierung auffälligen Verhaltens von Kindern und Jugendlichen. Stuttgart, Klett-Cotta, 1987
Waechter, Friedrich K.: Der Anti-Struwwelpeter. Frankfurt, Melzer, 1970
Wambach: Kinder als Gefahr und Risiko, in: Kindheit als Fiktion. Bericht von Hengst u.a. Frankfurt, Suhrkamp, 1981
Weidner, J./ Kilb, R. (Hg.) Konfrontative Pädagogik. Wiesbaden, VS verlag für Sozialwissenschaften, 2004
Zinnecker, J. (Hg.): Der heimliche Lehrplan. Weinheim und Basel, Beltz, 1985
Zinnecker, Jürgen. Stadtkids. Kinderleben zwischen Straße und Schule. Weinheim und München, Juventa, 2001

VAS Büchertipps

Amt für multikulturelle Angelegenheiten der
Stadt Frankfurt am Main (Hrsg.)

Feste der Völker – pädagogischer Leitfaden

Pädagogische Anregungen und Impulse für einen
multikulturellen Unterricht
von Claudia Emmendörfer-Brößler u.a.
ISBN 3-88864-285-X · 2000 · 225 Seiten mit vielen Abbildungen · 15 €

Hilly van Swol-Ulbrich, Bettina Kaltenhäuser

„Andere Länder, andere Kinder"
Dein Auslandsumzug mit Ori

ISBN 3- 88864- 340- 6 ·2002 ·105 Seiten ·19,80 €

Jutta von Freyberg, Barbara Bromberger, Hans Mausbach

„Wir hatten andere Träume."

Kinder und Jugendliche unter der NS-Diktatur
ISBN 3-88864-076-8 · 1995 · 220 Seiten · 262 Abbildungen · 24,50 €

Horst Siebert

Die Wirklichkeit als Konstruktion

Einführung in konstruktivistisches Denken
Band 48 der REIHE
Wissenschaft in gesellschaftlicher Verantwortung
ISBN 3-88864-148-9 · 2005 · 100 Seiten · 9 €

Horst Siebert

Der Konstruktivismus als pädagogische Weltanschauung

Entwurf einer konstruktivistischen Didaktik
REIHE Wissenschaft in gesellschaftlicher Verantwortung, Bd. 44
ISBN 3-88864-144-6 · 2002 · 83 Seiten · 9 €

Rolf Arnold

Humanistische Pädagogik

Emotionale Bildung nach Erich Fromm

REIHE Wissenschaft in gesellschaftlicher Verantwortung

ISBN 3-88864-145-4 · 2002 · 119 Seiten · 10 €

Rolf Arnold

Die bunte Welt des Humors

Komik und Humor, pädagogisch betrachttet

REIHE Wissenschaft in gesellschaftlicher Verantwortung

ISBN 3-88864-147-0 · 2003 · 79 Seiten · 8 €

Horst Siebert

Bildungsoffensive

Bildung ist mehr als Qualifizierung

REIHE Politik in sozialer und ökologischer Verantwortung

ISBN 3-88864-341-4 · 2002 · 92 Seiten · 10 €

Gruppe 2004

Hochschule neu denken

Neuorientierung im Horizont der Nachhaltigkeit – Ein Memorandum –

Gruppe 2004

Maik Adomßent, Günter Altner, Egon Becker, Christian Beckervordersandforth, Joseph Dehler, Hubertus Fischer, Armin Grunwald, Hariolf Grupp, Patricia Holm, Bernd Jastorff, Rolf Kreibich, Lenelis Kruse, Gerd Michelsen (Vorsitz), Gerhard Neuweiler, Udo E. Simonis

ISBN 3-88864-390-2 · 2004 · 44 Seiten · 8 €

Sie können unsere Bücher über jede gute Fachbuchhandlung beziehen oder direkt bei uns:

VAS – Verlag für Akademische Schriften, Wielandstr. 10, 60318 Frankfurt,
Telefon 069 779366, Fax 069 7073967, E-Mail: info@vas-verlag.de,
Internet: www.vas-verlag.de

Verlagsauslieferung, Südost Verlags Service GmbH,
Frau Karin Malchartzeck, E-Mail: mal@comlog-center.com,
Telefon 08581-960512, Fax: 08581-754

Helmut Jantra

Kleingärten

Planen · Anlegen · Pflegen

FALKEN

Zum Thema Garten sind im FALKEN Verlag zahlreiche Bücher erschienen. Hier eine kleine Auswahl: Garten heute (4283); Ziergräser (829); Erfolgstips für den Obstgarten (827); Erfolgstips für den Gemüsegarten (674); Erfolgreich gärtnern (4252)

CIP-Titelaufnahme der Deutschen Bibliothek

Jantra, Helmut:
Kleingärten: planen, anlegen, pflegen / Helmut Jantra.
[Zeichn.: Horst Lünser]. - Niedernhausen/Ts.: FALKEN, 1989
(FALKEN Bücherei)
ISBN 3-8068-1015-X

ISBN 3 8068 1015 X

Titelbild: Reinhard-Tierfoto, Heiligkreuzsteinach-Eiterbach
Bildquellenverzeichnis:
Archiv für Kunst und Geschichte, Berlin: 7
Rolf Bühl, Stuttgart: 88 u. l., 85 r.
Gerhard Bambach, Geisenheim: 68 u.
Gisela Fleschmann-Becker, Etikettenfabrik, Murrhardt: 59 u., 61 o. l.
Ingrid Gabriel, Wiesbaden-Naurod: 56, 57, 58, 59 o., 61 u. l., 61 o. r., 63 65, 84
Greiner & Meyer, Photo-Center, Braunschweig (Photo Greiner): 40 u., 44 u., 48 l., 55, 71; (Photo Meyer): 47 r., 48 u. r.
Martin Haberer, Nürtingen-Raidwangen: 74 o. l.
Holz-Kreiner, Königstein: 31 u. l.
Friedrich Jantzen, Arolsen: 40 o. r., 50 l.
Kuno Krieger, Gewächshäuser, Herdecke/Ruhr: 20 l., 22 o. r.
Ingeborg Polaschek, Linsengericht-Altenhaßlau: 26 u. r., 27, 28 o. r.
Reinhard-Tierfoto, Heiligkreuzsteinach-Eiterbach: 3, 17, 19, 20 r., 21 r., 25, 26 o. l., 26 o. r., 28 l., 32, 33 u., 34 u. r., 36, 38, 41 r., 44 M., 47 l., 48 o. r., 49 u., 50 o. r., 50 u. r., 51 u., 62, 66, 68 o., 72 l., 73, 74 u. l., 74 r., 75, 77, 82, 85 o. l., 86, 87
Siegfried Stein, Fachpressedienst, Vastorf: 15, 21 l., 22 o. l. 22 u. l., 22 u. r., 23, 28 u. r., 29, 33 o., 34 l., 35, 37 u., 39, 40 o. l., 41 u. l., 43, 44 o., 45, 46, 51 o.
Max F. Wetterwald, Offenburg: 34 o. r.
FALKEN Archiv/Klaus J. Prior/Thomas Boertsch, Wiesbaden: 8, 10, 12, 14, 16, 24, 30, 37 o., 41 o. l., 49 o., 52 o., 64, 81; Gerhard Röhn, Heusenstamm: 72 r.
Zeichnungen:
FALKEN Archiv/Horst Lünser, Berlin: 18, 52 u., 53, 60, 67, 69, 70, 80

Satz: LibroSatz, Kriftel bei Frankfurt
Druck: Mairs Graphische Betriebe GmbH, Ostfildern (Kemnat)

817 2653 4453 6271

Inhaltsverzeichnis

Geschichte des Kleingartens

Das Kleingartenwesen hatte seine größte Bedeutung und den stärksten Zulauf stets in gesellschaftspolitischen und sozialen Krisensituationen: bei Armut und Hunger, in Notzeiten in und nach Kriegen, bei Wohnungsmangel und, seit den siebziger Jahren unseres Jahrhunderts, durch Raubbau an Natur und Umwelt, Verstädterung, Baulandmangel oder Hochpreispolitik auf dem Grundstücksmarkt. Wo der Ursprung des »Schrebergartens« zu suchen ist, darüber sind sich auch Kenner der Materie nicht einig. Die Festungs- oder Bürgergärten des Mittelalters dürften es kaum gewesen sein. Diesen Anlagen, die außerhalb der städtischen Schutzmauern im urbanen Grüngürtel entstanden, fehlte der Hintergrund der sozialen Not als Hauptmotivation; vielmehr war es die zunehmende Enge im Innern der Städte, die zum Ausweichen auf das umgebende, unverbaute Land führte, wo nicht nur Handwerker und Gewerbetreibende Kräuter und Gemüse in eigener Regie anbauten, sondern auch wohlhabende Bürger Wohn- und Lustgärten anlegten.

Eher läßt sich der Beginn des Schrebergartens auf die sogenannten »Armengärten« zurückführen, die um 1830 in einigen Städten eingerichtet wurden, damit der mit Beginn des Industriezeitalters aufkommenden Not immer breiterer Bevölkerungskreise durch die Möglichkeit der Selbstversorgung mit Kartoffeln und anderem Gemüse begegnet werden konnte. Die Kommunen verfolgten hiermit nicht nur karitative, sondern gleichzeitig durchaus auch eigennützige Ziele: Indem sie die Betroffenen durch Bereitstellung von Gartenland vor dem ärgsten Hunger bewahrten, entgingen sie gleichzeitig der Notwendigkeit, die sozialen Härten durch einen Griff in den Stadtsäckel zu mindern. Mehr noch: Durch die Einnahmen, wenn auch mit geringerem Pachtzins als üblich, ließ sich in bescheidenem Maße von der Armut profitieren. Sicher gab das bei der Vergabe von Gartenland nicht den Ausschlag, dürfte aber ein uneingestandener und von den Kämmerern gern gesehener Nebenaspekt gewesen sein.

In der zweiten Hälfte des 19. Jahrhunderts entstanden dann die ersten Kleingartenanlagen, die auf den Leipziger Arzt Daniel Schreber (1808–1861) zurückgingen, später seinen Namen trugen, die er selber aber in dieser Form gar nicht gewollt hatte. Es war die Zeit der umsichgreifenden Industrialisierung, verbunden mit der Verelendung bestimmter Gesellschaftsschichten, mit Wohnungsnot, mit sozialem Abstieg in dem bald zu Elendsvierteln degradierten Umfeld der Fabriken. Besonders betroffen von diesen Mißständen waren Kinder und Jugendliche, die, ohne den Rückhalt intakter Familien, durch unmenschliche Arbeitsbedingungen und mangelnde Hygiene mit irreparablen Gesundheitsschäden belastet, ohne Hoffnung dahinvegetierten. Ihnen galt die Sorge Daniel Schrebers, der als Orthopäde für sportliche und damit körperliche und seelische Ertüchtigung der jungen Menschen eintrat und bereits 1843 die Einführung des Schulsports in Sachsen forderte. Im Zeitalter des Joggings, des Breitensports, der Propagierung von Bewegungstherapie zur Erhaltung und Förderung der Gesundheit erscheint Schrebers Anliegen recht modern.

Während gegen Ende des 19. Jahrhunderts in Berlin die ersten »Laubenpieperkolonien« als Ausdruck der Wohnungsnot eigentlich eher Obdachlosenquartiere darstellten und zeitweise etwa 40 000 Menschen ein provisorisches Dach über dem Kopf beschert haben sollen, sind die Ideen, die den »Arbeitergärten des Roten Kreuzes« zugrunde lagen, von den Grundsätzen des heutigen Kleingartenwesens gar nicht mehr weit entfernt, teilweise sogar mit ihnen identisch. Diese Thesen, auf einer Tagung der »Zentralstelle für Volkswohlfart« 1912 in Danzig bekanntgegeben, besagten unter anderem:

- Der Kleingarten ist ein ebenso wertvolles wie einfaches und wenig kostspieliges Mittel zur Förderung der Familie in wirtschaftlicher und erzieherischer Hinsicht.
- Es liegt im eigenen, vor allem auch wirtschaftlichen Interesse der Gemeinden, für eine der Nachfrage entsprechende Anzahl von kultur-

fähigen Kleingärten in möglichster Nähe der menschlichen Wohnungen Sorge zu tragen.

- Bei der Verpachtung von Gemeindeland an kleine Leute für Gartenzwecke ist lediglich eine der landwirtschaftlichen Nutzung und dem Wert etwaiger Anlagen (Umzäunung, Brunnen usw.) entsprechende Verzinsung anzustreben.
- Öffentliche und andere Verpachtungen an den Meistbietenden. Verpachtung an nicht gemeinnützige Zwischenunternehmer (Generalpächter usw.) sowie die Einräumung der Befugnis zur Unterpachtung an die Gartenpächter sind zu vermeiden.
- Erwünscht ist der Abschluß langfristiger Pachtverträge und, wo das nicht angängig, die Zusicherung einer billigen Entschädigung an die Gartenbesitzer für ihre Verluste bei vorzeitiger Gartenlandentziehung.
- Dem eigenen Betätigungsdrang des Gartenbesitzers ist innerhalb seines Gartens ein möglichst weiter Spielraum zu lassen; Einschränkungen haben nur insoweit Berechtigung, als sie aus Gründen der Sittlichkeit, Gesundheit und Ästhetik erfolgen.

In der Folgezeit wurde von immer mehr Städten und Gemeinden Land für Kleingärten zur Verfügung gestellt. 1912 verfügte Leipzig über 240 ha Kleingartenfläche, Kiel über 242 ha; bei 85 in diesem Jahr untersuchten Kommunen mit mehr

Schrebergartenkolonie in Berlin um 1900

als 50 000 Einwohnern wurden 50 000 Kleingärten gezählt. Diese Zahlen dürfen freilich nicht darüber hinwegtäuschen, daß das Kleingartenwesen praktisch in einem rechtsfreien Raum angesiedelt war. Es gab kaum bindende Absicherungen der Pächter, die weitgehend von der Willkür der Eigentümer – Städte, Vereine, Institutionen – abhängig waren. Das hatte ständigen Besitzwechsel zur Folge, Gelände wurde meistbietend verkauft oder einer anderen Nutzung zugeführt. Bereits damals wurde deshalb die Forderung nach »Dauerkleingärten« erhoben, die einen festen Platz in den städtischen Bebauungsplänen erhalten und Bestandteil der Bauordnung sein sollten. Wenigstens teilweise erreicht wurde diese Institutionalisierung im Ersten Weltkrieg, als der Staat wegen der nationalen Notlage selbst Interesse daran hatte, über den Kleingarten eine weitere Quelle der Volksernährung zu erschließen. Es begann die Notzeit der Kriegs- und Nachkriegsjahre und damit ein beachtlicher Aufschwung des Kleingartenwesens. 1920 wurden im damaligen Reichsgebiet bereits 200 000 Kleingartenpächter festgestellt, für Freiburg errechnete sich in den Jahren 1914 bis 1920 ein Anstieg von 2000 Prozent.

Obwohl die Vereine politisch keine Rolle spielten, hatten sie gesellschaftlich aufgrund ihrer hohen Mitgliederzahlen und dem Umfang des Pachtlands doch ein so großes Gewicht, daß am 31. Juli 1919 die »Kleingarten- und Kleinpachtlandordnung« als Reichsgesetz erlassen wurde. Es stellte sozusagen das gesetzgeberische Dach

In einem Kleingarten läßt sich die Freizeit genießen

dar, unter dem die verschiedenen Ausführungsbestimmungen der Länder zusammengefaßt waren. Da fortan nur Körperschaften des öffentlichen Rechts oder gemeinnützige Institutionen als Generalpächter von Kleingartenland auftreten durften, war eine Manipulation durch Privatpersonen nicht mehr möglich. Außerdem wurde der Kündigungsschutz präzisiert, so daß eine mehr oder minder willkürliche Wegnahme von einmal verpachteten Parzellen verhindert werden konnte. Gegen Ende der zwanziger Jahre verzeichnete der »Reichsverband der Kleingartenvereine« 392 000 Mitglieder in über 3550 Vereinen; eine Zahl, die im Verlauf der Weltwirtschaftskrise weiter anstieg, bis sie in den Jahren während des Zweiten Weltkrieges die Millionengrenze überschritt. Wieder waren es die Not und durch das Kriegsgeschehen hervorgerufenen Versorgungsschwierigkeiten, die die Kleingartenvereine zu einer als Wirtschaftsfaktor geschätzten Institution machten.

Nach 1945, als viele der großen Städte in Schutt und Asche lagen, wurden zahlreiche Lauben zu Notquartieren für die ausgebombten Pächter, deren Familien und Freunde. Bereits 1947 gab es in der Nachfolge des »Reichsverbandes« den »Zentralverband des Kleingartenbaus« mit 600 000 Mitgliedern, der zwei Jahre später durch den »Verband deutscher Kleingärtner e. V.« ersetzt wurde. Dessen in 5000 Vereinen zusammengeschlossene Mitglieder hatten etwa eine Million Parzellen gepachtet. Mit dem zunehmenden Wohnungsbau, dem Beginn des »Wirtschaftswunders«, aber auch der Erschließung neuen Baulands durch die Kommunen verlor das Kleingartenwesen einen Teil seiner Bedeutung. Viele ehemalige Pächter avancierten zu Eigenheimbesitzern mit Garten. Die wirtschaftliche Notwendigkeit, eigenes Obst und Gemüse zu ziehen, bestand kaum mehr. Es war genügend Geld vorhanden, die Bedürfnisse des täglichen Bedarfs aus dem überquellenden Angebot des Handels zu decken.

Das alles führte zu einer starken Abnahme der Mitgliederzahlen in den Kleingartenvereinen, allein 1950 waren es 80 000, die der Organisation den Rücken kehrten. In der Bevölkerung war eher eine negative Einstellung zum »Schrebergarten« zu verzeichnen; einmal, weil teures Bauland von den Kleingärtnern mit Beschlag belegt und dank gesetzlicher Schutzmaßnahmen nicht ohne weiteres kündbar war. Zum anderen sah man in Mitbürgern, die ihre Wochenenden mit Umgraben und Unkrautjäten verbrachten, sozial Schwache, denen ein Häuschen in den blitzblanken Stadtrandsiedlungen versagt bleiben mußte. Außerdem gelang es den Kommunen in zunehmendem Maße, lukrativen Bauunternehmungen im Wege stehende Kleingartenanlagen aufzulösen – nicht immer auf ganz legalem Wege und häufig, ohne Ersatz bereitzustellen. Das alles blieb nicht ohne Folgen. So verloren die Kleingartenvereine ab Mitte der fünfziger Jahre bis 1964 jährlich im Durchschnitt etwa 20 000 Mitglieder, 500 000 Gärten wurden von 1949 bis 1964 aufgelöst.

Zu Beginn der siebziger Jahre zeichnete sich dann ein erneuter Wandel mit positiven Aspekten für den Kleingarten ab – ein Trend, der bis heute anhält. Man begann einzusehen, wohin die Bauwut der Kommunen führte. Die Stadtkerne verödeten, und auch die menschenfeindlichen »Schlafstädte« mit ihrer leblosen Sterilität entsprachen in keiner Weise den Bedürfnissen der Bewohner. Gleichzeitig entdeckte man in den Verwaltungen, daß sich mit Hilfe von Kleingartenkolonien auch wieder mehr öffentliches Grün in die verödeten Städte bringen ließe. Das hatte zur Folge, daß viele Kommunen gemeindeeigenes Land als Kleingartenareal in die Bebauungspläne aufnahmen, Städteplaner beschäftigten sich mit den neuen Möglichkeiten und befreiten die »Laubenpieper« nach und nach vom Ruf der Ärmlichkeit, in den sie unverschuldet geraten waren. Die Gärten selbst waren längst keine Produktionsstätten für Kartoffeln und Kohlrabi mehr, sondern Freizeitoasen mit Rasen, Blumen, Hecken, Pergolen und bequemen Wohnlauben. Vom »Bundesverband deutscher Gartenfreunde«, der Kleingärtner-Dachorganisation, werden folgende aktuelle Zahlen zum Mitgliederbestand angegeben: 500 000 organisierte Kleingärtner in 4212 Vereinen mit 7312 Kleingartenanlagen auf einer Gesamtfläche von 34 230 ha. Den Vereinen sollen mehr als 200 000 Bewerbungen für eine Parzelle vorliegen.

In welchem Maße der Kleingarten heute bereits in künftige kommunale und landesplanerische Überlegungen eingebunden ist, zeigt ein Modellprojekt mit 31 Parzellen, das in Regensburg gestartet wurde. An den nicht unbeträchtlichen Kosten von 660 000 Mark beteiligen sich die Stadt Regensburg und das Bayerische Umweltministerium. Das Unternehmen läuft unter der Federführung des zur Universität München gehörenden Instituts für Landschaftsarchitektur in Weihenstephan und will ausprobieren und aufzeigen, wie ein Schrebergarten der Zukunft aussehen könnte. Es geht dabei darum, den Kleingärtner unabhängig von der öffentlichen Energie- und Wasserversorgung und frei von Chemieeinsatz sein Land bebauen und bewohnen zu lassen. Gleichzeitig soll ein natürlicher Lebensraum für Mensch, Tier und Pflanze geschaffen werden. Dazu bedient man sich der Sonnenenergie ebenso wie der modernsten Erkenntnisse des natürlichen Landbaus und des Umweltschutzes. Mit eigenen Zisternen soll die Gießwasserversorgung sichergestellt werden; Mischkultur, Hoch- und Hügelbeete liefern von Pflanzenschutzmitteln freies Gemüse, Teiche und kleine Tümpel bieten Fischen wie Amphibien eine Heimstatt, Industriedünger wird durch ein ausgeklügeltes Kompostierungssystem ersetzt. Die Gartenhäuser sind auf der einen Seite durch einen Solaranbau gekennzeichnet, der sowohl Wärmespeicher für die Lauben ist als auch die Anzucht und Kultur von Nutzpflanzen ohne zusätzliche Heizung ermöglicht. Wer will,

Mit der Waldrebe (Clematis) bewachsener Torbogen

kann diesen verglasten Platz, der vom Haus durch eine wärmespeichernde Ziegelmauer getrennt ist, auch als »Wintergarten« nutzen; denn mit Hilfe zusätzlicher Isoliermaterialien soll das Haus auch in der kalten Jahreszeit frostfrei bleiben.

Neben den praxisbezogenen Impulsen, die vom Regensburger Modell sicherlich ausgehen werden, hat dieser Versuch auch einen anderen, für das Kleingartenwesen möglicherweise noch wichtigeren Effekt. Er dokumentiert nämlich zugleich, daß der »Schrebergarten« kein Relikt aus vergangenen Epochen ist, sondern eine Form zeitgemäßen Lebensstils sein oder werden kann.

In richtiger Erkenntnis rechtlicher Unstimmigkeiten und unter Berücksichtigung sowohl eigentumsrechtlicher als auch städtebaulicher und landschaftsplanerischer Gesichtspunkte trat 1983 das neue Kleingartenrecht in Kraft. Damit wurden alle bisherigen Bestimmungen aufgehoben und die bis dahin gültigen Gesetze und Verordnungen auf eine gemeinsame Basis gestellt. Vor allem aber entsprach man damit einer Forderung des Bundesverfassungsgerichts, die im bisherigen Kleingartenrecht enthaltenen Einschränkungen des Privateigentums den Inhalten des Grundgesetzes anzupassen.

Das neue Kleingartenrecht

Nachfolgend sollen die wichtigsten Paragraphen und Bestimmungen aus dem Kleingartenrecht von 1983 auszugsweise zitiert werden.

Nach § 1 wird ein Kleingarten folgendermaßen definiert:

Ein Kleingarten ist ein Garten, der

- dem Nutzer (Kleingärtner) zur nichterwerbsmäßigen gärtnerischen Nutzung, insbesondere zur Gewinnung von Gartenbauerzeugnissen für den Eigenbedarf, und zur Erholung dient (kleingärtnerische Nutzung) und in einer Anlage liegt, in der mehrere Einzelgärten mit gemeinschaftlichen Einrichtungen, zum Beispiel Wegen, Spielflächen und Vereinshäusern, zusammengefaßt sind (Kleingartenanlage).

Kein Kleingarten ist

- ein Garten, der zwar die Voraussetzungen des Vorhergesagten erfüllt, aber vom Eigentümer oder einem seiner Familienangehörigen im Sinne des § 8 Abs. 1 des Zweiten Wohnungsbaugesetzes genutzt wird (Eigentümergarten);
- ein Garten, der einem zur Nutzung einer Wohnung Berechtigten im Zusammenhang mit der Wohnung überlassen ist (Wohnungsgarten);
- ein Garten, der einem Arbeitnehmer im Zusammenhang mit dem Arbeitsvertrag überlassen ist (Arbeitnehmergarten);
- ein Grundstück, auf dem vertraglich nur bestimmte Gartenbauerzeugnisse angebaut werden dürfen;
- ein Grundstück, das vertraglich nur mit einjährigen Pflanzen bestellt werden darf (Grabeland).

§ 3 legt die Maximalgröße von Garten und Laube fest:

- Ein Kleingarten soll nicht größer als 400 m² sein.
- Im Kleingarten ist eine Laube in einfacher Ausführung mit höchstens 24 m² Grundfläche einschließlich überdachtem Freisitz zulässig. Sie darf nach ihrer Beschaffenheit, insbesondere nach ihrer Ausstattung und Einrichtung, nicht zum dauernden Wohnen geeignet sein.

Zum Pachtzins heißt es in § 5:

- Als Pachtzins darf höchstens der doppelte Betrag des ortsüblichen Pachtzinses im erwerbsmäßigen Obst- und Gemüseanbau, bezogen auf die Gesamtfläche der Kleingartenanlage, verlangt werden. Die auf die gemeinschaftlichen Einrichtungen entfallenden Flächen werden bei der Ermittlung des Pachtzinses für den einzelnen Kleingarten anteilig berücksichtigt.

Die Vertragsdauer legt § 6 folgendermaßen fest:

- Kleingartenpachtverträge über Dauerkleingärten können nur auf unbestimmte Zeit geschlossen werden; befristete Verträge gelten als auf unbestimmte Zeit geschlossen.

Was sind nun Dauerkleingärten? Im Kommentar zum Kleingartengesetz definiert sie Ministerialrat Dr. Lorenz Mainczyk vom Bundesministerium für Raumordnung, Bauwesen und Städtebau so:

»Dauerkleingärten sind nur die im Bebauungsplan für die kleingärtnerische Nutzung festgesetzten Flächen. Alle anderen kleingärtnerisch genutzten Grundstücke, auch die im Flächennutzungsplan dargestellten »Dauerkleingärten«, sind sonstige Kleingärten.
Die Differenzierung zwischen Dauerkleingärten und sonstigen Kleingärten rechtfertigt sich aus der rechtlichen Natur des Bebauungsplans. Er wird von der Gemeinde als Satzung beschlossen, wodurch die Gemeinde als Ortsgesetzgeber tätig wird. Im Rahmen der Grenzen seines räumlichen Geltungsbereichs wirkt der Bebauungsplan für und gegen jedermann.
Im Flächennutzungsplan ausgewiesene »Dauerkleingärten« sind sonstige Kleingärten im Sinne des Bundeskleingartengesetzes. Der Flächennutzungsplan entfaltet im Unterschied zum Bebauungsplan keine verbindlichen Wirkungen. Er ist ein vorbereitender Bauleitplan, in dem die künftige städtebauliche Entwicklung des Gemeindegebiets in den Grundzügen geregelt wird. Der Flächennutzungsplan enthält insoweit lediglich ausfüllungsbedürftige »Darstellungen«. Die Darstellung der Grundzüge der städtebaulichen Entwicklung erfordert keine Abgrenzung der unterschiedlich (künftig) zu nutzenden Flächen.«

Der Kleingarten – eine Oase im Grünen

Planung

Ganz gleich, ob man seinen künftigen Garten in einer neuen Kleingartenanlage einrichtet oder eine bereits bestehende Parzelle vom Vorgänger übernimmt, am Anfang jeder Planung und Aktivität steht das Studium der jeweiligen Gartenordnung. Sie legt fest, was erlaubt ist und was nicht. So ist es in vielen Vereinen untersagt, die einzelnen Grundstücke mit Zäunen oder Hecken voneinander abzugrenzen. Großgewächshäuser sind ebenso verboten wie Schwimmanlagen oder Baulichkeiten, die aus dem Rahmen eines Kleingartens fallen beziehungsweise seinen Nutzungskriterien zuwiderlaufen. Deshalb kommt Tierhaltung hier ebensowenig in Frage wie die Einrichtung einer professionell betriebenen Gartenwirtschaft oder andere, dem Gelderwerb dienende Aktivitäten. Daher ist auch das Gemüse, das im Schrebergarten angebaut wird, ausschließlich für den Eigenbedarf bestimmt, eine »Landwirtschaft« darf nicht betrieben werden. Eigentlich sind das alles Selbstverständlichkeiten, die niemand als unbillig empfinden wird. Denn wer sich in diese Gemeinschaft Gleichgesinnter begibt, tut das, um hier seine Freizeit zu genießen. Er sucht die Verbindung zur Natur, wünscht sich Ruhe nach der Hektik des Alltags und durch körperliche Betätigung vielleicht auch gesundheitlichen Ausgleich. Mehr noch als im Hausgarten am Eigenheim ist also Rücksicht auf die Nachbarn oberstes Gebot; die Gartenordnung steckt nur den Rahmen ab, innerhalb dessen sich das Gemeinschaftsleben bewegt.

Schwierigkeiten tauchen oft unversehens auf, wenn es an die Bepflanzung, die Art der Gartengestaltung und die gärtnerischen Betätigungen geht. Große Bäume dürfen in der Regel nicht gepflanzt werden, aber das natürliche Breitenwachstum läßt sich nur schwer begrenzen. Bei Sträuchern und kleinen Bäumen ist also das Wissen um den ungefähren Wuchscharakter des ausgewählten Gehölzes wichtig, eine Absprache mit dem Nachbarn ist in jedem Fall ratsam. Das betrifft übrigens die meisten Pflanzungen, die sich in Grenznähe befinden. Problematisch wird es, wenn natur- und umweltbewußte Kleingärtner ihre Vorstellungen vom Gärtnern in einer Gemeinschaftsanlage ausleben wollen. Ohne ein Mindestmaß an Ordnung kann hier nicht gewirtschaftet werden; ein »Wildgarten« hat an dieser Stelle keine Berechtigung, ebensowenig wie die Blumenwiese mit überall ihren Samen ausstreuenden Unkräutern. Man darf seinen Garten also nicht sich selbst überlassen. Diese Verpflichtung ergibt sich nicht zuletzt aus der Position einer Kleingartenanlage als öffentliches Grün, das allgemein zugänglich ist und von dem man daher auch optisch positive Eindrücke erwarten darf. Wie es um die Verwendung von Pflanzenschutzmitteln bestellt ist, wird im Einzelfall zu entscheiden sein. Wer seine Äpfel oder Beerenobststräucher im akuten Fall gegen Schädlinge oder Pilzkrankheiten mit Insektiziden beziehungsweise Fungiziden einnebelt, muß dafür sorgen, daß keine Spritzwolken zum umweltbewußten Nachbarn hinüberwehen – eine Empfehlung, die leicht ausgesprochen, aber schwer in die Praxis umzusetzen ist.

Wenn also nachbarschaftliche Toleranz und eine gewissen Freizügigkeit das Leben in der Gemeinschaft prägen sollen, ist die Forderung, dem Einzelnen ausreichend individuelle Entfaltungsmöglichkeiten einzuräumen, an die Vereine direkt gerichtet. Das Bestehen auf einem gewiß notwendigen Reglement sollte nicht zu einer Uniformität der gesamten Anlage führen, der Spielraum für eigene Entscheidungen hinsichtlich der Gestaltung und Bepflanzung so groß wie möglich sein.

Wer einen Kleingarten besitzt oder nach langer Wartezeit endlich eine Parzelle erhalten hat, möchte dort soviel wie möglich unterbringen. Das »grüne Wohnzimmer« soll komplett eingerichtet werden mit Blumen, Rosen und ansprechenden Gehölzen – und natürlich dürfen Obst, Gemüse und Kräuter nicht fehlen. Nach einiger Zeit wird man Appetit auf etwas Besonderes bekommen, vielleicht einen kleinen Teich, einen Steingarten, eine Trockenmauer oder manch anderes gestalten wollen, was man irgendwo gesehen hat.

Berankte Pergola

Verschiedene Beerenobstarten lassen sich – am Spalier gezogen – auch ohne weiteres zur Grundstücksbegrenzung verwenden

Natürlich hängt es von den Vorlieben des Gärtners ab, wo die Schwerpunkte gesetzt werden, ob der Nutz- oder Ziergarten dominieren soll oder ob beiden Bereichen Gleichwertigkeit zuzubilligen ist. Dabei können die Übergänge durchaus fließend sein; gerade im kleinen Garten ist eine optisch vertretbare Mischung häufig angebrachter und leichter zu realisieren als strenge Trennung. Den Gemüsebeeten wird man natürlich einen gesonderten Platz einräumen, aber bereits bei Kräutern besteht die Möglichkeit, sie anderswo hinzusetzen, beispielsweise in die unmittelbare Nähe der Laube, an den Rand einer Blumenrabatte oder längs des Wegs. Hier kann auch ein Obstgehölz die Funktion des sogenannten »Hausbaums« übernehmen; Büsche oder Spindeln lassen sich an die Grenze zum Nachbarn setzen, ebenso an Drähten gezogene Himbeeren oder Brombeeren. Beerensträucher vertragen ohne weiteres die Gemeinschaft mit Blütengehölzen, Sommerblumen lassen sich auf schmalen Streifen vor dem Gemüseteil aussäen. Je vielfältiger und bunter sich ein Kleingarten darbietet, desto hübscher sieht er aus.

Bodenvorbereitung

Wer eine bereits seit langem bewirtschaftete Parzelle übernimmt, wird in der Regel einen im besten Zustand befindlichen Gartenboden vorfinden, für den es nicht mehr viel zu tun gibt. Anders sieht es in einer Neuanlage aus oder wenn man vorhat, die Nutzfläche nach eigenen Vorstellungen aufzuteilen, Gemüse anzubauen, wo vorher Sträucher wuchsen, ein Stück Rasen in Blumenrabatten umzuwandeln, Beerenobst zu pflanzen. Hier wird man zweckmäßigerweise das Erdreich entsprechend verbessern, das heißt in einen fruchtbaren, humusreichen Zustand zu bringen versuchen. Eine gute und kräftesparende Möglichkeit, dieses Ziel zu erreichen, besteht in der Aussaat von Gründüngungspflanzen. Sie lockern den Boden mit ihren Wurzeln auf, halten ihn durch ihr dichtes, grünes Blattwerk schattig und feucht und wirken als Humusdünger, wenn sie beim ersten Frost abgefroren sind. Will man nicht so lange warten, mäht man vor der Samenbildung ab, läßt die Pflanzen leicht anrotten und gräbt sie dann flach unter. Eine bekannte Gründüngungspflanze, die man bis Mitte August aussäen kann, die Unkrautwuchs unterdrückt und mit ihren Wurzeln bis zu 1,50 m tief in den Boden reicht, ist Senf. Lediglich dort, wo später Kohlgewächse angebaut werden, sollte man auf ihn verzichten, weil er wie die Kohlarten zur Familie der Kreuzblütler gehört und die Ausbreitung von Kohlhernie, einer hartnäckigen Pilzkrankheit, fördern kann.

Sonst aber ist Senf für alle Bodenarten geeignet und wächst in saurer wie kalkhaltiger Erde gleich gut.
Mit der »Bodenkur« braucht man durchaus nicht bis zum Frühjahr zu warten. Schon an frostfreien, trockenen Wintertagen läßt sich die Erde umgraben, die dann in groben Schollen bis zum Frühjahr liegen bleibt. In der Folgezeit sind Frost und Schnee billige Helfer, indem sie die Krume mürbe machen, »aufbrechen«. Im Frühjahr, wenn man die Beete herrichtet, merkt man, wie krümelig sie geworden sind. Auf eine so vorbereitete Fläche kann dann Senf ausgesät werden, der schon bald als gleichmäßiger grüner Teppich aufgeht. Wer es mit der Gartengestaltung eilig hat, walzt die Pflanzen um oder mäht sie, wie gesagt, ab und gräbt die grünen Teile oberflächig unter. Die im Boden verbliebenen Wurzeln verrotten von alleine. Auf der glattgezogenen Fläche lassen sich dann bereits Beete anlegen und bepflanzen. Wer erst im Sommer aussät, kann

Gelbsenf ist eine tiefwurzelnde Gründüngungspflanze

den Senf auch über Winter stehen lassen und erst im Frühjahr untergraben. Senf wird außerdem auch noch eine desinfizierende Wirkung nachgesagt, das heißt, er drängt das Unkraut zurück und wird von Schädlingen gemieden. Darauf beruht die Empfehlung, dieses Kraut zwischen Dahlien auszusäen. Im Frühjahr wachsen die jungen Dahlien in die Senfpflanzen hinein und bleiben vor Schneckenfraß bewahrt.

Wem das alles zu umständlich und zu langwierig ist, der bringt seinen unzulänglichen Gartenboden auf herkömmliche Weise in einen lockeren, fruchtbaren Zustand. Ist das Erdreich sehr lehmig und schwer, wird man mit Zusätzen von Sand oder Styromull, einem flockigen, weißen Kunststoffprodukt, für Lockerung sorgen. Das Material nimmt kein Wasser auf, enthält aber fast 98% Luft. Dadurch wird die Wasserführung reguliert, die Erde erwärmt sich besser, und es kommt Sauerstoff in die oberen Schichten. Bei sandigen, leichten Böden muß vor allem der Humusanteil erhöht werden. Man erreicht das am ehesten mit der Einarbeitung von reichlich Kompost, der aber in einem in der Entstehung begriffenen Garten nicht zur Verfügung steht. Hier kann man sich mit Torf oder neuerdings Rindenprodukten behelfen. Sie regen das Bodenleben zu erhöhter Aktivität und damit zur Humusbildung an. Außerdem kann man in diesem Fall ebenfalls ein Kunststoffprodukt einsetzen: Hygromullflocken. Sie haben genau die gegenteilige Wirkung von Styromull: sie nehmen bis zu 70% ihres eigenen Volumens an Feuchtigkeit auf, die nach und nach an die Pflanzenwurzeln abgegeben wird. Diese Saugfähigkeit hält das in Sandböden schnell abfließende Wasser fest und verhindert Austrocknung. Humus kann dadurch freilich weder ersetzt noch neu geschaffen werden. Beide Materialien verrotten nur sehr langsam, man hat es also noch über Jahre hinweg mit den schmutzig-weißen Partikeln zu tun.

Kompostplatz

Wer früher konsequente Kompostwirtschaft betrieb, durfte mit dem Platz für die Mieten und dem Drumherum nicht geizen, und auch moderne Biogärtner billigen dieser »Humusfabrik« reichlich Raum zu. Heute können wir uns das alles sehr viel leichter machen. Das ehemals notwendige Umschichten entfällt, wenn man mit platzsparenden, sauberen Kompostsilos arbeitet, die es als Fertigprodukte mit unterschiedlichem Fassungsvermögen zu kaufen gibt.

Für den Kompost plant man einen schattigen Platz ein. Wird ein Kompostsilo verwendet, entfällt das sonst nötige Umsetzen

Sehr praktisch und vom Material her gartengerecht sind Konstruktionen aus druckimprägnierten Rund-, Halbrundhölzern oder Brettern, die man mit Hilfe von Einkerbungen einfach aufeinandersteckt und beim Auf- wie Abbau der Rotte Stück für Stück auflegen beziehungsweise entfernen kann.

Man wird seinen kleinen Kompostplatz dort anlegen, wo er nicht sofort ins Auge fällt. Er sollte von der Laube aus dennoch bequem zu erreichen sein und nicht in voller Sonne liegen. Lichter Schatten wäre für den Rottevorgang ideal, weil er das Material vor Austrocknung bewahrt, gleichzeitig das Abtrocknen der obersten Schicht nach einem Regenguß gewährleistet. Wenn an der vorgesehenen Stelle nicht schon ohnedies etwas Schatten spendende Sträucher wachsen, kann man ein Gehölz pflanzen, das sich erst ab Mannshöhe zu verzweigen beginnt, also beispielsweise einen Flieder, eine Zierkirsche oder eine Felsenbirne, drei im Frühling blühende, größere Sträucher. Über die geeigneten Materialien zum Beschicken des Komposts, Aufbau, Pflege und Verwendung wird später (siehe Seite 76) berichtet.

Hügelbeet

Die übliche Art, Gemüse im Garten anzubauen, ist das Flachbeet. Der Name macht nur Sinn, wenn man ihm die anderen Kulturmöglichkeiten gegenüberstellt: Hügelbeet und Hochbeet. Der Pflanzenanbau auf einer zu einem Hügel aufgeschichteten Fläche ist eigentlich nicht besonders revolutionär. In China wird das seit undenklichen Zeiten praktiziert, und auch bei uns hat man schon immer Kürbisse auf die Komposthaufen gepflanzt, also »Hügelkultur« betrieben, ohne hierin etwas Außergewöhnliches zu sehen. Hügel- und Hochbeete sind im Grunde genommen aufgeschüttete Rottemieten, nur daß man hier den Zersetzungsprozeß und die dabei entstehende Wärme direkt zur Pflanzenkultur nutzt und nicht abwartet, bis aus den organischen Materialien fruchtbare Erde geworden ist.

Die Anlage eines Hügelbeets ist recht arbeitsaufwendig. Zunächst wird eine ungefähr 1,80 m breite und spatentiefe Mulde ausgehoben. Die Länge ist beliebig, sollte aber nicht weniger als 3 m betragen, damit sich der Aufwand lohnt. Die im folgenden angegebenen Maße für die einzelnen Schichten sind nach Möglichkeit einzuhalten, damit nicht anstelle einer leicht abgeflachten Wölbung eine steilwandige Aufschüttung entsteht, die an den Flanken nicht bepflanzbar ist. Wird die Grube auf einem Rasenstück ausgehoben, sticht man zunächst die Soden ab und legt sie beiseite; sie werden später noch benötigt. Den Kern des Beets und zugleich die unterste Lage bilden grobe Grünabfälle wie Äste und Zweige vom Gehölzschnitt, Stroh, Pappe, krautige Pflanzenteile und so weiter. Die Materialien verrotten nach und nach und geben über einen langen Zeitraum die dabei entstehende Wärme ab. Man kann diese sparrige Masse mit Grobkompost, Sägemehl, Hobelspänen, Algenkalk oder Urgesteinsmehl und ein paar Handvoll Hornspänen verdichten. Höher als 30 cm sollte der Kern aus den oben genannten Gründen nicht sein, und allseits müssen zum Grubenrand etwa 30 cm freigehalten werden, damit hier auch die nächsten zwei Schichten noch Halt finden. Daß nur Teile von garantiert gesunden Pflanzen verwendet werden, versteht sich von selbst. Die folgende, 10 cm starke Lage besteht, falls vorhanden, aus Grassoden, die man mit den Halmen nach unten auf den Kern legt, bis er ganz von ihnen bedeckt ist. Man kann auch auf Mutterboden vom Aushub oder aus einem anderen Gartenteil zurückgreifen. Ist das Material sehr trokken, feuchtet man es leicht an und klopft die fertige Schicht mit dem Spatenblatt fest. Die nächsten 20 cm bestehen aus regennassem oder vorher gut angefeuchtetem Herbstlaub. Außer Walnußblättern, die eine längere Rottezeit haben, ist jede Baumart geeignet. Die Beschaffung dürfte auf Schwierigkeiten stoßen, so daß nur der Gang in den Wald übrigbleibt. Sofern der Förster nichts dagegen hat, läßt sich dort ausreichend Laub zusammenrechen.

Damit die Blätterschicht Stabilität bekommt, wird sie beim Auftragen mit ein paar Schaufeln Erde vermischt und zum Schluß etwa 5 cm dick mit Mutterboden abgedeckt. Um nicht warten zu müssen, bis sich die Verrottungswärme des Kerns aus grobem Material und der Laubschicht zu den Pflanzenwurzeln emporgearbeitet hat, wird empfohlen, nun eine 10 cm dicke Lage aus Grobkompost, also aus noch in der Zersetzung befindlichem Rottematerial, auf den fast fertigen Hügel zu bringen. Als Pflanzsubstrat erhält er dann schließlich noch weitere 15 cm mit Feinkompost vermischten, feinkrümeligen Mutterboden. Da soviel Kompost in seinen verschiedenen Rottestadien aber kaum zur Verfügung stehen dürfte, kann man sich mit einer Mischung aus Gartenerde, Torf und organischen Düngern wie Horn- und Knochenspänen behelfen.

Das hier beschriebene Aufbauschema soll nur Anhaltspunkte für die Funktionsweise eines Hügelbeets geben und beruht auf langjährigen Erfahrungen von Praktikern. Es ist aber durchaus abwandlungsfähig und läßt sich vereinfachen. Selbstverständlich kann zum Beispiel anstelle von Kompost auch genügend angerotteter Stallmist verwendet werden, kann man die drei obersten Lagen in einer Schicht zusammenfassen und über dem Laubmantel eine entsprechend dicke Mischung aus Gartenerde, Torf und organischem Dünger aufbringen. Unverzichtbar ist lediglich der Kern aus grobem Material und die Abdeckung mit Blättern, die nicht stark genug sein kann.

Nun hat wie jedes Ding auch der »fruchtbare Hügel« durchaus seine zwei Seiten, wobei aber hinzugefügt werden muß, daß die positiven

Bei der Anlage eines Hügelbeets ist zu beachten, daß hochwerdende Pflanzen in die Mitte gesetzt werden

Aspekte die negativen bei weitem überwiegen. Da ist zunächst einmal die Frage der Bewässerung. Ist der Hügel erst einmal durchgetrocknet, bedarf es ziemlich langwieriger Bewässerungskünste, um den Wasserhaushalt wieder in Ordnung zu bringen. Damit Regenwasser nicht sofort an den Flanken abfließt, ohne in das Beet eingedrungen zu sein, empfiehlt es sich, auf der Kuppe über die gesamte Länge eine Gießrinne auszuheben, in der sich das kostbare Naß sammelt und nach unten versickert.

Eine nicht zu unterschätzende Gefahr für jedes Hügelbeet stellen Wühlmäuse dar. Die Einwanderung von unten her kann man verhindern, indem die ausgehobene, flache Grube mit einem dichtmaschigen Drahtgeflecht ausgelegt wird. Gegen das Eindringen über den oberirdischen Beetkörper jedoch ist kein Kraut gewachsen.

Schließlich sammelt sich im Hügelbeet zunächst viel Nitrat an, das durch die fortlaufende Verrottung in größeren Mengen freigesetzt wird. Um diese Überproduktion des gesundheitsschädlichen Stoffes abzubauen, dürfen in den ersten beiden Jahren nur Starkzehrer wie Kohl, Gurken, Tomaten oder Sellerie angebaut werden; auf

Blattgemüse wie Salat oder Spinat sollte man in dieser Zeit verzichten. Hoch wachsende Gemüse wie Tomaten kommen auf die Kuppe zu stehen; bei den anderen ist darauf zu achten, daß sich die Kulturen nicht gegenseitig beschatten.
Länger als sechs Jahre hält die »Brenndauer« eines Hügelbeets nicht an. Im Lauf der Zeit sackt es in sich zusammen, wenn die Füllmaterialien verrotten. Im gleichen Maße nimmt auch die Eigenfruchtbarkeit ab, was sich jedoch durch zusätzliche Düngung mit Kompost oder anderen organischen Nährstoffen ausgleichen läßt. Entweder wird der schließlich völlig abgeflachte Hügel als normales Beet weiter genutzt, oder man baut einen neuen auf. Die beste Zeit dafür ist der Herbst, weil dann das meiste Material im Garten anfällt.

Hochbeet

Dabei handelt es sich eigentlich um nichts anderen, als um ein verschaltes Hügelbeet, bei dem lediglich die unterste Schicht vom beschriebenen Muster abweicht. Außerdem entspricht hier die Nutzfläche ziemlich genau dem Grundriß, da die Seiten nicht bepflanzt werden können. Das Hochbeet hat einige Vorteile zu bieten, die es zu einer interessanten Alternative zum Hügel machen. Einmal braucht man sich bei der Arbeit nicht mehr zu bücken, sofern die Umrandung die richtige Höhe aufweist. Die Austrocknungsgefahr ist geringer als beim Hügelbeet. Wühlmäuse lassen sich fernhalten, wenn man bereits beim Bau die Grube mit feinem Maschendraht auslegt und darauf achtet, daß die Verschalung dicht schließt. Bastler können sich ein Gestell für eine Folienhaube bauen und das Hochbeet mit wenigen Handgriffen in eine Art Kleingewächshaus oder Tunnel verwandeln. Damit läßt sich der Anbau noch weiter verfrühen beziehungsweise die Ernte im Herbst hinausschieben. Und schließlich ist ein Hochbeet eine saubere Angelegenheit; wenn man eine gefällige Rahmenkonstruktion wählt, sieht es gerade im kleinen Garten ansprechend aus. Man kann es ringsum mit einem Plattenbelag umgeben.

Hochbeet: Zuunterst kommt eine Schicht Holzschnitt. Darauf folgt krautiger Pflanzenabfall, darüber breitet man eine Schicht Kompost, vermischt mit Gartenerde

Zum Bau der Wände ist jedes feste Material geeignet, das dem Innendruck durch die Füllung standhält. Werden Bretter gewählt, ist eventuell eine zusätzliche Versteifung durch ringsum genagelte, kräftige Latten erforderlich. Als Holzprofile kommen außerdem Bohlen, rund oder vierkantig, Eisenbahnschwellen oder ähnlich stabile Elemente in Frage. Man gräbt sie senkrecht als Palisaden in den Boden ein oder legt sie bei entsprechender Dicke waagerecht aufeinander; dann sollte man die Konstruktion durch große Eisenkrampen über Eck sichern. Es geht aber auch mit Wellplatten aus Aluminium, Eternit oder Dolanit, mit Hohlblock- oder Ziegelsteinen. Hier ist ein Fundament erforderlich, das 30 cm in den Boden reichen sollte. In Gegenden mit strengen Wintern geht man besser noch tiefer. Wird Holz verwendet, muß auf gute Imprägnierung geachtet werden. Sicherheitshalber oder wenn man an der Pflanzenverträglichkeit des Schutzanstrichs zweifelt, deckt man die Seitenwände und Kopfteile im Innern mit Folie ab. Die Bahnen sollten bis zum oberen Rand des Beets hochgezogen und dort festgetackert oder mit einer darübergenagelten Latte gesichert werden. Der Boden des Beets muß in jedem Fall frei bleiben, damit Regen- und Gießwasser schnell versickern können.
Während die Beetlänge beliebig gewählt werden kann, gilt als maximale Breite 1,20 m. Die günstigste, rückenschonende Höhe liegt bei 70 bis 80 cm. Da die Grube unter dem Hochbeet mindestens 50 cm tief sein sollte, um das Grobmate-

rial aufnehmen zu können, und die Länge in den meisten Fällen kaum unter 3 m liegen wird, entsteht zum Füllen ein viel größerer Raum, als man zunächst annimmt. Mit zerkleinertem Gehölzschnitt und anderen Gartenabfällen ist es hier nicht getan. In die unterste Schicht, also in die einen halben Meter tiefe Grube, gehören Materialien, die im wahrsten Sinn des Wortes den Ausdruck »grob« verdienen.
Für den Aufbau gilt eine Grundregel: je weiter er fortschreitet, desto feiner und daher leichter zersetzbar muß das Material beschaffen sein. Zunächst »verarbeiten« wir also dicke Holzstücke, Balkenreste, gerodete Baumstubben, Bretter, alte Holzmöbel, die für den Sperrmüll bestimmt waren, kurz, alles an Grobholz, was uns in die Finger gerät. Nur Span- oder Preßholzplatten sind wegen der Verleimung ungeeignet. Zweite Grundregel: zwischen die Schichten und später bei den feineren Materialen auch als Trennlage kommen stets einige Schaufeln Gartenerde. Auf diese Weise verbraucht sich nach und nach der ganze Aushub. Außerdem sollte man immer wieder den Schlauch nehmen und die Masse gut anfeuchten.
Weiter geht es dann mit alten Büchern, Zeitungen, Kartons, Wellpappe und Gartenabfällen. Zwischendurch tritt man die Lagen fest. Grundsätzlich findet beim Aufbau alles Verwendung, von dem man sicher ist, daß es verrotten kann.

Aus runden Holzbohlen läßt sich ein Hochbeet einfach und schnell aufbauen

Den Abschluß bildet wie beim Hügelbeet eine möglichst dicke Schicht Laub. Jetzt fehlt ganz oben nur noch das Pflanzsubstrat. Ideal ist mit Gartenerde gemischter Kompost. Wo nicht genug davon zur Verfügung steht, bessert man den Gartenboden auf, indem man ihm Torf, Urgesteinsmehl oder organischen Dünger beigibt. Diese Lage sollte mindestens 15 cm dick sein, damit die Wurzeln der Jungpflanzen nicht in die Rotte hineinwachsen, was ihnen nicht besonders gut bekommt.
Wie beim Hügelbeet zersetzt sich das aufgeschichtete Material allmählich, nur der unterste Kern mit den dicken Stammstücken, Stubben, Brettern und so weiter »brennt« noch einige Jahre weiter. Das Beet sinkt also gleichmäßig in sich zusammen, und dieser Schwund muß durch regelmäßiges Auffüllen mit Kompost wieder ausgeglichen werden, denn das Hochbeet wird nur einmal aufgebaut.
Wichtig für den erfolgreichen Anbau von Gemüse auf dem Hochbeet ist die richtige Fruchtfolge und die Mischkultur. Bei geschickter Auswahl sind hier durchaus drei Ernten pro Jahr möglich, sofern man Gemüsearten mit kurzer Vegetationszeit als Vor- und Nachkultur und Pflanzen mit längerer Reifedauer für die Hauptsaison im Sommer wählt. Da auf einem 1,20 m breiten Beet vier Reihen angelegt werden können, gibt es viele Variationsmöglichkeiten.

Kraterbeet

Diese Anbauform kann in Gegenden mit langen Wintern und unsicheren Witterungsverhältnissen einige Vorteile bringen, weil hier die wärmende Kraft der Sonne für empfindliche Gemüsekulturen in besonderer Weise genutzt wird. Es handelt sich dabei um kreisrund ausgehobene Anbauflächen beliebigen Durchmessers, also um »Krater«, deren Basis ungefähr 10 cm unter dem umgebenden Bodenniveau liegt und deren Aushub zur Aufschüttung eines etwa 30 cm hohen Walls benutzt wird. Den Boden und den unteren Teil der Wandung legt man mit wärmespeichernden und -reflektierenden Steinen aus. Je eine Saat- oder Pflanzreihe befindet sich im Innern des Beets, etwa auf der Höhe des Gartenbodens, und auf der äußeren Wallseite. Der Erwärmungseffekt kommt natürlich nur den Gewächsen zugute, die auf der Innenseite stehen. Ein zusätzlich in die Mitte der Mulde eingeschlagener Pfahl kann als Stütze für eine Folienabdekkung dienen, die – außen mit Steinen beschwert – im Frühling und Herbst Schutz gewährt. Da die Anbaufläche im und am Krater begrenzt ist, wird man mehrere dieser Rundbeete anlegen müssen, damit ein jährlicher Kulturwechsel möglich ist. Gewässert und gedüngt wird in herkömmlicher Weise.

Frühbeet

Es handelt sich um eine nach vorne leicht abgeschrägte Rahmenkonstruktion, bei der aufgelegte Fenster den Schutz der heranwachsenden Kulturen garantieren. In alten Zeiten wurde hier im Frühjahr eine dicke Schicht Pferdedung eingefüllt, die für die notwendige Erwärmung sorgte. Da man an Stalldünger kaum mehr herankommt, wird das Beet heute oft elektrisch beheizt. Mit einem angeschlossenen Thermostat läßt sich die Temperatur automatisch regeln. Man kann aber auch eine Wärmepackung zusammenstellen, die die Funktion des natürlichen Düngers übernimmt. Um eine 30 cm dicke Schicht zu erhalten, werden 45 kg Häckselstroh, Spreu oder Laub pro Quadratmeter benötigt. Man füllt die Menge in den Kasten, streut etwas Torf darüber und feuchtet mit reichlich Wasser durchdringend an. Darauf kommen 2 kg Kalkstickstoff; der Torf verhindert das Durchrieseln des Düngers. Jetzt ist nur noch festzutreten, Aussaaterde einzubringen und das Beet mit den Fenstern abzudecken. Nach einigen Tagen hat sich der Kasten soweit erwärmt, daß gesät und gepflanzt werden kann.

Der Handel bietet eine Vielzahl von Frühbeetmodellen aus Holz, Kunststoff, Aluminium, Eternit, Plexiglas oder Betonelementen an. Darunter sind Konstruktionen mit automatischer Belüftung und installierter Heizung sowie Doppelfrühbeete mit beidseitig aufgelegten Fenstern. Produkte in Leichtbauweise und ohne Boden, sogenannte »Wanderkästen«, kann man nach Bedarf über eine Kultur stellen und wieder an einem anderen Platz aufbauen, wenn die Pflanzen keinen Schutz mehr benötigen.

Der Eigenbau aus Holzbrettern und Latten bereitet keine Schwierigkeiten, weil die Seitenbretter einfach an stärkere Eckpfosten genagelt oder geschraubt werden. Als Fenster genügt ein mit

Holzbretter für den Unterbau und mit Folie bespannte Latten sind für ein einfaches Frühbeet völlig ausreichend

Der Handel bietet viele Frühbeetmodelle an, die aus witterungsbeständigen Materialien hergestellt sind

Folie bespannter, passender Rahmen zum Auflegen; für die Belüftung sorgt ein untergeklemmter Holzkeil. Die fertig gekauften oder selbstgebauten Kästen lassen sich recht wirksam zusätzlich isolieren, indem man den Innenraum mit starken Styroporplatten auslegt. Schon zeitig im Frühjahr kann mit den eigenen Anzuchten begonnen werden, wobei an sonnigen Tagen unbedingt ausreichend gelüftet werden muß. Wie im Kleingewächshaus ist es viel öfter der Hitzestau als die Kälte, der zu Mißerfolgen führt. Übrigens ist ein vor Frost geschütztes Frühbeet ein ausgezeichnetes Winterlager für Wurzelgemüse und Kohl.

Folien und Vliese

Es gibt mehrere Arten von Gartenfolien, die alle dem Schutz der heranwachsenden Pflanzen dienen und empfindliche Gewächse vor den Unbilden der Witterung bewahren. Schwarze Mulchfolie hat sich bei Kulturen bewährt, die Bodenwärme lieben wie zum Beispiel Erdbeere, Gurke und Melone. Bei Erdbeeren kommt noch hinzu, daß die heranreifenden Früchte sauber bleiben. Man legt die Bahn ziemlich straff über das Beet, beschwert die Ränder mit Erde oder Steinen und führt an jeder Pflanzstelle einen Kreuzschnitt durch, in den dann der Setzling kommt. Frühe Aussaaten lassen sich auf diese Weise ebenfalls schützen, nur muß der Boden vorher gut angefeuchtet und die Abdeckung entfernt werden, sobald sich die ersten grünen Spitzen zeigen. Auch eine ausreichende Grunddüngung ist hier erforderlich. Nährstoffe kann man nur noch in flüssiger Form durch Gießen der Einzelpflanzen geben.

Gelochte Klarsichtfolie ist mit 500 bis 1000 Perforationsöffnungen pro Quadratmeter versehen und wird locker über die Kulturen gebreitet. Auch hier erfolgt eine schnellere Bodenerwärmung, außerdem herrscht unter der durchsichtigen Kunststoffhaut ein den Pflanzen zuträgliches, feuchtwarmes Kleinklima. Man braucht keine schnelle Austrocknung zu befürchten, und die Folie kann relativ lange Zeit auf dem Beet liegenbleiben. Außerdem ist hier kein Vogelfraß möglich. Gegossen wird über die Bahnen, deren Löcher Wasser in ausreichender Menge durchlassen.

Eine Weiterentwicklung der Lochfolie stellt die Schlitz- oder »mitwachsende« Folie dar. 30 000 feine Einschnitte pro Quadratmeter verleihen dem federleichten Material ein beachtliches Ausdehnungsvermögen, so daß es von den größer werdenden Pflanzen mit zunehmendem

Schwarze Mulchfolie erwärmt den Boden, schützt vor Austrocknung und läßt kein Unkraut aufkommen

Lochfolie schafft ein für die Anzucht günstiges, feuchtwarmes Klima. Außerdem verhindert sie einen möglichen Vogelfraß

Wachstum nach oben gedrückt wird, ohne den Kulturen dadurch zu schaden. Gleichzeitig werden die Schlitze zwangsläufig immer breiter, so daß zunehmend Luft an die Gewächse gelangt, der Gasaustausch gewährleistet ist und Hitzestaus automatisch vermieden werden.
Ähnlich funktioniert ein Vlies, das unter der Produktbezeichnung Agryl P 17 im Fachhandel angeboten wird. Ultraviolette Strahlen können bis zu 80% hindurchgelangen, ohne jedoch die Fasern anzugreifen. Die Belüftung ist ebenfalls ausreichend. Wie Loch- und Schlitzfolie breitet man das sehr dehnungsfähige Vlies nur locker über das Beet und beschwert die Seiten mit Erde oder Steinen. Versuche haben ergeben, daß Temperaturen bis −5°C von den Kulturen ohne Schaden überstanden werden, was nicht zuletzt auf den Taueffekt zurückzuführen ist: An der Vlies-Innenseite bildet sich ein hauchdünner Wasserfilm, der bei Frost gefriert und damit eine wärmeisolierende Wirkung hat.

Folientunnel

Hier wartet die Industrie ebenfalls mit einer Reihe von Modellen auf, die gegenüber den Frühbeeten recht preisgünstig sind. Eine gängige Konstruktion besteht aus Federstahlbügeln, über die eine Folienhaut gezogen wird. Bei anderen Fabrikaten ist die Folie zwischen zwei Bügeln eingeklemmt. Ein derartiger Tunnel besteht aus mehreren Elementen, die man zum Lüften nach oben klappt. Tunnel haben den Vorteil großer Mobilität, das heißt, sie werden über schutzbedürftige Kulturen gesetzt, solange diese durch ungünstige Wetterlagen gefährdet sind, und danach beiseite gestellt oder für andere Pflanzungen verwendet. Auch hier ist ein Eigenbau mit Hilfe von Holzlatten und vorgefertigten Steckelementen relativ einfach. Diese Steckelemente, als »Multibinder« im Handel erhältlich, haben zwei passende Öffnungen, in die die Enden der Latten hineingeschoben und festgeschraubt werden. Daraus läßt sich auch ein einfaches, kleines Folienhaus selbst herstellen, das man mit stabiler Drahtgitterfolie bespannt.

Je größer die Pflanzen werden, um so mehr Luft läßt die Schlitzfolie durch

Folientunnel bieten auch im Sommer genügend Schutz für sehr wärmebedürftige Pflanzen

Stehen Pflanzen unter Vliesen, bleibt der Schädlingsbefall gering

Bei flachen Folientunneln mit Edelstahlbügeln ist das Lüften einfach

Jungpflanzen-anzucht

Die Anzucht von Jungpflanzen ist daheim am Fenster durchaus möglich, man benötigt dazu nicht unbedingt ein Kleingewächshaus oder aufwendige Kultureinrichtungen. Am besten arbeitet man mit einem kleinen Anzuchtbeet. Es braucht nicht beheizbar zu sein, die Wohnwärme ist für die Keimung ausreichend. Eine Abdeckhaube dagegen ist für eine gleichmäßige Feuchte notwendig. Man behilft sich mit Glasplatten oder einem Stück festgeklemmter Klarsichtfolie.

Auch hier wieder ein Tip für den Eigenbau. Eine größere Holzkiste reicht für unsere Zwecke völlig aus. Sie wird mit Folie ausgelegt – ein paar

Man drückt das Saatgut an

Der Samen wird gleichmäßig über die ganze Fläche ausgesät

Dunkelkeimer werden mit einer dünnen Schicht Erde abgedeckt

Wasserabzugslöcher nicht vergessen – und der Boden mit Sand bedeckt. Eine Schicht gekaufter Anzuchterde nimmt dann die Samen auf. Beim Gießen muß man darauf achten, daß kein Wasser aus der Kiste heraustropft oder für ein entsprechendes Auffanggefäß sorgen.
Bei den meisten Gemüsepflanzen handelt es sich um sogenannte Dunkelkeimer, das heißt der Samen muß dünn mit Erde bedeckt werden. Bei den Lichtkeimern werden die Samen nur auf das angefeuchtete Anzuchtsubstrat gestreut und nicht abgedeckt. In Beuteln gekaufte Aussaaterde zeichnet sich dadurch aus, daß sie kaum Düngestoffe enthält und keimfrei ist.
Der Stand der Anzuchtgefäße sollte stets hell, aber niemals sonnig sein. Setzlinge vertragen soviel Licht noch nicht, außerdem besteht die Gefahr der Austrocknung. Keimende Samen, die einmal trocken wurden, sterben sofort ab.
Die mollige Wärme des Wohnzimmers ist nicht immer mit der notwendigen Keimtemperatur von in der Regel 20° C identisch. Auf einer Fensterbank aus Stein oder Marmor fehlt auch dann die erforderliche Bodenwärme, wenn sich ein Heizkörper darunter befindet. Hier hilft nur ein neben das Saatgefäß gelegtes Thermometer. Nicht ganz dicht schließende Fenster können der Pflanzenkinderstube ebenso gefährlich werden wie unbedachtes Lüften an kalten Tagen. Und noch etwas gilt es zu bedenken: Jeder Hobbygärtner möchte so früh wie möglich mit den Anzuchten beginnen und ist deshalb bestrebt, seine Jungpflanzen zeitig im Jahr heranzuziehen. Ohne künstliche Lichtquellen ist man hierbei jedoch an die Tageslänge gebunden, und es bringt daher nichts, etwa bereits im Januar oder Februar auf dem Fensterbrett auszusäen. Die Setzlinge brächten zwar gerade noch die Köpfe aus der Erde, würden dann aber bald eingehen, weil die wenigen Lichtstunden unserer Winter für ein gesundes Wachstum nicht ausreichen. Anfang März ist daher der früheste Zeitpunkt, an dem sich eine Anzucht mit Aussicht auf Erfolg lohnt.
Der nächste Schritt der Jungpflanzenpflege ist das Vereinzeln oder Pikieren. Der richtige Zeitpunkt dafür ist gekommen, sobald man die Setzlinge gefahrlos mit zwei Fingern fassen kann, wenn sie also die beiden untersten Blättchen ausgebildet haben. Obgleich das Anzuchtsubstrat sehr locker ist, sollte die kleine Pflanze dennoch nicht mit einem Ruck herausgezogen werden. Die feinen Wurzeln sind so empfindlich und brüchig, daß sie abbrechen könnten. Man nimmt also ein Hölzchen oder einen Löffelstiel zur Hilfe, drückt damit eine Mulde in die Erde des neuen Quartiers und hebt den Setzling dann vorsichtig aus dem Boden. Zwischen den beiden Keimblättchen und dem Erdreich muß ein kleiner Abstand bleiben, damit sie nicht faulen. Wurde so früh ausgesät, daß der Pflanztermin fürs Freiland noch auf sich warten läßt, ist unter Umständen noch einmal zu pikieren.

Blühende Sommerblumen

Bauen im Kleingarten

Wege

Für die Anlage von Wegen, Pfaden und Trittsteigen stehen uns heute die verschiedensten Materialien zur Verfügung, unter denen man ganz nach Geschmack und Erfordernissen wählen kann. Auch für die Verlegearbeiten braucht man kaum einen Fachmann zu bemühen, schon gar nicht im Kleingarten, wo die Beanspruchung gering ist. Müssen Kompostplatz und Gemüsebeet mit der Schubkarre angefahren werden, sollte man für einen stabileren Unterbau und eine größere Breite sorgen als bei einem Pfad längs des Rasens, der zur Staudenrabatte oder zum kleinen Teich führt. Den Garten schnurgerade in zwei Hälften teilen sollte ein Weg nicht, schon gar nicht, wenn er aus großen Platten besteht. Allerdings ist das im Kleingarten nicht immer zu vermeiden, zum Beispiel wenn es sich um den Zugang zu der im hinteren Teil befindlichen Laube handelt. Dann muß man rechts und links davon Blumenrabatten anlegen oder Sträucher pflanzen, damit keine Tristesse aufkommt.

Ausreichend breite Wege sind für den Transport mit Schubkarren wichtig

Rasenbewuchs zwischen Vierkantsteinen machen den Weg lebendig

Natursteine

Wenn man sich für natürliche Materialien als Wegebelag entscheidet, sollten Hart- oder Urgesteine wie Granit, Gneis, Quarzit oder Porphyr gewählt werden. Die Beständigkeit von Kalkgestein oder Sandstein ist recht unterschiedlich. Je nach Beschaffenheit können sie nach relativ kurzer Zeit durch Witterungseinflüsse spröde und brüchig werden. Wer diese Risiken in Kauf nimmt, hat unter den beiden Natursteinarten allerdings eine reiche Auswahl an Farben und Strukturen.

Aber auch die unverwüstlichen Urgesteine sind nicht langweilig und werden im Baustoffhandel als Platten, Steine oder gespaltene Flußkiesel für Pflasterbeläge angeboten. Sie wirken durch ihre unterschiedliche Größe und die unebene Oberfläche lebendig und abwechslungsreich. Mit Naturpflastersteinen aus Granit gibt man seinem Weg einen nostalgischen Touch, ob man nun ein Kleinpflaster oder große Vierkantsteine wählt. Dasselbe gilt für ein Porphyr-Großpflaster; beide Steinarten kann man weitfugig verlegen, so daß nachträglich eingesätes Gras die Zwischenräume ausfüllt und dem Material viel von seiner Herbheit nimmt.

Im Rasen verlegte Trittsteine sind unauffällig und stören wenig

Eine seitliche Begrenzung hält den Gartenweg sauber

Industriesteine

Riesengroß ist die Auswahl an Industrieprodukten aus Beton. Man kann Steine und Verbundsteine wählen, verschiedene Plattenbeläge aller Größen und Formate, eingefärbt oder mit Natursteingries beschichtet. Optische Varianten lassen sich außerdem noch durch Verlegetechnik und -muster schaffen oder durch die Verarbeitung unterschiedlicher Formate. Bei Rasengittersteinen und -platten wächst später Gras aus den Aussparungen hervor, wenn man die Löcher oder Schlitze nach dem Verlegen mit Erde gefüllt und Grassamen eingesät hat. Wer auf allzuviele glatte Steinflächen im Garten lieber verzichtet, findet hier eine akzeptable Alternative, die nicht weniger widerstandsfähig und stabil ist wie andere Industriesteinformen.

Holzpflaster

Schließlich ist noch ein Pflaster aus runden oder quadratischen Holzstücken möglich, deren Lebensdauer allerdings von der Güte der Imprägnierung und der Gartenlage abhängt. An schattigen, feuchten Plätzen sollten derartige Beläge nicht verwendet werden, auch der beste Holzschutz verliert seine Wirkung, wenn die Fasern nach einem Regen nicht schnell abtrocknen können. In Gegenden mit kühlen, feuchten Sommern und in Gärten mit hohem Grundwasserstand sollte man auf weniger anfällige Produkte zurückgreifen.

Kies und Rinde

Kieswege, die früher die buchsgesäumten Beete der Bauerngärten voneinander trennten, sind etwas aus der Mode gekommen. Obgleich ein Kiesweg (man kann auch Schotter oder Splitt

Das Naturprodukt Holz – als Wegbelag verwendet – schafft eine gemütliche Atmosphäre

Kieswege, hier mit Sommerblumen gesäumt, waren früher sehr beliebt

verwenden) gefällig aussieht, hat er doch einige Nachteile. Zum einen ist er mit der Schubkarre schlecht befahrbar, zum anderen werden sich hier immer wieder Unkräuter breitmachen, die nur manuell, also durch Jäten oder Abhacken, entfernt werden können. Herbizide (Unkrautbekämpfungsmittel) einzusetzen, würde die angrenzenden Kulturen gefährden. Ähnliche Probleme gibt es mit einer Deckschicht aus zerkleinerter Baumrinde oder Rindenmulch, ein Material, das nicht zuletzt als Torfersatz immer häufiger in den Gärten verwendet wird. Bei Kies wie Rinde muß darauf geachtet werden, daß bereits der Unterbau eine leichte Wölbung von etwa 2 cm pro Meter Weg erhält, damit Regen- und Gießwasser abfließen können. Während man bei allen anderen Belägen auf eine seitliche Abgrenzung durch Kantensteine verzichten kann, sind sie hier unerläßlich. Wenn Kieselsteine in den angrenzenden Rasen geraten, wird das Mähen zu einem unbeabsichtigten Härtetest für das Messer – und mit harten Rindenbrocken verhält es sich nicht viel besser.
Mit einem Lattenrahmen, der der Größe und Form der Platten entspricht, kann man Betonsteine selbst herstellen. Eine Mischung aus 1 Teil Zement und 4 Teilen Sand wird in die Form gegossen und glattgestrichen. Nach etwa 2 Wochen können die Steine verlegt werden.

Wegebau

Normale Bodenbeschaffenheit und Belastung vorausgesetzt, ist die Erstellung von Gartenwegen mit den beschriebenen Materialien einfach und kann von jedermann im Do-it-yourself-Verfahren ausgeführt werden. Auf einen etwa 10 cm starken Unterbau aus Kies, Schotter, Schlacke oder anderen wasserdurchlässigen Materialien kommt, nachdem die Schicht festgestampft wurde, eine 5 cm dicke Lage Sand. Sie stellt das Bett dar, in das Platten oder Steine verlegt werden. Bei schwerem, lehmig-tonigem Boden muß die unterste Dränageschicht entsprechend dicker sein.
Hat man sich für einen Kiesweg entschieden, sollte der Unterbau schichtweise folgendermaßen zusammengesetzt werden: 5 cm Kies, 12 cm Schotter, eingeschlämmter Sand, bis er eine etwa 1 cm dicke, geschlossene Decke bildet, die dann den Kiesbelag trägt. Jede Schicht ist nach der Aufschüttung durch Feststampfen zu verdichten. Die schon erwähnte leichte Wölbung während des Aufbaus und die Kantensteine dürfen nicht vergessen werden.
Am einfachsten und optisch sehr ansprechend ist ein Pfad aus Trittplatten über den Rasen. Allerdings sollte auch dieser Weg nicht mitten und womöglich noch schnurgerade über die Fläche verlaufen, sondern mehr zum Rand hin angelegt sein. Zum Verlegen braucht man nur der Plattenform und -stärke entsprechende Rasensoden abzustechen und auszuheben, den Untergrund mit etwas Sand glattzuziehen und den Belag einzupassen. Er sollte bündig mit dem Niveau des Bodens abschließen.

Steinbeet und Trockenmauer

Die Größe eines Steinbeets spielt keine Rolle. Im Grunde genommen genügt schon ein halber Quadratmeter Fläche, den man mit einigen Steinen dekoriert und mit den entsprechenden, kleinbleibenden Gewächsen bepflanzt. Allein wichtig sind eine möglichst sonnige Lage und – vor allem – ein durchlässiger Untergrund. Es

Steingarten

Trockenmauer

Leinkraut, Linaria

wird eine 30 bis 40 cm tiefe Mulde ausgehoben, die man gut zur Hälfte mit Kies, Schotter, Ziegelbruch oder ähnlich durchlässigen Materialien als Dränageschicht füllt. Darauf kommt dann das Pflanzsubstrat aus humoser Gartenerde. Hierzu läßt sich der Aushub verwenden, den man bei schwerem Boden durch Zugaben von Sand und Torf den Bedürfnissen der Pflanzen entsprechend aufbereiten kann. Da die für das Steinbeet geeigneten Gewächse sich ihren Charakter als Wildpflanzen weitgehend bewahrt haben, sollte man zur Dekoration nur Naturmaterialien verwenden: Sandstein, Schiefer, Tuff, Granit oder Basalt beispielsweise. Die Größe der Steine muß der Kulturfläche angepaßt sein, das heißt, auf ein kleines Geviert gehören keine mächtigen Felsbrocken. So eine blühende Insel paßt überall hin und stellt stets etwas Besonderes dar, obgleich die Bewohner weder alpinen Regionen entstammen müssen noch besonders heikel in ihren Ansprüchen sind. Übrigens läßt sich ein Miniatursteingarten bereits in einem alten Trog installieren.

Die Trockenmauer ist nichts anderes als ein vertikal aufgebauter Steingarten, bei dem die Pflanzen in einem Minimum an Erde sitzen; es ist gerade soviel Substrat, wie in den Fugen Platz findet. Sofern sich das Beet nicht an eine natürliche Erhebung anlehnt, sollten nur wenige Steinlagen verbaut werden. Erstens sieht das besser aus als eine freistehende, hohe Mauer, zweitens gibt es dann keine Schwierigkeiten mit der Statik. Als Material kommen Natursteinquader, zum Beispiel aus Sandstein, in Frage, deren Auflageflächen einigermaßen eben sein müssen, damit das kleine Bauwerke stabil bleibt.

Man hebt zunächst eine der Mauerlänge entsprechende, flache Grube aus, glättet die Sohle und legt hier, eventuell in ein Sandbett, die erste Steinlage hinein – aus den größten Brocken. Es handelt sich gewissermaßen um das Fundament. Der weitere Aufbau erfolgt Lage für Lage, wobei man die Fugen nicht zu klein hält und am besten gleich mit Erde für die Bepflanzung füllt. Die Gewächse werden bereits während dieser Arbeit oder erst später, wenn alles fertig ist, eingesetzt. Die Schichtung der Steine, es können auch stärkere Bruchplatten sein, erfolgt so, daß die senkrechten Fugen stets versetzt sind, die waagerechten möglichst in einer Linie verlaufen. Man schichtet also nach dem gleichen Prinzip, nach dem eine Ziegelmauer hochgezogen wird.

Gedenkemein, Omphalodes

Seifenkraut, Saponaria

Von den vielen Pflanzen, die für das Steinbeet und die Trockenmauer in Frage kommen, können hier nur einige genannt werden. Man findet aber in jeder Staudengärtnerei ein umfangreiches Sortiment der unterschiedlichsten Gewächse. Und noch ein Tip: Wo es sich nicht vermeiden läßt, daß ein Teil des Steinbeets mehr Schatten abbekommt, als den meisten Pflanzen zuträglich ist, kann man auf Farne oder hübsche Efeuarten ausweichen, die zwar nicht blühen, aber in der Nachbarschaft anderer Kleinstauden sehr hübsch und dekorativ aussehen. Hier eine kleine Auswahl geeigneter Pflanzen, ihre Blütenfarbe und Wuchshöhe.

Stachelnüßchen *(Acaena)*, karminrot, 10 cm; Adonisröschen *(Adonis)*, leuchtend gelb, 25 cm; Steinkraut *(Alyssum)*, leuchtend gelb, 30 cm; Akelei *(Aquilegia)*, blau, 20 cm; Grasnelke *(Armeria)*, rosarot, 15 cm; Blaukissen *(Aubrieta)*, blau/rot, 10 cm; Glockenblume *(Campanula)*, blau, 10–30 cm; Nelke *(Dianthus)*, rot/weiß, 5–30 cm; Hungerblümchen *(Draba)*, gelb, 5–10 cm; Berufkraut *(Erigeron)*, blau/weiß, 15 cm; Storchschnabel *(Geranium)*, rosa/rot, 10–30 cm; Nelkenwurz *(Geum)*, rot, 15 cm; Sonnenröschen *(Helianthemum)*, gelb/weiß, 15 cm; Leberblümchen *(Hepatica)*, blau, 10 cm; Schleifenblume *(Iberis)*, weiß, 10 cm; Leinkraut *(Linaria)*, blau, 10 cm; Lichtnelke *(Lychnis)*, rosa, 20 cm; Gedenkemein *(Omphalodes)*, blau/weiß, 15 cm; Bartfaden *(Penstemon), blau/rot, 10–20 cm; Fingerkraut (Potentilla)*, gelb/rot, 10–20 cm; Kuhschelle *(Pulsatilla)*, blauviolett, 15–30 cm; Hahnenfuß *(Ranunculus)*, weiß/gelb, 5–25 cm; Seifenkraut *(Saponaria)*, rosa/weiß, 15 cm; Steinbrech *(Saxifraga)*, weiß/gelb/rot, 1–30 cm; Fetthenne *(Sedum)*, gelb/weiß, 5–10 cm; Hauswurz *(Sempervivum)*, rot/rosa, 3–15 cm; Kreuzkraut *(Senecio)*, orangegelb, 25 cm; Thymian *(Thymus)*, lila/rosa, 10–20 cm; Ehrenpreis *(Veronica)*, blau/rosa, 10–30 cm.

Gartenhaus

Die Uniformität mancher Kleingarten-Neuanlagen wird durch die Gleichförmigkeit ihrer Lauben besonders deutlich. Während früher die Gartenhäuschen meist im Eigenbau errichtet wurden, dominiert heute der Typ Einheitslaube. Nach dem Bundeskleingartengesetz darf eine Laube einschließlich Freisitz höchstens 24 m² Grundfläche haben. Ein festgelegter Rahmen zwar, der aber viel Spielraum für individuelle Entscheidungen läßt. Für Fertiggartenhäuser gibt es heute einen großen Markt, selbst über den Versandhandel sind einzelne Typen zu beziehen. Die Modelle reichen von der kleinen Hütte bis zum Komfortbungalow. Wenn man bei so vielen Parzellen unserer Kleingartenanlagen dennoch immer wieder auf dieselben Modelle stößt, liegt das nicht immer an den Einschränkungen durch die Satzung, sondern häufig einfach daran, daß diese Lauben über den Verein besonders preisgünstig bezogen werden können.

Wenn man davon ausgeht, daß wir es mit einem Fertighaus zu tun haben, ist von der Eigeninitiative vor allem die Inneneinrichtung betroffen. Was drumherum noch zu ergänzen und zu verbessern wäre, hängt vom Komfort und der Ausführung des bestellten Typs ab. Eventuell muß man zusätzliche Fensterläden anbringen, Fensterkreuze einsetzen, den Freiplatz mit einem ansprechenden Geländer versehen oder überhaupt erst bauen. Das Material sollte einfach und zweckmäßig sein, immer eingedenk der Tatsache, daß die Kleingartenlaube kein Wohnhaus ist und auch nicht sein darf.

Obgleich man sich hier im Winter nicht aufhalten wird, so sind es doch gerade die kühlen Frühjahrswochen und der Herbst, die die Anwesenheit des Gärtners erfordern. Man sollte die Laube also so gut es geht gegen eindringende Kälte isolieren. Das ist mit selbstklebenden Dichtungsstreifen aus Schaumstoff für Türen und Fenster, mit Dämmaterialien im Dachbereich, durch zusätzliches Einziehen von Wänden aus Nut- und Federbrettern und durch Ausschäumen undichter Stellen mit Silikonmasse aus der Kartusche auch dem Laien möglich.

Was Beleuchtung und Beheizung betrifft, entscheidet man sich am besten gleich für Propangas. Gasflaschen gibt es im Fachhandel zu kaufen, spezielle Lampen und Öfen sind nicht ganz billig, doch eine allemal lohnende Investition. Die Installationsarbeiten freilich müssen von einem Fachmann vorgenommen werden, der auch für die unerläßliche Be- und Entlüftung sorgt. Denn der Sauerstoffverbrauch durch die offenen Flammen ist in kleinen Räumen weitaus größer als man glaubt und macht kontinuierliche Zuführung von Frischluft erforderlich. Bei der

Gemütliche Laube

Beleuchtung kann man zur Not auch auf Batteriebetrieb oder Petroleumlampen ausweichen, doch wer außer der Heizung auch noch einen kleinen Kühlschrank in Betrieb nehmen möchte, kommt ohne Gas ohnedies nicht aus. Verderbliche Nahrungsmittel sind im Hochsommer an einem kühlen Platz am besten aufgehoben.

Eine andere Möglichkeit wäre die Anlage eines »Erdkellers«. Das ist nichts anderes als eine genügend tiefe und geräumige Grube direkt am Haus, die mit Styroporplatten ausgekleidet und mit einer isolierenden Holzklappe verschlossen wird. Im Winter steht damit zugleich ein kleines Obstlager zur Verfügung, das in unseren Stadtwohnungen mit ihren warmen Kellern meist fehlt.

Für die Gartengeräte genügt den Sommer über ein kleiner, durch ein Regendach geschützter Anbau. Im Winter räumt man Harke, Hacke, Spaten, Eimer, Kannen und so weiter ins Haus. Wer hier, wie auch am Geräteverschlag, eine Regenrinne mit Fallrohr angebracht hat, verfügt über eine zusätzliche Wasserquelle, und gerade davon kann man im Garten nicht genug haben. Unauffällige, grüne Regentonnen bietet der Fachhandel ebenso an wie optisch sehr ansprechende Sammelbehälter aus auf Spanndraht aufgezogenen Holzlatten mit einer eingehängten starken Folie zum Aufbewahren des kostbaren Nasses. Das Fassungsvermögen reicht von 250 bis 2000 l.

Fertighaus

Massiv-Gartenhaus

Besondere Gartenformen

Gerade in einem relativ kleinen Garten tut man sich etwas schwer, für Abwechslung zu sorgen. Während in einer großräumigen Anlage der vorhandene Platz geradezu danach verlangt, mit unterschiedlichen Bepflanzungen gefüllt zu werden, kann sich die Vielfalt des Schrebergartens nur im Miniformat präsentieren. Dabei wird häufig die Wirkung von ein oder zwei geschickt genutzten und originell bepflanzten Quadratmetern unterschätzt. Vom Steingarten oder der kleinen Trockenmauer wurde bereits gesprochen. Was aber gibt es sonst für Möglichkeiten, an bestimmten Plätzen im Garten etwas nicht Alltägliches anzusiedeln, das den Betrachter in Erstaunen versetzen und mit Überraschungen aufwarten könnte?

Insektengarten

Es wurde bereits darauf hingewiesen, daß es in einer Gemeinschaftsanlage etwas problematisch ist, einen Naturgarten anzulegen; nicht jedem Nachbarn wird der Wildwuchs recht sein. Einen kleinen Schritt in diese Richtung kann man jedoch bereits bei der Planung tun, ohne dadurch

Blühende Kräuter ziehen Insekten magisch an

Mißfallen zu erregen. Werden zum Beispiel verschiedene Küchenkräuter angebaut, erweisen wir nicht nur uns und unserer Gesundheit einen Gefallen, sondern helfen auch Bienen, Hummeln, Schmetterlingen und vielen anderen Insekten. Der Duft der blühenden Kräuter zieht sie magisch an, mehr noch als die Blütenfarben. Besonders attraktiv für Insekten sind Thymian, Quendel, Bergbohnenkraut, Tripmadam, Borretsch, Salbei, Zitronenmelisse, Lavendel, Ysop, Basilikum und Rosmarin. Löffelkraut gedeiht am besten im Halbschatten; die nach Honig duftenden, weißen Blütchen erscheinen bereits im März. Ebenfalls an einem Platz im Halbschatten wachsen Estragon, Liebstöckel und Schnittlauch. Für sonnenliebende, winterharte und ausdauernde Kräuter sollte man bereits bei der Planung und Bodenvorbereitung einen Extraplatz, eine »Sonnenhalde« reservieren. Darunter versteht man einen natürlichen oder einen künstlich angelegten Hang mit steiniger, ziemlich nährstoffarmer Erde. Lehmiger oder humoser Boden muß nach tiefer Lockerung mit reichlich grobem Sand und Kies gemischt werden. Von Natur aus durchlässiger, armer, steiniger Boden bekommt in Extremfällen etwas Kompost oder gute Gartenerde beigemischt. Hier kann man den Kräutern je nach Lust und Möglichkeiten dann noch weitere Insektenpflanzen mit ähnlichen Bodenansprüchen zugesellen: wilde Malve, Schafgarbe und Königskerze beispielsweise, die gleichzeitig ansehnliche Blütengewächse sind.

Der kleine Wüstengarten

Der sonnigste Gartenplatz ist für Durstkünstler unter den Stauden gerade gut genug. Dort, wo alle anderen Pflanzen versagen, entfalten sie erst ihre volle Schönheit. Dazu kommen die oftmals exotisch anmutenden Blüten. Bei geschickter Artenwahl gibt es hier vom Frühjahr bis in den Herbst hinein etwas zu sehen. Da stehen Mittagsblumen aus Südafrika, winterharte Feigenkakteen aus Nordamerika, Sternwurzgewächse aus Ostasien und die altbekannten Hauswurze aus Europa einträchtig nebeneinander. Wer will, kann das Sortiment der zahlreichen Blütenpflanzen mit Gräsern und vielen anderen trockenliebenden Schönheiten ergänzen. Dazu können noch Distelarten und die winterharte Yucca aus Mexiko gepflanzt werden. Viele dieser Gewächse sind immergrün und bilden deshalb einen ganzjährigen Gartenschmuck. Die unterschiedlichen Wuchseigenschaften sollte man bereits bei der Pflanzung berücksichtigen und dort, wo zwangsläufig Zwischenräume entstehen, dekorative Steine einfügen. Überhaupt ist auf die

Steinbrech, Saxifraga

Mittagsblume, Dorotheanthus

Steingarten

Vergißmeinnicht, Myosotis

Rittersporn, Delphinium

Anlage eines Wüstengartens einige Sorgfalt zu verwenden. Dabei muß die Pflanzerde nicht unbedingt so qualitativ wertvoll wie im übrigen Garten sein. Auch auf humose Zusätze wie Torf kann hier meist verzichtet werden. Wichtig ist eine sehr durchlässige Erde, was man durch das Beimischen von Sand und Kies erreicht. Bei besonders verfestigten Böden lohnt der Einbau einer einfachen Dränage, durch die überschüssiges Wasser abfließen kann. Stauende Nässe ist für die hier angesiedelten Gewächse tödlich.

Jede Pflanzung gewinnt, wenn sie großflächig vorgenommen wird. Das sollte man auch beim kleinen Wüstengarten beherzigen und, wo es möglich ist, Gruppenpflanzungen bevorzugen. Die Wuchs- und Blütenhöhe muß dabei freilich Berücksichtigung finden, damit nicht hohe Gewächse vor niedrige zu stehen kommen und sie verdecken. Das Gießen besorgt hier der Regen, und auch sonst hält sich die Pflege des Wüstengartens in Grenzen. Es ist lediglich auf Unkraut und auf Schnecken zu achten, die Neutrieben und Knospen gefährlich werden können. Wer es besonders gut meint, gibt zwischen April und Juli alle zwei Wochen an einem Regentag eine Nährlösung von einem Eßlöffel Superphosphat auf 10 l Wasser. Das sorgt für gedrungenen, natürlichen Wuchs und reiche Blüte.

Die blaue Ecke

Es kann genausogut jede andere Farbe gewählt werden, Blau wurde hier nur als Beispiel genommen. Ein wenig Farbsinn für derlei in einem einzigen Ton gehaltene Partien ist schon notwendig. In der blauen Gartenecke versammeln wir also in Blautönen blühende Blumen und Gehölze. Unter einer blaurispigen Buddlejae beispielsweise blühen Glockenblume, Lavendel und Salbei. Im Frühjahr stehen dort Vergißmeinnicht, Gedenkemein, dunkelblaue Stiefmütterchen mit hellblauen Sorten dazwischen und blau blühende Zwiebelblumen. Auch zwergige Nadelgehölze mit silberblauem Kleid passen hierher. Als Zwiebelblumen wird man frühblühende Zwergiris und blauviolette Krokusse wählen. Traubenhyazinthen gibt es nicht nur mit einfachen, sondern auch mit dicht gefüllten, buschigen Blütenständen. Im September verblühen die Sternglockenblumen und werden abgelöst von blauen Herbstastern. Umranden kann man die Gartenecke mit Blauminze oder im Frühling blühendem Blaukissen. Akelei blüht im Mai, bevor der Rittersporn seine Sommerkerzen anzündet. Wer sich weniger Mühe machen möchte, deckt den Boden hier mit blaublühendem Immergrün, läßt Waldrebe an einem Gerüst hochwachsen und setzt einen Fliederbusch. Wo es warm und geschützt ist, kann man es mit einer Besonderheit, der Säckelblume *(Ceanothus)*, versuchen. Es handelt sich dabei um einen Zierstrauch mit intensiven blauen Blütendolden von Juli bis Oktober. Wie gesagt, dies alles läßt sich auch mit anderen Farbtönen verwirklichen, nur stellt Blau im Garten immer etwas Besonderes dar.

Sukkulentenbeet

Winterharte Freilandkakteen und andere Sukkulenten sind seltene Gäste in unseren Gärten. Das kommt daher, daß kaum jemand es wagt, seine Opuntien und einige gleichfalls frostbeständige Kugel- oder Säulenkakteen im Garten auszupflanzen. Gerade bei Opuntien läßt sich in dieser Beziehung nicht viel falsch machen, sie halten es von allen Kakteen am besten in der Kälte aus. Es gibt große und kleine Formen dieser Glieder- oder Feigenkakteen, dünne und dicke, mit weißen, grauen oder braunen Stacheln besetzte. Manche haben nur Borsten oder weiße Haare, andere drohen mit spitzen Dolchen oder besitzen blattartige Stacheln. Wir kennen niederliegende und zwergige, hochwachsende, grüne, blau bereifte und hellgelbe Arten mit zierlichen Walzen und solche mit tellergroßen Gliedern. Opuntien kann man auch recht gut in den Steingarten integrieren, hier läuft Regen- und Schmelzwasser schnell ab, der Boden wird bald wieder trocken. Wie bereits gesagt – Staunässe ist für diese Gewächse der größte Feind.

Der vor Feuchtigkeit geschützte Streifen an der Laubenwand oder unter dem vorspringenden Dach eignet sich besonders gut für ein Kakteen- und Sukkulentengärtlein, sofern er genügend von der Sonne beschienen wird. Hier ist es fast immer trocken, warm, und die Bewässerung kann ganz nach Bedarf dosiert werden. Neben Opuntien können hier Mauerpfeffer *(Sedum)* mit seinen zahlreichen Gartenformen und Varietäten, die schon erwähnten Hauswurzarten *(Sempervivum)*, Levisien *(Lewisia)*, Mittagsblumen *(Delosperma)* und winterharte Agaven ihr Quartier finden. Mit Sand, Kies und größeren Natursteinen läßt sich eine hübsche, abwechslungsreiche Kakteenlandschaft gestalten.

Winterharte Kaktee (Opuntia)

Nutzgarten

Welches Gemüse man bevorzugt und wieviel man benötigt, hängt von den eigenen Vorlieben ebenso ab wie von der Größe der Familie. Für Selbstversorgung ohne Zukauf ist die Fläche zu klein, reiner Gemüseanbau zudem in der Gemeinschaftsanlage als Teil des öffentlichen Grüns nicht gestattet. Angesagt ist, was möglichst frisch auf den Tisch gelangen soll und solches Gemüse, das man in Folgesaaten mehrmals ernten kann. Außer sogenanntem Fein- oder Fruchtgemüse wie Gurke, Tomate und Bohne kommen verschiedene Salate und andere Blattlieferanten sowie Wurzelgemüse in Frage. Darüber hinaus kann man interessante Versuche mit nicht alltäglichen Gartenerzeugnissen machen. Weil davon auszugehen ist, daß es mit dem Anbau von Salat, Radieschen & Co. kaum Schwierigkeiten gibt, sollen hier einige dieser selteneren Kulturpflanzen sowie Fruchtgemüse, ihre Kultur und Ansprüche behandelt werden. Wo eine warme Anzucht notwendig ist, läßt sie sich daheim am Fenster vornehmen, eventuell in einem kleinen, beheizbaren Vermehrungsbeet.

Beete

Das Einzelbeet sollte nicht breiter als 1,20 m sein, damit man ohne Verrenkungen die Mitte der Anbaufläche von beiden Seiten erreichen kann. Die Lage richtet sich nach den örtlichen Gegebenheiten. Die Wege zwischen den Beeten sollten so breit sein, daß man die Füße auf ihnen quer stellen kann. Ob man als Abgrenzung ein-

Nutzgarten

Bohnen benötigen einen nahrhaften und humosen Boden. Nährstoffe werden in Form von Kompost und organischen Düngern ausgebracht

fache Erdpfade wählt oder sich für einen Belag aus Platten, Brettern beziehungsweise Lattenrosten entscheidet, ist Ansichtssache. Auf nicht befestigten Wegen sammelt sich Gieß- und Regenwasser, bleibt auf dem verfestigten Boden in Pfützen stehen und erfordert kräftiges Schuhwerk. Plattenwege sind zwar sauber, gestatten aber am einmal festgelegten Beetschema kaum mehr Veränderungen. Neuverlegen des schweren Belags ist mühselig, kann aber notwendig werden, wenn man Varianten im Anbauplan vornimmt. Bretter und Lattenroste lassen sich nach Bedarf verlegen, sind in nassem Zustand jedoch glitschig und von nur recht begrenzter Lebensdauer.

Mischkultur

Auch wenn man sich nicht an die Grundsätze des biologischen Gartenbaus hält, sollte man dennoch keine Monokultur betreiben. Dazu bedarf es nicht unbedingt streng ausgetüftelter Anbaupläne. Man tut den Pflanzen und dem Boden bereits einen Gefallen, wenn ein einfacher Beetwechsel vorgenommen wird, das heißt, es

Mischkultur: Radieschen stehen gut mit Pflücksalat und Kohlrabi

werden nicht auf denselben Platz, auf dem in diesem Jahr Möhren wuchsen, in der nächsten Vegetationsperiode wieder Möhren gesetzt. Wer sich etwas eingehender mit den Verträglichkeiten und Abneigungen der Pflanzen untereinander beschäftigt, kann auf ein und demselben Beet Mischanbau betreiben. Das ist kein Zaubermittel, um die Erträge zu steigern, hält aber den Boden gesund und macht möglicherweise diesem oder jenem Schädling das Leben auf den Kulturen etwas weniger angenehm. Die folgenden Mischkulturmöglichkeiten, die der Berliner Gartenbaufachmann Paul Gerhard Wilhelm zusammengestellt hat, sollen nur Anregung sein und können aufgrund eigener Erfahrungen sicherlich erweitert werden.

- Dill steht gut mit Erbse, Kohl, Kopf-, Pflück- und Schnittsalat, Möhre und Zwiebel. Möhren- und Zwiebelfliegen mögen keinen Dill.
- Gartenkresse fühlt sich wohl in der Nähe von Kohlrabi, Radieschen, Schwarzwurzel und Spinat. In Reihen – nicht zu dicht – säen, 1 cm hoch mit Erde bedecken und andrücken. Kresse vertreibt Erdflöhe und Läuse.
- Knoblauchzehen im Abstand von 10 cm und 4 bis 5 cm tief stecken; Reihenabstand 20 cm. Gute Nachbarpflanzen sind Dill, Erdbeere, Möhre. Läuse, Raupen und Schnecken lieben den Knoblauch nicht.
- Kohlrabi (frühe Sorten) mit 25 cm Abstand pflanzen. Zwischen den Reihen kann in den Lücken Kopfsalat stehen. Beide fördern sich gegenseitig.
- Kopfsalat (frühe Sommersorten) steht am günstigsten zwischen Kohlrabi, wo er gegen Erdflöhe wirkt. Andere gute Nachbarn sind Dill, Erbse, Kohl, Möhre, Porree, Radieschen, Schwarzwurzel und Spinat. Das gilt auch für Pflück- und Schnittsalat.
- Lauch oder Porree vertreibt die Möhrenfliege. Herbstsorten werden zum Würzen verwendet. Eine Reihe genügt, sie liefert gleichzeitig Setzlinge. Bevorzugte Nachbarn sind Erdbeere, Feldsalat, Kopfsalat, Kohlrabi, Möhre und Schwarzwurzel.
- Möhren früher und mittelfrüher Sorten mit 20 bis 25 cm Reihenabstand 2 bis 3 cm tief und ebenso weit säen, am besten mit Pillensaatgut. Sie haben eine gute Wirkung gegen die Zwiebelfliege. Nachbarn sind Dill, Erdbeere, Erbse, Knoblauch, Mangold, Porree, Salat, Schwarzwurzel, Spinat, Radieschen, Zwiebel.
- Puffbohnen möglichst in Einzelreihen etwa 10 cm weit und 5 cm tief legen, Reihenabstand 50 cm. Gute Nachbarn: Feldsalat, Gartenkresse, Kerbel, Möhre, Kartoffel, Kohlgewächse, Spinat und Bohnenkraut.
- Radieschen und Rettich (frühe Sorten) haben weniger unter Erdflöhen zu leiden, wenn sie zwischen Gartenkresse, Kerbel, Petersilie, Salat oder Spinat stehen. Radieschen 1 cm tief, 4 bis 6 cm weit säen; Rettich 2 cm tief und 6 bis 8 cm weit. Sie werden durch Nachbarn wie Erbse, Erdbeere, Kohlrabi, Kopfsalat und Mangold gefördert.
- Spinat hält Erdflöhe ab. Gegenseitige Förderung durch Erdbeere, Gartenkresse, Kohl, Kohlrabi, Möhre, Radieschen und Rettich.
- Zwiebeln wirken gegen Läuse, Möhrenfliege, Raupen, Schnecken, Pilze. Reihenabstand beträgt 15 bis 20 cm, die Saatweite 1 bis 2 cm. Steckzwiebeln mit 10 bis 20 cm Abstand stecken, bis zur Zwiebelspitze einsenken. Gute Nachbarn sind Dill, Erdbeere, Feldsalat, Kopfsalat, Möhre, Petersilie, Schwarzwurzel.

Zwiebeln und Möhren fördern sich gegenseitig

Feingemüse

Es soll nicht behauptet werden, daß die im folgenden behandelten Gemüsearten sich samt und sonders durch ihren exquisiten Geschmack als Delikatessen präsentieren; manch einer zieht die gute, alte Kartoffel immer noch allem anderen vor. Gurke, Tomate oder Bohne sind heute zudem in den meisten Hausgärten anzutreffen und nichts Besonderes mehr. Sie werden hier dennoch mit aufgeführt, weil ihre Kultur etwas mehr Aufmerksamkeit erfordert als beispielsweise die von Rettichen oder Kopfsalat. Arten, die am besten im Gewächshaus aufgehoben sind, wie Auberginen und Melonen, wurden ebensowenig berücksichtigt wie viel Platz beanspruchende Pflanzen, zu denen die Artischocke gehört. Da es sich bei ihr aber gleichzeitig um eine imposante Blütenstaude handelt, kann sie gut als Schmuckpflanze, eventuell in einer Gruppe von vier oder fünf Exemplaren, auch im Ziergarten ihren Platz finden.

Blattgemüse

Bindesalat

Dieses auch als Römischer Salat bekannte Blattgemüse wird meist ähnlich Spinat gegart und als Beilage gegessen. Wer die Möglichkeit hat, kann die Pflänzchen ab März warm heranziehen und ab April auspflanzen oder von April bis Anfang Juni direkt aufs Beet säen. Der Pflanzenabstand beträgt 30x30 cm. Neuere Sorten brauchen nicht mehr zusammengebunden zu werden, sie bilden selbständig lockere Köpfe, so daß die Innenblätter zart und saftig bleiben.

Chicorée

Es handelt sich hier um die gebleichte Form des Fleischkrauts. Auch der bekannte Radicchio gehört in die Zichoriengruppe. Chicorée wird in der ersten Maihälfte, keinesfalls vor Anfang des Monats, in 30 cm voneinander entfernte Reihen ausgesät und später auf 20 cm Abstand vereinzelt. Von Ende Oktober an gräbt man die Wurzeln vorsichtig mit der Grabegabel aus, läßt sie mitsamt den Blättern noch eine Woche an schattiger Stelle im Freien liegen und schneidet dann erst die Blattschöpfe 2 bis 3 cm über dem Strunk ab. Während dieser Zeit holen sich die Rüben

Bindesalat (Römischer Salat)

Anzucht von Chicorée

wichtige Aufbaustoffe aus dem Laub zurück. Was nicht sofort in der Treiberei Verwendung findet, läßt sich in Sand frostfrei einlagern.

Zum Treiben mit Deckerde nimmt man einen Plastikeimer oder ein anderes, wasserundurchlässiges Gefäß, das aber einige Abflußlöcher haben sollte. Zur Not geht auch ein fester, mit Folie ausgelegter Karton. Auf den Boden kommt eine Schicht Sand oder Erde, damit die senkrecht nebeneinander stehenden Wurzeln Halt finden. Vorher werden sie auf etwa gleiche Länge eingekürzt. Zwischen die Rübenköpfe wird nun Erde gefüllt, bis die Köpfe etwa 2 cm dick damit bedeckt sind. Bei Chicoréesorten zum Treiben ohne Deckerde stehen die Wurzeln locker

Chicorée-Treiberei

nebeneinander auf der Erdunterlage und werden nicht bedeckt. Hierfür ist absolute Dunkelheit erforderlich. Deshalb wird das Gefäß mit schwarzer Folie geschlossen oder ein zweiter Eimer darübergestülpt. Die Treibtemperatur liegt zwischen 10 und 16° C; je wärmer es ist, desto schneller bilden sich die begehrten weißen Blattschöpfe. Bei zu hohen Temperaturen gibt es allerdings nur lose, grüne Blätter.

Salatchrysantheme

Blüten wie junge Triebe lassen sich in der Küche verwenden. Die gelben Blüten werden wie Holunder in Teig getaucht und in Öl gebacken. Vor allem aber sind es die zarten Triebe und Blätter, die vor dem Flor geerntet werden. Man schneidet sie in kleine Stücke und fügt sie als Würze mit ausgeprägtem, aromatischem Geschmack anderen Rohkostsalaten bei oder kocht sie ähnlich Spinat.
Die Freilandaussaat erfolgt ab Mitte April in Reihen mit 30 cm Abstand und 10 cm von Pflanze zu Pflanze nach dem Vereinzeln. Mit 1 m Höhe und großen, gelben Blüten sind diese einjährigen Chrysanthemen gleichzeitig auch ansehnliche Ziergewächse. Nur bei anhaltenden Trockenperioden sind die Pflanzen zu wässern.

Salatchrysantheme

Gartenmelde

Gartenmelde

Als Unkraut ist uns dieses Gewächs nur zu gut bekannt; dabei handelt es sich bei der Art *Atriplex hortensis* um eine Gemüsepflanze, die man schon in der Antike zu schätzen wußte. Die Zubereitung des bis zu 2 m hohen Gewächses erfolgt wie bei Spinat.
Man sät von Frühjahr bis Herbst mit 30 cm Reihenabstand und vereinzelt nach dem Keimen auf 20 cm Abstand in der Reihe. Oktobersaaten sorgen für erstes frisches Grün im Frühjahr, denn die Samen überwintern, um dann im nächsten Sommer in Blüte zu gehen. Geerntet werden Blätter und Blattrosetten vor der Blüte, Samenbildung ist durch Ausbrechen des Blütenstandes zu vermeiden.

Kapuzinerkresse (vorn)

Löwenzahn-Treiberei unter Folie

Kapuzinerkresse

Die Samenkapseln dieses als rankende Zierpflanze geschätzten Blütengewächses werden schon seit altersher als Ersatz für Kapern in der Küche verwertet. Aber auch die würzigen Blätter ergeben – ähnlich Kresse – einen Salatzusatz oder Brotbelag.

Die Freilandsaat führt man ab Mitte Mai an einer sonnigen Stelle durch, zum Beispiel dem Terrassenhang oder vor einem Zaun, an dem die Pflanzen hochklettern können. Man sät in kleinen, etwa 20 cm voneinander entfernten Horsten mehrere Körner aus. Die Blättchen kann man dann den ganzen Sommer über nach Bedarf schneiden. Die Blüte – in Gelb- und Orangetönen – erscheint von Juni bis September.

Mangold

Löwenzahn

In Frankreich eine Delikatesse, die in den besten Restaurants serviert und auf den Wochenmärkten angeboten wird, kennen wir Löwenzahn vor allen Dingen als lästiges Rasenunkraut oder als »Pusteblume«, an der die Kinder ihren Spaß haben.

Auch hier gilt der übliche Reihenabstand von 30 cm und 10 cm Pflanzenweite nach dem Vereinzeln. Aussaatmonate sind April und Mai, Erntezeit ist das folgende Frühjahr, wenn sich die neuen, zarten Triebe zeigen. Man kann aber auch im Februar die noch ruhenden Pflänzchen mit Eimern, festen Kartons oder Töpfen abdekken und abwarten, bis die weißgelben Blätter erscheinen, die dann besonders zart und saftig sind. Außerdem läßt sich Löwenzahn, wenn die langen Pfahlwurzeln im Spätherbst ausgegraben werden, den Winter über genauso wie Chicorée antreiben.

Mangold

Man unterscheidet zwischen Blatt- und Stielmangold. Bei Blatt- oder Schnittmangold werden Blätter und Stiele wie Spinat zubereitet, vom Stielmangold verwendet man nur die breiten Blattstiele und -rispen und kocht sie wie Spargel.

Die Aussaat bei beiden Formen erfolgt im April und Mai in Reihen mit 30 cm Abstand, nach dem Verziehen (Vereinzeln) steht Blattmangold 10 cm voneinander entfernt, Stielmangold wegen der größeren Blätter etwa 30 cm. Beim Schnittmangold sind mehrere Ernten möglich, da nach dem Abschneiden wieder neues Laub nachwächst. Bei Stielmangold geht das ebenfalls, sofern jeweils nur die äußeren Blätter mit den dicksten Stielen abgenommen werden.

Neuseeländer Spinat

Botanisch gesehen hat diese frostempfindliche, einjährige Pflanze mit Spinat nichts zu tun. Eine Aussaat ist im April unter Folie oder Tunnelabdeckung, ab Mitte Mai auf dem ungeschützten Beet möglich. Es wird empfohlen, die hartschaligen Samen vorher eine Nacht in Wasser einzuweichen. Wegen der langen Keimdauer und weil Jungpflanzen selten erhältlich sind, lohnt sich hier eine warme Vorkultur auf dem Fensterbrett. Dazu legt man Anfang April jeweils drei Körner in einen Topf und verwendet später nur die kräftigste Pflanze.
Auf dem Beet beträgt der Abstand 50 x 50 cm oder mehr. Die Pflanzen werden sehr umfangreich und entwickeln viel Blattmasse. Geerntet werden etwa ab Juli fortlaufend bis zum Frostbeginn die jungen Blätter und Triebspitzen. Mit einer Folienabdeckung kann man die Erntezeit verlängern.

Neuseeländer Spinat

Winterportulak

Winterportulak

Botanisch heißt er *Montia perfoliata* und hat mit dem »richtigen«, sehr wärmebedürftigen und daher schwierigen Portulak *(Portulaca oleracea)*, nur die Familie der Portulakgewächse gemein. Da *Montia* sogar im Winter, wenn es nicht gar zu kalt ist, weiterwächst, ist sie ein vorzügliches Salatgemüse für die kalte Jahreszeit. Winterportulak kann aber auch wie Spinat zubereitet werden.
Zwei Aussaatzeiten sind möglich: für Sommerernte der April, für den Winterertrag die Monate Juli bis September. Man sät dünn in 15 cm voneinander entfernte Reihen, ohne später zu vereinzeln. Ab Spätherbst wird geschnitten, und zwar immer die ganze Pflanze, von der man dann die Blätter in der Küche verwendet. Kommt es zu Selbstaussaat, taucht der Winterportulak im nächsten Jahr als Unkraut im ganzen Garten auf. Schützt man die Pflanzen in der kalten Jahreszeit mit Folien- oder Tunnelabdeckung, läßt sich frisches Grün auch an frostfreien Tagen schneiden.

Sauerampfer

Ähnlich dem Löwenzahn wird er anderswo als Delikatesse geschätzt, bei uns allenfalls wild gesammelt. Er läßt sich für Mischsalate, denen er einen angenehmen, pikant-säuerlichen Geschmack verleiht, ebenso verwenden wie für Zugaben an Suppen oder Soßen. Man kann von April bis Juni in Reihen oder breitwürfig aus-

Sauerampfer

Radicchio

säen, Reihen- und Pflanzenabstand 25 cm. Geerntet werden nur die Blätter, ohne das Herz der Pflanze zu verletzen, damit ein Neuzuwachs erfolgt.

Radicchio

Die Aussaatzeit dieser rotblättrigen, knackigen Zichorie beschränkt sich auf die Zeit von Mitte Juni bis Ende Juli. Der Reihenabstand beträgt 30 cm, in der Reihe wird auf 20 cm vereinzelt. Die Sorte ›Roter Veroneser‹ ist nicht winterhart und bildet im Herbst die begehrten, rotblättrigen Köpfe. ›Roter von Verona‹ bleibt den Winter über auf dem Beet, und man erntet im zeitigen Frühjahr die Köpfchen der Neutriebe. Allerdings ist die Frosthärte nicht ganz sicher, vor allem Kahlfröste ohne schützende Schneedecke setzen

Winterendivie

den Pflanzen zu. Wer es dennoch versuchen will, sollte erst Ende Juli aussäen und auf einen warmen Herbst zum Ausreifen hoffen.

Winterendivie

Wegen seines herbfrischen, manchmal leicht bitteren Geschmacks hat dieses Salatgemüse bei uns immer mehr Freunde gefunden. Ausgesät wird von Mitte Juni bis Mitte Juli direkt aufs Beet, entweder breitwürfig oder in 30 cm voneinander entfernte Reihen. Der Endabstand der Pflanzen sollte etwa 30 x 30 cm betragen. Die Ernte fällt in den September, kann aber mit Abdeckung durch einen Folientunnel bis in den Dezember ausgedehnt werden. Die Endivie verträgt einige Frostgrade. Eine Lagerung der Köpfe mitsamt den Wurzeln in feuchtem Sand oder Torf ist möglich, sofern die Temperatur im Kellerraum nicht wesentlich über 3 oder 4° C liegt. Häufiges Lüften fördert die Lagerfähigkeit.

Kohlgemüse

Brokkoli

Nahe verwandt mit dem Blumenkohl, unterscheidet er sich von diesem durch die lockere Kopfform. Gegessen werden die Blütenstände, bevor sich die Einzelblütchen geöffnet haben. Von April bis Mitte Juni wird direkt aufs Beet gesät oder gepflanzt; der Endabstand beträgt 50x50 cm. Entsprechend weit voneinander entfernt müssen die Reihen gezogen werden.
Brokkoli verlangt einen nährstoffreichen Boden, der etwa einen Monat nach der Pflanzung noch einmal 30 g/m² mineralischen Volldünger oder etwas mehr organischen Dünger erhalten sollte. Mit der Ernte darf man nicht warten, bis bei den Blütenständen eine Gelbfärbung den Beginn des Flors anzeigt. Die Sprossen mit den kleinen Köpfen werden geschnitten, solange sie noch grün sind.

Chinakohl und Pak Choi

Beide Kohlarten stammen aus Ostasien, beide sind miteinander verwandt und werden auf die gleiche Weise kultiviert. Die Aussaat erfolgt in der zweiten Julihälfte direkt aufs Beet. Chinakohl wird später auf 40x30 cm ausgedünnt, Pak Choi auf 30x30 cm. Frühere Aussaat bringt nichts und führt nur dazu, daß die Langtagspflanzen zu schießen beginnen. Geerntet wird ab Oktober. Da Chinakohl einige Frostgrade aushält, kann man die länglichen Köpfe bis in den Dezember hinein schneiden. Pak Choi hat eine etwas kürzere Kulturzeit und liefert als wertvollsten Teil die dickfleischigen Stengel; aber auch die Blätter können gedünstet gegessen werden. Beide Gemüse sollten in trockenen Sommern reichlich Wasser erhalten. In einem kühlen, luftigen Keller, auf Holzgestellen gelagert, ist Chinakohl einige Wochen haltbar. Unsere modernen Keller sind dafür jedoch meist zu warm und zu lufttrocken.

Brokkoli

Pak Choi

Chinakohl

Grünkohl

Grünkohl

Merkwürdigerweise hat diese herzhafte Kohlart, ein in Norddeutschland traditionelles Wintergemüse, südlich des Mains bis heute nicht recht Fuß fassen können. Nicht zu klein geschnitten und gedünstet, ergeben die meist gekrausten Blätter eine kräftige Gemüsebeilage, vor allem zu Fleischgerichten.

Aussaatmöglichkeiten bestehen von Mitte Mai bis Ende Juni, gepflanzt wird von Ende Juni bis Ende Juli mit einem allseitigen Abstand von 50 cm; die Ernte fällt in den Winter. Man kann die Blätter auch schon früher schneiden, doch erhöht Frosteinwirkung den Geschmack. Bis zum Frühjahr liefert dieser Kohl frische Grünkost direkt vom Beet. Allerdings muß man dann den Einzelpflanzen genügend Blätter lassen, also nicht den ganzen Kopfteil abschneiden.

Fruchtgemüse

Gurke

Salatgurke

Während Schlangen- oder Salatgurken früher fast ausschließlich unter Glas angebaut werden konnten, gibt es heute robustere Sorten, die auch eine Freilandkultur gestatten. Möglich ist die Anzucht auf dem Fensterbrett Anfang April oder Direktsaat beziehungsweise Pflanzung ab dem letzten Maidrittel aufs Beet. Entweder baut man Gurken in 40 cm voneinander entfernten Horsten mit jeweils zwei Pflänzchen pro Pflanzstelle an, oder man wählt Reihenkultur, wobei der Abstand von Pflanze zu Pflanze 30 cm betragen sollte.

Gurken haben einen hohen Nährstoffbedarf, sind aber salzempfindlich. Daher ist eine Versorgung mit organischen Düngern angebracht, am besten mit garteneigenem Kompost oder, wo erhältlich, mit gut verrottetem Stallmist. Eine entsprechende Vorbereitung des Beets im Herbst wirkt sich vorteilhaft auf das Fortkommen der Pflanzen aus. Während der Wachstumszeit, besonders aber wenn sich die Früchte ausbilden, kann mit einer schwachen Mineraldüngerlösung von 20 g/m² nachgeholfen werden. Bei den wärmeliebenden Gurken hat sich eine Pflanzung auf schwarze Folie gut bewährt, in sehr kühlen

Gegenden sollte zusätzlich mit einer Schlitzfolie abgedeckt werden.
Da Gurken zu den Rankpflanzen gehören, lohnt sich ein platzsparender Anbau an einem senkrechten, mit Maschendraht bespannten Gerüst oder einem Holzrahmen. Zwei kräftige, in den Boden geschlagene Pfähle, an denen man das Drahtgeflecht mit Krampen befestigt, sind bereits ausreichend. Selbstverständlich lassen sich Gurken auch im Frühbeetkasten kultivieren.

Okra

Die alte Bezeichnung *Hibiscus esculentus* deutet bereits an, daß dieses Malvengewächs mit dem als Zierpflanze bekannten Eibisch verwandt ist. Gegessen werden die zu Schoten ausgebildeten Fruchtstände, wenn sie etwa 10 cm lang sind. Man bereitet sie gekocht oder gedünstet wie Paprika zu und mischt sie anderen Gemüsen bei. Da es Jungpflanzen nicht zu kaufen gibt, muß aus im Handel erhältlichen Samen selber angezogen werden.
Ab Mitte März kann man auf dem Fensterbrett in Töpfen oder Schalen aussäen (Keimtemperatur um 20° C) und nach Mitte Mai die Jungpflanzen im Abstand von 80 x 50 cm an einem möglichst warmen, sonnigen und geschützten Platz im Garten auspflanzen. In kühlen, verregneten Sommern muß mit Mißerfolgen gerechnet werden. Eine gute Versorgung des Bodens mit Nährstoffen, organisch oder mineralisch, fördert die Entwicklung. Geerntet wird bereits wenige Tage nach der Blüte, und zwar fortlaufend, da nicht alle Pflanzen gleichzeitig in Flor gehen. In dieser Zeit können auch 20 g/m² eines mineralischen Volldüngers ausgebracht werden.

Okra

Tomate

Im Angebot sind Fleischtomaten mit besonders großen Früchten, Stab- und Buschtomaten sowie die kleinfruchtigen Kirsch-, Party-, Cocktail- oder Traubentomaten. Sofern nicht anders auf den Samentütchen angegeben, lassen sich alle im Freiland kultivieren, wenn der Platz warm, geschützt und sonnig ist.

Fleischtomate

Cocktailtomate

Die Anzucht erfolgt bei Zimmertemperatur ab März, die Pflanzung nach Mitte Mai mit einem Abstand von 60 x 60 cm. Man setzt möglichst tief, damit sich weitere, dem Mitteltrieb entspringende Wurzeln bilden können. Nicht nur Stabtomaten müssen an Pfählen angebunden werden, auch bei den anderen, buschigeren Wuchsformen empfiehlt sich eine Stützvorrichtung. Stabtomaten werden ausgegeizt, das heißt man bricht die Triebe, die in den Stengelachseln entstehen, mit der Hand aus. Alle Tomaten wünschen einen humosen, nahrhaften Boden und sollten mehrmals während der Fruchtbildung mit organischem oder mineralischem Dünger versorgt werden.

Zucchino

Die Kultur dieses Kürbisgewächses ist einfach. Man sollte aber nicht den Fehler begehen, zu viele Pflanzen anzubauen: zwei, höchstens drei Exemplare für eine vierköpfige Familie sind ausreichend. Man kann nach den Eisheiligen pflanzen oder im März/April eigene Setzlinge aus Samen heranziehen. Auf dem Beet muß jeder Zucchino etwa 1 m² Platz eingeräumt werden. Wie bei allen Kürbisgewächsen ist der Wasser- und Nährstoffbedarf hoch. Man sollte den Boden also bereits vor der Kultur organisch oder mineralisch aufdüngen und auch im Lauf des Sommers einige Male jeweils 20 g/m² eines mineralischen Volldüngers mit dem Gießwasser verabreichen. Die gurkenförmigen Früchte dürfen nicht zu lang und dick werden, weil das Fleisch dann am ohnedies nicht sehr ausgeprägten Geschmack verliert. Die Ernte ist möglich, wenn die Zucchini 10 cm Länge erreicht haben; dann werden ständig neue Früchte gebildet.

Zucchini

Zuckermais

Es handelt sich bei den verschiedenen, für den Hausgarten geeigneten Sorten fast ausschließlich um Züchtungen aus Amerika, wo Mais seit jeher hoch im Kurs steht. Man sät von April bis Mitte Juni in 60 cm voneinander entfernte Reihen aus und vereinzelt später auf 15 cm Abstand. So eng stehend, eignen sich die über 2 m hoch werdenden Maispflanzen als Schutz für andere, empfindliche Gemüse, sofern sie ihnen nicht die Sonne wegnehmen.

Der hohe Nährstoffbedarf wird durch eine Gründüngung von 60 g/m² eines blauen Volldüngers und zwei weitere Gaben mit der halben Menge während des Kulturverlaufs gedeckt. Je nach Aussaattermin kann ab August geerntet werden. Man erkennt den richtigen Zeitpunkt daran, daß sich die feinen Kolbenfäden braun verfärben und aus den Kernen beim Ritzen mit dem Fingernagel weißer Milchsaft austritt. Die Körner haben dann eine goldgelbe Farbe.

Zuckermais

Hülsenfrüchte

Stangenbohne, Buschbohne, Puffbohne

Stangenbohnen sind ertragreicher als Buschbohnen, brauchen wegen der hohen Stützvorrichtungen aber auch mehr Platz. Beide Gartenbohnen kann man ab April auf dem Fensterbrett in Töpfen aussäen und im letzten Maidrittel pflanzen oder um die gleiche Zeit auf dem Beet auslegen. »Bohnen wollen die Glocken läuten hören«, lautet eine alte Bauernregel. Es wird also so flach gesteckt, daß die Samen gerade mit Erde bedeckt sind. Buschbohnen werden in 50 cm voneinander entfernte Reihen mit einem späteren Pflanzenabstand von 10 cm oder in Horsten gesät. Pro Horst kommen 5 bis 6 Bohnen in den Boden, der Horstabstand beträgt 50 cm. Bei Stangenbohnen legt man um jede Stange die gleiche Menge Bohnen aus. Der Reihenabstand sollte mindestens 80 cm, der Horstabstand 50 cm betragen, damit man bequem ernten kann.

Bohnen gedeihen in jedem üblichen Gartenboden und brauchen in der Regel nicht nachgedüngt zu werden, da sie sich mit Hilfe der an ihren Wurzeln lebenden Knöllchenbakterien selber mit Stickstoff versorgen. Die kälteempfindlichen Samen keimen nur, wenn der Boden bereits erwärmt und abgetrocknet ist. Nur die in Süddeutschland wenig bekannten Puff- oder Saubohnen sind weniger empfindlich und können, da die jungen Pflänzchen sogar leichte Fröste vertragen, bereits im März gelegt werden. Für die Saat- und Pflanzabstände gilt dasselbe wie für Buschbohnen.

Sojabohne

Diese ostasiatische Bohne, die sich bei uns nur als Keimsproßgemüse durchsetzen konnte, ist witterungsempfindlich und braucht deshalb im Garten einen warmen, geschützten und sonnigen Platz. Die Aussaat sollte nicht vor dem 20. Mai

Buschbohnen

Stangenbohnen

Sojabohnen

mit 20 cm Reihen- und Pflanzenabstand erfolgen. Wegen der Kälteempfindlichkeit ist eine Anzucht Mitte April am Fenster günstig. Ernte und Zubereitung wie bei unseren Gartenbohnen: die jungen Hülsen für den Sofortverbrauch oder die Samen als Trockenbohnen verwenden.

Wurzel- und Knollengemüse

Erdmandel

Es handelt sich um ein mit dem bei uns als Zimmerpflanze geschätzten Zypergras verwandtes Gewächs aus dem tropischen Afrika. Die kleinen unterirdischen Sproßknöllchen ißt man roh, gekocht, gedünstet oder geröstet. Der Geschmack ist nußartig.

Ab Mitte Mai, wenn keine Fröste mehr drohen, legt man die Knöllchen, immer 8 bis 10 Stück gemeinsam, in 40 cm voneinander entfernten Horsten aus. Da es sich hier um ein Gras handelt, kommt dafür jeder sonnige Platz im Garten in Frage. Besondere Pflegemaßnahmen sind nicht zu beachten, bei Trockenheit muß allerdings gewässert werden. Zur Ernte, etwa vier Monate nach dem Aufgehen, schneidet man das Gras dicht über dem Boden ab und hebt den Knöllchenknäuel mit der Grabegabel aus der Erde. Die ungewaschenen »Früchte« können kühl und trocken einige Zeit gelagert werden.

Knoblauch

Knoblauchzehen kann man im Frühling wie im Herbst stecken, und zwar mit einem allseitigen Abstand von 10 bis 15 cm. Die Zwiebeln entwikkeln sich in jedem normalen Gartenboden und brauchen außer einer guten Wasserversorgung keine besondere Pflege. Der Standort sollte möglichst sonnig sein, die Nährstoffansprüche sind bescheiden; Kompost oder etwas organischer Dünger, vor der Pflanzung in den Boden gegeben, reichen aus. Im zeitigen Frühjahr angebauter Knoblauch wird im August/September geerntet, wenn das Laub sich gelb zu färben beginnt; die Spätkultur vom September/Oktober ist im darauffolgenden Frühjahr dran. Die Pflanzen sollten in Gegenden mit kalten Wintern etwas Schutz durch Fichtenreisig erhalten.

Knollenfenchel

Als Langtagspflanze, die in der Zeit mit dem meisten Licht in Blüte geht, darf Knollenfenchel nicht vor Mitte Juni angebaut werden. Bis Mitte Juli ist die Aussaat möglich. Man kann auch ab April auf dem Fensterbrett eigene Setzlinge vorziehen, bei denen aber ebenfalls der späte Auspflanztermin zu beachten ist. Als Reihenabstand wählt man 40 cm, in der Reihe 20 cm. Die Ernte läßt sich bis in den Spätherbst hinziehen, da Fenchel einige Frostgrade verträgt. Im Zweifelsfall deckt man mit Folie ab.

Knollenfenchel

Knoblauch wird getrocknet

Knollenziest

Pastinaken

Schwarzwurzeln

Knollenziest

Wie bei der Erdmandel werden auch bei dieser in ihrer fernöstlichen Heimat als Staude kultivierten Pflanze die kleinen Wurzelknöllchen gekocht oder gedünstet als Beilage zu anderen Gerichten gegessen. Fritieren ist ebenfalls möglich.
Man legt mehrere Knöllchen im Abstand von 50 x 50 cm ab April im lockeren, nicht zu trokkenen Gartenboden aus. Ab September bis zum Frostbeginn wird mit der Grabegabel geerntet, nicht zuviel auf einmal, da sich die knolligen Wurzelverdickungen nicht lagern lassen. Was man bei der Ernte übersieht, treibt im nächsten Jahr neu aus und kann unter Umständen als Unkraut lästig werden.

Pastinake

Dieses auch als Hammelmöhre bekannte Wurzelgemüse wurde in alten Hausgärten viel angebaut, mußte dann aber zunehmend der Möhre das Feld überlassen und taucht erst in letzter Zeit wieder vermehrt auf den Beeten der Hobbygärtner auf. Geeignet sind alle Böden und Lagen, doch ist wie bei den meisten Wurzelgemüsen ein lockeres, nahrhaftes Erdreich am günstigsten.
Man sät ab Mitte April in 30 cm voneinander entfernte Reihen und verdünnt später auf 15 cm. Wegen der langen Kulturdauer von sieben Monaten sollte man die Pastinakenaussaat nicht zu spät vornehmen, obgleich die frostharten Wurzeln bei offenem Boden den ganzen Winter über geerntet werden können.

Schwarzwurzel

Auch Schwarzwurzeln sind hinsichtlich Klima und Lage anspruchslos, verlangen aber einen tiefgründigen, lockeren Boden. Sie brauchen ebenfalls ein gutes halbes Jahr bis zur Ernte. Wegen dieser langen Kulturdauer kann im Juli und im August mit 20 g/m^2 eines blauen Voll-

nährstoffs nachgedüngt werden. Während des Sommers sollte man Schwarzwurzeln gut feucht halten, damit die Entwicklung nicht stockt.
Im April wird in Reihen mit 30 cm Abstand ausgesät, später auf 10 cm in der Reihe vereinzelt. Beim Hacken ist darauf zu achten, daß keine Wurzeln verletzt werden; desgleichen bei der Ernte, da die unterirdischen Teile leicht brechen und dann nicht mehr lagerfähig sind. Unbeschädigte Wurzeln lassen sich senkrecht in feuchtem Sand oder Torf stehend den ganzen Winter über aufbewahren. Die Ernte mit der Grabegabel beginnt meist im Oktober.

Speiserübe
Unter diesen Begriff fallen Teltower Rübchen, Mai- und Herbstrübe. Alle sind anspruchslos und nehmen mit jedem Boden vorlieb, sofern man Austrocknung vermeidet. Aussaatzeit für Teltower Rübchen und Mairüben sind der März und April. Man sät in Reihen mit 20 cm Abstand und vereinzelt auf 15 cm. Teltower Rübchen können etwas dichter stehen.
Herbstrüben werden im Juli/August gesät, der Reihen- und Pflanzenabstand sollte nach dem Ausdünnen 20 x 20 cm betragen. Mairüben dürfen nicht zu groß werden, damit sie zart und saftig bleiben. Mehr als den Umfang eines Fünfmarkstücks sollten sie bei der Ernte nicht erreicht haben. Herbstrüben und Teltower Rübchen werden meist erst im Frühherbst aus dem Boden geholt und lassen sich im kühlen Keller in leicht feuchtem Sand gut lagern.

Topinambur
Über den Wohlgeschmack der Knollen dieses mit den Sonnenblumen verwandten nordamerikanischen Gewächses kann man geteilter Meinung sein. Außer Zweifel steht der Wert von Topinambur für Zuckerkranke.
Die Saatknollen, die im Gartenfachhandel angeboten werden, kommen im März/April etwa 12 cm tief in den Boden, entweder in 30 cm voneinander entfernte Löcher oder in Reihen mit 80 cm Abstand. Da die Düngeransprüche gering sind, braucht einem nahrhaften Gartenboden nichts mehr hinzugefügt zu werden. Die Ernte fällt meist in den Oktober, kann aber auch den ganzen Winter hindurch erfolgen, da die Knollen frostverträglich sind.

Teltower Rübchen

Topinambur

Obst für den kleinen Garten

Dank der kleinen Baumformen, die heute angeboten werden, ist es auch im wenig geräumigen Garten möglich, einige Apfel-, Birnen-, Pfirsich- oder Sauerkirschenbäumchen anzupflanzen. Für Sauerkirschen und Pfirsiche kommen Buschformen mit höchstens 60 cm Stammhöhe in Frage, Birnen und Äpfel gibt es als schmale Spindeln mit der gleichen Stammhöhe. Wie weit ein groß werdender Hoch- oder Halbstamm geeignet ist, bei dem das Zweigwerk ab 1,20 bis 1,80 m Höhe beginnt, muß jedermann selbst entscheiden. Ein im Frühling überreich blühendes, großes Gehölz, das im Sommer am Freiplatz vor der Laube Schatten spendet und im Herbst Erntefreuden verheißt, hat durchaus seine Reize. Der Nachteil ist nur, daß man dann innerhalb kurzer Zeit mit einer Fruchtschwemme ein und derselben Sorte fertig werden muß, während bei mehreren kleinen Bäumen verschiedener Art frisches Obst schon ab Juni zur Verfügung steht.

Neben dem großen Platzbedarf haben Halb- und Hochstämme auch einen wesentlich höheren Pflegeaufwand

Verschiedene Wuchsformen (von links): Hochstamm, Halbstamm, Niederstamm, Buschbaum, schlanke Spindel

Platzsparend: das Spalier

Wo im Hausgarten die Pflanzung von Obstgehölzen aus Platzgründen auf Schwierigkeiten stößt, bietet sich als Alternative ein Spalierbäumchen an. Birnen gedeihen an Drähten vor einer Süd- oder Westwand in klimatisch ungünstigen Gegenden sogar wesentlich besser, reifen sicherer aus und neigen weitaus weniger zu Steinfrüchtigkeit. Für den Apfel, der frisch-feuchte, bewegte Luft besonders liebt, ist ein freistehendes Spalier günstiger.

Bei der Auswahl der Jungpflanzen wird manchmal empfohlen, die Wuchseigenschaften der Veredelungsunterlage zu nutzen und für ein großes Spalier stark wachsende Bäume zu bevorzugen. Das ist nur mit Vorbehalten richtig. Denn diese Gehölze fruchten spät; auf Sämlingen veredelte Birnen beispielsweise erst nach frühestens fünf Jahren. Man ist also mit schwachwachsenden Unterlagen besser dran, beim Apfel mit M 9 oder M 26, bei der Birne mit Quitte A. Solche Veredelungen, als zweijährige Spindel- oder Buschbäume gekauft, fruchten bereits ab dem zweiten oder dritten Standjahr.

Für das Spalier eignen sich kunststoffummantelte, starke Drähte, deren erster etwa 75 cm über dem Bodenniveau gespannt wird. Im Verlauf des Aufbaus folgen drei oder vier weitere, jeweils 50 cm voneinander entfernte Halterungen. Im Frühjahr nach der Pflanzung nimmt man alle Triebe bis auf zwei Seitenäste weg, die möglichst waagerecht rechts und links am unteren Draht befestigt werden. Der Konkurrenztrieb zur Stammverlängerung wird entfernt, der Mitteltrieb selbst soweit eingekürzt, daß er die beiden seitlichen Tragäste um etwa 50 cm überragt. Unterhalb der Schnittstelle bilden sich nun weitere Triebe, von denen im folgenden Jahr nur zwei seitlich gestellte erhalten bleiben und am nächsten Draht zu befestigen sind. Alle übrigen Zweige, vor allem solche, die nach hinten oder nach vorne stehen, fallen der Schere zum Opfer. Der inzwischen ebenfalls länger gewordene Mitteltrieb wird wiederum auf 50 cm über dem oberen Spanndraht eingekürzt. Steilschosse, die aus den Leitästen emporwachsen, sind wegzuneh-

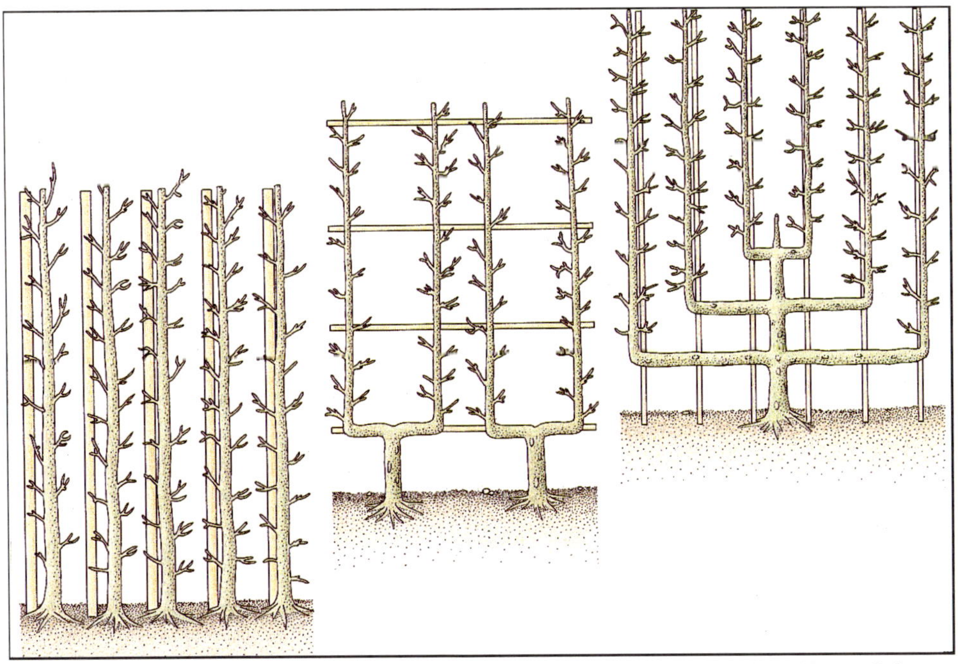

Spalierformen für Obstgehölze (von links): senkrechter Schnurbaum (Kordon), U-Form, Verrier-Palmette mit 3 Etagen

Empfehlenswerte Apfelsorten		
Sorte	Ernte/Genußreife[1]	Geschmack
›Alkmene‹	IX/X–E X	süß-fruchtig, aromatisch
›Berlepsch‹	E IX/XI–II	würzig, angenehm säuerlich
›Boskoop‹	X/XII–II	kräftig, würzig, feinsäuerlich
›Cox Orange‹	IX/XI–XII	würzig, feine Fruchtsäure
›Discovery‹	M VIII/M VIII–A IX	aromatisch, angenehme Säure
›Elstar‹	A X/A X–E XII	süßlich-aromatisch, feine Fruchtsäure
›Golden Delicious‹	X/II–IV	aromatisch mit feiner Süße
›Gravensteiner‹	A IX/A IX–XI	hocharomatisch, geschmacklich unübertroffen
›Jamba 69‹	E VIII/E VIII–E X	fruchtig, aromatisch, frisch
›James Grieve‹	A IX/A IX–M X	würzig, feinsäuerlich
›Jonagold‹	A X/XI–I	süß, aromatisch, angenehme Säure
›Jonathan‹	A X/XII–III	süßlich mit feiner Säure
›Klarapfel‹	VII/M VII–M VIII	frisch, leicht säuerlich
›Malling Kent‹	E X/I–III	aromatisch süß mit leichter Säure
›Mantet‹	A VIII/A–E VIII	säuerlich, aromatisch
›Mutsu‹	E X/E X–II	angenehm fruchtig, saftig
›Ontario‹	X/I–V	fruchtig, leicht säuerlich
›Prima‹	M IX/M IX–E X	angenehme, fruchtige Säure
›Rubinette‹	M X/M X–XII	sehr fruchtig-aromatisch
›Summerred‹	A IX/A–E IX	leicht säuerlich, mild aromatisch
›Zabergäu‹	M X/XI–II	sehr würzig und fruchtig

[1] A, M, E = Anfang, Mitte, Ende; Römische Ziffern = Monat

men, ebenso seitlich aus dem Mittelstämmchen entsprießendes Holz.
In der gleichen Weise wird verfahren, bis auch der oberste Spanndraht mit zwei seitlichen Ästen »garniert« ist. Anstatt den Mitteltrieb weiter einzukürzen und damit zur Bildung von neuem Seitenzuwachs anzuregen, biegt man ihn herunter und befestigt ihn am obersten Draht. Schößlinge an seiner Oberseite kann man ebenfalls waagerecht binden oder wegschneiden. Geschnitten wird im Herbst oder zeitigen Frühjahr, gebunden und formiert während des Sommers.

Kern- und Steinobst

Apfel

Äpfel stellen an Lage und Boden keine besonderen Ansprüche und wachsen in unserem Klima eigentlich überall zufriedenstellend. Sie sollen nicht eingezwängt zwischen anderen Gehölzen stehen, müssen reichlich Sonne abbekommen und gedeihen besonders gut dort, wo eine etwas erhöhte Luftfeuchtigkeit zu verzeichnen ist.
Wie steht es mit den Befruchtungsverhältnissen? Äpfel, Birnen und Süßkirschen sind selbstun-

Empfehlenswerte Birnensorten		
Sorte	Ernte[1]	Geschmack / Eigenschaften
›Alexander Lucas‹	A–M X	saftig, aromatisch / keine Befruchtersorte für andere Birnen
›Bosc‹	A X	aromatisch, würzig / sehr wärmebedürftig
›Clairgeau‹	E IX	süß-würzig, saftig / gute Spalierbirne
›Clapps Liebling‹	M VIII	aromatisch / Ernte 2 Wochen vor Vollreife
›Conference‹	M IX	aromatisch-süß, sehr schmelzend / anspruchslos
›Frühe von Trevoux‹	M VIII	würzig-süß, saftig-schmelzend / anspruchslos
›Gellerts Butterbirne‹	M IX	sehr aromatisch, saftig-schmelzend / anspruchslos
›Gräfin von Paris‹	E X	süß, saftig-schmelzend / braucht viel Sonne und Wärme
›Gute Luise‹	M IX	aromatisch, süß-säuerlich / schorfanfällig
›Köstliche aus Charneux‹	E IX–A X	sehr süß und aromatisch / schorfanfällig
›Madame Verte‹	E X	würzig-süß mit angenehmer Säure / wärmeliebend
›Tongern‹	E IX	sehr aromatisch, saftig / anspruchslos
›Vereins-Dechantsbirne‹	A X	fruchtig, süß-aromatisch / wärmeliebend
›Williams Christ‹	E VIII	aromatisch, saftig, schmelzend / wärmeliebend

[1] A, M, E = Anfang, Mitte, Ende; Römische Ziffern = Monat

fruchtbar, das heißt sie brauchen als Pollenspender einen Partner. Aufgrund langjähriger Erfahrungen weiß man, welche Züchtungen bevorzugt zueinander passen und deshalb zusammengepflanzt werden sollten. In einer Kleingartenanlage braucht man sich um diese Feinheiten nicht groß zu kümmern, denn in einer der Nachbarparzellen wird schon ein geeigneter Pollenspender stehen.

Apfelsorte ›Berlepsch‹

Bei Pflaumen kann man – im Gegensatz dazu – Sorten auswählen, die sich selbst befruchten. Bei Äpfeln und – weniger ausgeprägt – bei Birnen unterscheidet man zwischen Baumreife und Genußreife. Die Baumreife ist meist identisch mit dem Erntezeitpunkt. Unter Genußreife versteht man die Periode, in der die Früchte die meisten Aromastoffe ausgebildet haben und am besten schmecken. Der Zeitraum der Genußreife bezeichnet gleichzeitig die Lagerfähigkeit.

Birne

Die Temperaturansprüche der Birne sind höher als die des Apfels: warme, sonnige und geschützte Standorte werden bevorzugt. Besonders die beliebten Spätsorten entwickeln ihren vollen Schmelz und das beste Aroma nur, wenn der Herbst lang und mild ist. Die sogenannte Steinfrüchtigkeit kann sortenbedingt sein, ist aber auch auf ungünstige Witterungsverhältnisse

während der Fruchtausbildung und unzureichende Wasserversorgung zurückzuführen.
Bisweilen beobachtet man bei Birnen eine sogenannte Jungfernfrüchtigkeit, das heißt es werden auch ohne Bestäubung Früchte ausgebildet. Das kann der Fall sein, wenn Spätfröste die Blütenanlagen zerstörten oder aus anderen witterungsbedingten Gründen nur eine unvollkommene Pollenübertragung stattfand. Zu dieser sogenannten Parthenokarpie neigen vor allem die Sorten ›Williams Christ‹, ›Alexander Lucas‹, ›Vereins-Dechantsbirne‹ und ›Conference‹. Für den Hobbygärtner ist das eine höchst willkommene Eigenschaft, die unter Umständen auch in ungünstigen Jahren noch eine Ernte möglich macht.
Außer bei ausgesprochenen Winterbirnen, die wegen schlechter Lagerbedingungen im Hausgarten kaum noch angebaut werden, beträgt der Zeitraum zwischen Baum- und Genußreife meist nur wenige Tage bis zwei Wochen.

Süßkirsche

Neben der Walnuß ist die Süßkirsche die bislang noch einzige Obstart, bei der wir nach wie vor auf kleine Baumformen warten. Versuche mit einigen Sorten und Unterlagen laufen seit vielen Jahren, bisher wurde aber noch keine für den Garten geeignete Kombination selektiert. Wo im Handel dennoch hier und da Süßkirschenbüsche auftauchen, ist die Herkunft ungewiß und die Tauglichkeit unsicher. Hobbygärtner aus Weinbaugebieten berichten jedoch von kleinen Süßkirschenbäumchen, die sich gut entwickeln und auch zufriedenstellend tragen. Ein Versuch ist also vielleicht das Risiko des möglichen Mißerfolgs wert.
Süßkirschen brauchen einen möglichst sonnigen Platz. Bei schweren, kalten und nassen Böden kommt es leicht zu Gummifluß. Die meisten Süßkirschen sind selbstunfruchtbar, können aber auch von Sauerkirschen bestäubt werden, so daß in einer Kleingartenanlage ein Pollenspender wohl immer irgendwo in der Nachbarschaft zur Verfügung stehen wird. Wir unterscheiden früh reifende, weiche Herzkirschen und festfruchtige Knorpelkirschen, die später zur Reife kommen.

Birnensorte ›Madame Verte‹

Süßkirschensorte ›Büttners Rote‹

Einige bewährte Süßkirschensorten

›Anabella‹, Knorpelkirsche, Reife Mitte August; ›Bigarreau‹, Herzkirsche, Reife im Juni; ›Büttners Rote‹, Knorpelkirsche, Reife im Juli; ›Burlat‹, Herzkirsche, Reife Ende Mai/Anfang Juni; ›Germersdorfer‹, Knorpelkirsche, Reife ab Mitte Juli; ›Große Prinzessin‹, Knorpelkirsche, Reife erste Julihälfte; ›Große Schwarze Knorpel‹, Knorpelkirsche, Reife Mitte Juli; ›Kassins Frühe‹, Herzkirsche, Reife Ende Mai bis Mitte Juni; ›Schneiders Späte‹, Knorpelkirsche, Reife Mitte Juli bis Mitte August; ›Souvenir des Charmes‹, Herzkirsche, Reife im Juni; ›Van‹, Knorpelkirsche, Reife im Juli.

Sauerkirschensorte ›Morellenfeuer‹

Pflaumensorte ›The Czar‹

Sauerkirsche

Auch Sauerkirschen bevorzugen sonnige Lagen, gedeihen aber noch im Halbschatten. Prallsonnige Südseiten sind ebenso wie Nordstandorte weniger geeignet. Wind dagegen wird vertragen. An den Boden werden keine besonderen Ansprüche gestellt. Da es bei Sauerkirschen sowohl selbstfruchtbare als auch -unfruchtbare Sorten gibt, sollte man nur solche wählen, bei denen kein Pollenspender notwendig ist, zumal diese Züchtungen meist auch höhere und sicherere Erträge bringen.

Zu den bewährten, selbstfruchtbaren Sorten zählen unter anderem: ›Ludwigs Frühe‹, ›Heinemanns Rubin‹, ›Morellenfeuer‹, ›Cerella‹, ›Nabella‹ und ›Successa‹, alles Weiterentwicklungen der bekannten ›Schattenmorelle‹, ›Scharö‹, ›Kelleriis Nr. 14‹.

Pflaume, Zwetsche, Reneklode, Mirabelle

Sie gehören alle in die gleiche Steinobstgruppe und unterscheiden sich in Form, Größe, Farbe und Geschmack. Alle sind recht anspruchslos und gedeihen zufriedenstellend, solange man sie nicht in einer schattigen, feuchten und kühlen Gartenecke unterbringt. Auch hier gibt es Sorten, die sich selbst befruchten, und andere, für die ein Pollenspender erforderlich ist. Einige Züchtungen werden als teilweise selbstfruchbar bezeichnet, hier ist das Ergebnis ohne Partner also ungewiß. Zu diesen etwas unsicheren Sorten gehören beispielsweise die ›Ersinger Frühzwetsche‹ und die ›Italienische Zwetsche‹. Selbstfruchtbar sind: ›Bühler Frühzwetsche‹, ›Deutsche Hauszwetsche‹, ›Mirabelle aus Nancy‹, ›Stanley Zwetsche‹, ›Ontario Pflaume‹, ›The Czar‹ und ›Wangenheims Frühzwetsche‹.

Alle Angehörigen der Pflaumengruppe reifen in der Zeit zwischen Anfang Juli und Mitte Oktober, je nach Sorte, Boden und Lage.

Pfirsich, Nektarine, Aprikose

Der Pfirsich und seine glattschalige Abart Nektarine benötigen mildes Klima und auch dort eine warme, geschützte Lage. Sowohl das Holz als auch die im März/April erscheinenden Blüten sind frost- beziehungsweise spätfrostgefährdet, die Früchte reifen in ungünstigen Gegenden nicht aus, und Krankheiten machen sich breit. Der Boden sollte humus- und nährstoffreich, warm und tiefgründig sein. Die Reifezeit fällt, je nach Sorte, in die Monate Juli bis September. Aprikosen werden wegen der frühen Blüte, die meist vor der des Pfirsichs liegt, von Spätfrösten noch mehr betroffen. Auch in kühlen, sonnenarmen und nassen Sommern versagt diese Obstart so häufig, daß man sich eine Anpflanzung gut überlegen sollte. Zu den bekanntesten Pfirsichsorten gehören: ›Roter Weinbergspfirsich‹, rotlaubig mit rotem Fruchtfleisch; ›Frühgold‹, gelbfleischig; ›Früher Roter Ingelheimer‹, weißes Fruchtfleisch; ›Rekord von Alfter‹, weißfleischig, besonders große Früchte; ›South Haven‹, gelbes, sehr süßes Fleisch; ›Redhaven‹, gelbfleischig; ›Haba Finessa‹, sehr große, weißfleischige,

Pfirsichsorte ›South Haven‹

saftige Früchte; ›Roter Ellerstädter‹, weißgelbes, saftiges Fleisch; ›Spätgold‹, gelbfleischig, saftig.
Nektarinensorten: ›Crimson Gold‹; ›Flavortop‹; ›Morton‹.
Aprikosensorten: ›Aprikose von Nancy‹; ›Temporao de Vila Franca‹; ›Ungarische Beste‹.

Beerenobst

Obgleich auch Beerenobststräucher, wie zum Beispiel schwarze Johannisbeeren, recht umfangreich werden können, lassen sie sich durch jährliches Auslichten, das gleichzeitig dem Fruchtertrag und der Gesunderhaltung dient, im Wuchs doch in Grenzen halten. Als ursprüngliche Wald- oder Waldrandpflanzen gedeihen sie alle am besten in einem gut mit Humus versorgten Boden, sind also für Kompostgaben, organische Dünger und regelmäßiges Mulchen dankbar. Außer der Erdbeere, die zu den Stauden gehört, handelt es sich beim Beerenobst um Gehölze. Brombeere und Himbeere sind als Halbsträucher, deren nur unvollkommen verholzte Triebe nach der Fruchtbildung absterben und jedes Jahr durch neue ersetzt werden, botanisch ein Mittelding zwischen Staude und Gehölz.
Beerensträucher haben gegenüber dem Baumobst den Vorteil, daß sie außer einem einfachen, jährlichen Schnitt und gelegentlichem Mulchen und Düngen kaum Pflege brauchen, mühelos abzuernten sind und bei richtiger Sortenwahl vom Sommer bis in den Herbst frisches Obst liefern. Längere Zeit lagern lassen sich allerdings nur Kiwis, dafür kann man die anderen Beeren einfrieren, einwecken, zu Marmelade, Gelee oder Säften verarbeiten.

Brombeere

Man unterscheidet drei Formen beziehungsweise Wuchsarten: aufrechtwachsende, von denen heute in den Baumschulen nur noch ›Wilsons Frühe‹ mit bis zu 2 m langen, bestachelten Ruten angeboten wird; die kriechende oder kletternde, etwas frostempfindliche ›Theodor Reimers‹, deren 10 m lange, stark bewehrte Triebe im Spätherbst von den Drähten abgebunden, auf den Boden gelegt und mit Fichtenreisig bedeckt werden sollten – dieselben Wuchseigenschaften hat ›Bedford Giant‹; und schließlich die heute am häufigsten gepflanzten, stachellosen Züchtungen, von denen die neueren, meist aus Amerika stammenden, winterhart sind. Zu ihnen zählen: ›Black Satin‹ mit großen Früchten von Ende Juli bis September; ›Hull Thornless‹, Reifezeit August; ›Thornfree‹, Ernte August/September; ›Thornless Evergreen‹, die bereits 1926 in den USA entstand, sollte wie ›Theodor Reimers‹ im Winter etwas geschützt werden.
Die ebenfalls stachellose Loganbeere ›Thornless Loganberry‹, eine Kreuzung aus Brombeere und Himbeere, gedeiht zufriedenstellend nur an einem warmen, geschützten Platz in klimatisch milden Gegenden. Eine stachellose Neuheit ist ›Jumbo‹ mit besonders großen Beeren von August bis Ende September.
Brombeeren wünschen einen humosen, durchlässigen Boden, der ruhig etwas sandig sein kann; ›Theodor Reimers‹ wächst ungebremst auch in schwerem, feuchtem Erdreich. Weil die Pflanzen an den Trieben blühen und fruchten, die im Vorjahr entstanden sind, schneidet man die diesjährigen Tragruten nach der Ernte oder

im Spätherbst ab. Da die trockenen Blätter nicht abfallen, kann man die Ruten als leichten Winterschutz bis zum Frühjahr an den Drähten hängen lassen. Die aufrecht wachsende Sorte ›Wilsons Frühe‹ muß nicht unbedingt an einem Gerüst aufgebunden werden, bei den anderen ist das unerläßlich. Dazu spannt man drei kräftige Drähte zwischen zwei oder mehreren stabilen Pfosten, wobei der oberste in etwa 2,20 m Höhe verlaufen kann. Bei den rankenden Brombeeren sollte der Pflanzenabstand drei Meter betragen.

Himbeere
Da Himbeeren flach wurzeln, leitet sich schon aus dieser Tatsache die Art der Bodenpflege ab. Man muß die Pflanzen vor dem Austrocknen schützen, also im Sommer bei Bedarf wässern und die Erde unter den Sträuchern am besten ganzjährig mit Mulchmaterial wie Rasenschnitt, Ernterückständen, Fallaub, Roh- oder Rindenkompost beziehungsweise -mulch, Stroh, Trokkenmist oder ähnlichem bedeckt halten. Wurzelkonkurrenz durch Unkraut ist zu meiden, beim Hacken ist Vorsicht geboten. Man jätet am besten mit der Hand und überläßt alles weitere der Mulchschicht. Sie wirkt Austrocknung wie Unkrautwuchs entgegen und nimmt uns einen Teil der Düngung ab. Die Nährstoffe werden möglichst in organischer Form als Kompost, Horn- und Knochenspäne oder verrotteter Stallmist gegeben.
Himbeeren bindet man gleich Brombeeren an waagerecht verlaufenden Drähten an, und zwar mit einem Pflanzenabstand von 50 cm. Bei mehreren Reihen beträgt der Reihenabstand 1,50 m. Der Schnitt ist einfach. Man nimmt alle abgetragenen Ruten unmittelbar am Boden oder sogar etwas darunter weg. Auch Triebe, die außerhalb der Reihe sprießen, werden abgeschnitten. Insgesamt braucht man einer ausgewachsenen Pflanze nicht mehr als sechs bis acht Triebe zu belassen. Überlange Ruten werden im Nachwinter bis auf 2 m Länge eingekürzt.
Die meisten Himbeeren fruchten nur einmal im Jahr; es gibt aber auch zweimal, im Sommer und im Herbst tragende Züchtungen, von denen man sich jedoch in der Regel mehr verspricht, als sie später halten. Die Sommerernte fällt nur mäßig aus, so daß es besser ist, die Blüten auszubrechen und auf den zweiten Ertrag zu warten, der dann

Brombeersorte ›Theodor Reimers‹

Einmaltragende Himbeersorte ›Schönemann‹

etwas früher einsetzt und mehr Beeren bringt. Allerdings nur, wenn Spätsommer und Herbst warm und lang sind.
Bei Himbeeren ist der Sortenwirrwarr nicht ganz so undurchschaubar wie bei Erdbeeren, aber auch hier gibt es »Eintagsfliegen« und Züchtungen mit Phantasienamen, die genauso schnell aus den Katalogen des Versandhandels verschwinden, wie sie aufgetaucht sind. Die hier genannten Sorten mit einigen Neuzüchtungen haben sich allesamt in der Praxis bewährt. Wer Himbeeren mag, sollte ruhig eigene Erfahrungen durch Sortenvergleiche sammeln.
Einmaltragende Sorten: ›Gelbe Antwerpener‹, mittelfrüh, gelbfrüchtig; ›Gigant‹, früh; ›Glen Glova‹, früh; ›Golden Everest‹, früh, gelbfrüchtig; ›Golden Queen‹, mittelspät, gelbfrüchtig; ›Himbo Star‹, spät; ›Kelleriis 5‹, spät; ›Malling Admiral‹, spät; ›Malling Promise‹, früh; ›Rucami‹, spät; ›Rumilo‹, spät; ›Rutrago‹, spät; ›Schönemann‹, spät; ›Zeva 1‹, mittelfrüh; ›Zeva 2‹, mittelfrüh.
Zweimaltragende Sorten: ›Erntesegen‹; ›Korbfüller‹; ›Pechts Herbstfreude‹; ›Zeva Herbsternte‹.
Die Riesenhimbeere oder ›Medana‹-Tayberry ist ähnlich der Loganbeere nur etwas für milde Klimagebiete. Diese Kreuzung aus Himbeere und Brombeere trägt konische, 3 bis 4 cm lange, purpurrote Früchte, die im Juli/August reifen.

Johannisbeere

Vor allem schwarze Johannisbeeren sollten nicht an spätfrostgefährdete Plätze gepflanzt werden. In etwas geringerem Maße trifft dies aber auch auf die roten und weißen Sorten zu. Sonst sind die Sträucher recht anspruchslos und gedeihen notfalls auch noch im Halbschatten. Das schon beschriebene Mulchen wirkt sich auch hier günstig aus und sollte konsequent durchgeführt werden. Die Düngung erfolgt mit Kompost beziehungsweise mit organischen Handelsdüngern; man kann aber auch einen mineralischen, blauen Volldünger verwenden, von dem 20 g/m² im zeitigen Frühjahr, 20 g nach der Blüte und 20 g nach der Ernte unter dem Strauch ausgestreut und gut eingewässert werden.

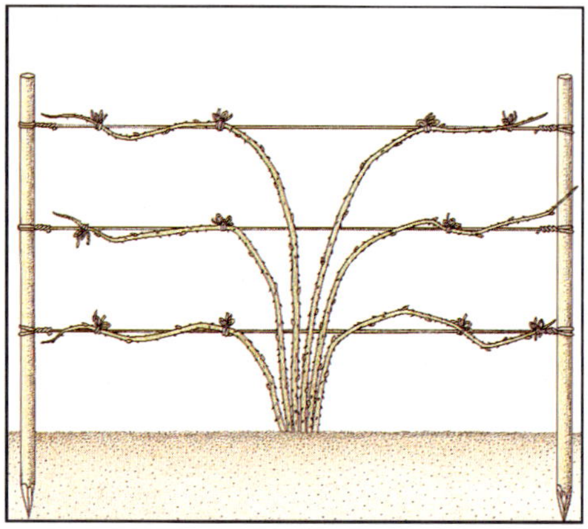

Brombeerspalier

Bei roten und weißen Johannisbeeren kann man pro Strauch 2 m² Standraum veranschlagen, schwarze sollten etwas Platz haben, da sie recht breitwüchsig sind. Auch bei der Pflanztiefe gibt es Unterschiede. Rote und weiße Sorten kommen so weit in die Erde, wie sie in der Baumschule standen, schwarze setzt man tiefer, damit möglichst viele Bodentriebe gebildet werden.
Der Schnitt beginnt bereits bei der Pflanzung im Herbst. Man läßt den Jungsträuchern nur sechs der kräftigsten Triebe und kürzt diese dann auf die Hälfte ein. Beim Schnitt der ausgewachsenen Stöcke achtet man darauf, daß nicht mehr als etwa acht Triebe erhalten bleiben. Was an diesen Zweigen an Zuwachs entsteht, wird im Herbst oder Winter um ein Drittel zurückgeschnitten. Älter als vier Jahre soll die Einzelrute nicht werden, weil sie dann im Ertrag nachzulassen beginnt. Schwarze Johannisbeeren fruchten vor allem im oberen Drittel der einjährigen Ruten. Das bedeutet, daß man nach der Ernte die Triebe, die abgetragen sind, herausschneidet, sofern genügend junge zur Verfügung stehen. Sonst werden die abgeernteten Zweige bis auf einen aus ihnen entspringenden Jungtrieb zurückgeschnitten.
Rote und weiße Sorten: ›Heinemanns Rote Spätlese‹, erste Augusthälfte, rot; ›Heros‹, Ende Juni, rot; ›Jonkheer van Tets‹, zweite Junihälfte, rot; ›Macherauchs Riesentraube‹, August, rot; ›Mulka‹, erste Augusthälfte, rot; ›Red Lake‹, Anfang Juli, rot; ›Rolan‹, erste Julihälfte, rot; ›Rondom‹, zweite Julihälfte, rot; ›Rote Vierländer‹, Mitte Juli, rot; ›Rotet‹, zweite Julihälfte, rot;

Johannisbeersorte ›Red Lake‹

Johannisbeersorte ›Weiße aus Jüterbog‹

›Rovada‹, zweite Augusthälfte, rot; ›Stanza‹, erste Julihälfte, rot; ›Weiße aus Jüterbog‹, erste Julihälfte, weiß; ›Weiße Versailler‹, zweite Junihälfte, weiß.

Schwarze Sorten: ›Daniels September‹, zweite Septemberhälfte; ›Goliath‹, zweite Junihälfte; ›Invigo‹, zweite Julihälfte; ›Phoenyx‹, erste Julihälfte; ›Roodknop‹, erste Julihälfte; ›Rosenthals Langtraubige Schwarze‹, Anfang Juli; ›Silgo‹, zweite Junihälfte; ›Silvergieters Schwarze‹, Anfang Juli; ›Strata‹, Ende Juni; ›Stripta‹, zweite Julihälfte; ›Wellington XXX‹, erste Julihälfte. Während rote und weiße Johannisbeeren sich

Johannisbeersorte ›Goliath‹

selbst bestäuben, gibt es bei den schwarzen Sorten selbstfruchtbare wie teilselbstfruchtbare und solche, bei denen der eigene Pollen völlig versagt. Da die Angaben in der Literatur hierzu widersprüchlich sind, sollte man sicherheitshalber immer zwei Sträucher der schwarzen Johannisbeere in den Garten pflanzen.

Jostabeere

Bis vor einiger Zeit noch ohne spezielle Sortenbezeichnung, ist diese Kreuzung aus schwarzer Johannisbeere und Stachelbeere nun um zwei Bastardkreuzungen bereichert worden: ›Dr. Bauers Jogranda‹ und ›Dr. Bauers Jostine‹. Beide übertreffen die alte ›Josta‹ in der Beerengröße, im Ertrag und in der Krankheitsresistenz, die bereits bei dieser ein hervorstechendes Merkmal war. Man kommt beim Anbau praktisch ohne Pflanzenschutzmaßnahmen aus.

›Jogranda‹ reift früh, ›Jostine‹ mittelspät. Die Sträucher sind nicht so starkwüchsig wie ›Josta‹, deren stachellose Triebe immerhin bis zu 2 m lang werden können, so daß man einem einzigen Strauch 4 bis 5 m^2 Platz einräumen mußte. Die Ansprüche der Jostabeere sind gering, sie braucht lediglich einen humosen, nahrhaften Boden, wie er in den meisten Gärten ohnedies anzutreffen ist. Der Schnitt beschränkt sich auf gelegentliches Auslichten oder das Einkürzen zu lang gewordener, überhängender Triebe. Gelegentlich, vor allem bei nachlassendem Ertrag, kann organisch oder mineralisch gedüngt werden. Die glatten, schwarzen Beeren, die wie bei Johannisbeeren in

Jostabeere

Kiwipflanze

Trauben zusammenhängen, liegen in der Größe zwischen den Eltern und haben auch im Geschmack eine Mischung der Ursprungsarten mitbekommen, übertreffen diese aber im hohen Vitamin-C-Gehalt.

Kiwi

Freude an Kiwis *(Actinidia chinensis)* wird man nur haben, wenn die klimatischen Verhältnisse diesem asiatischen Schlinger zusagen. Im Freiland gedeihen Kiwis am ehesten noch in Weinbaugebieten. Doch auch hier ist ein besonders geschützter Standort ohne intensive Sonnenbestrahlung wichtig. Da Kiwipflanzen gegen Wind ebenfalls empfindlich sind, kommt eine Anpflanzung in freier, offener Lage bei uns meist nicht in Frage. Eine eigene Anzucht ist möglich, jedoch nicht zu empfehlen, weil die Pflanzen erst nach einigen Jahren blühen. Diese Blüte aber muß abgewartet werden, um festzustellen, ob man männliche oder weibliche Exemplare besitzt. Bei Sämlingen rechnet man nämlich mit 70% männlichen, aber nur etwa 30% weiblichen Pflanzen. Da die männlichen ausschließlich Pollen spenden, jedoch keine Früchte ansetzen, sind sie lediglich als Bestäuber in einem oder einigen wenigen Exemplaren notwendig. Deshalb ist es besser und sicherer, Jungpflanzen zu kaufen und anzubauen.

Als beste Pflanzzeit kommen April oder Mai in Betracht. Läßt man die Schlinger an einer Hauswand hochranken, werden die Einzelpflanzen im Abstand von zwei Meter gesetzt. Ein stabiles Gerüst ist notwendig, da man die Triebe anbinden muß. Wichtig sind gute Bodenvorbereitung und kalkarmes Erdreich. Kiwis lieben einen pH-Wert von 4,5 bis 5,5. Ausgepflanzt wird immer ein Pärchen. Will man mehrere Pflanzen setzen, reicht eine männliche für sechs bis acht weibliche. Den Sommer über müssen Kiwis stets genügend Feuchtigkeit haben. Da sie einen humosen Boden lieben, sollte man Kiwis gut mit Kompost oder einem anderen organischen Dünger versorgen. Bei mineralischer Düngung gibt man zweimal etwa 50 g eines blauen Volldüngers pro Pflanze: während der Blütezeit und dann noch einmal im Juli/August. Gelbe Blätter zeigen Eisenmangel an. Entsprechende Präparate schaffen hier Abhilfe.

In den ersten Jahren werden die Triebe im August geschnitten und dabei auf fünf bis sechs Blätter oberhalb des Fruchtansatzes zurückgenommen. Sind die Pflanzen später im Vollertrag, muß im Winter auch das ältere Holz, ähnlich wie bei Kletterrosen, herausgeschnitten werden. Der Winterschnitt ist möglichst Ende Februar, wenn kein stärkerer Frost mehr zu erwarten ist, durchzuführen. Mit der Ernte kann man sich bei

Kiwis Zeit lassen, denn die Früchte sollen möglichst lange hängen bleiben. Spätestens nach den ersten leichten Nachtfrösten ist es dann jedoch soweit. Die Frucht wird ohne Stiel abgenommen. Man läßt sie in einem kühlen Raum so lange nachreifen, bis das Fleisch auf Daumendruck einsinkt.

Der Zwang zur Pärchenpflanzung besteht seit 1988 nicht mehr, weil in diesem Jahr erstmals die einhäusige, also sich selbst befruchtende Züchtung ›Jenny‹ auf den Markt kam. Die Sorte ist aus einer spontanen Mutation, einer Änderung des Erbmaterials, entstanden. Durch Gewebevermehrung (Meristemvermehrung) wurde das virose- und bakteriosefreie Ausgangsmaterial gewonnen. Die Früchte sind etwas kleiner als die der bekannten ›Hayward‹, stehen ihnen jedoch im Geschmack und Vitamingehalt nicht nach. Auch die Kulturbedingungen entsprechen denen der zweihäusigen Kiwisorten.

Stachelbeere

In den Standort- und Pflegeansprüchen gleicht die Stachelbeere der Johannisbeere. Man pflanzt sie also am besten im Herbst an einen sonnigen Platz in nahrhaften, humosen Boden. Sommerlicher Hitzestau in Südlage mit ganztägiger Prallsonne sollte ebenso gemieden werden wie tiefer Schatten. Auch hinsichtlich des Schnitts ähneln sich die beiden Beerenobstarten. Nach dem Pflanzen und auch in den Folgejahren entfernt man bis auf sechs oder acht Triebe alle weiteren. Da Stachelbeeren die meisten Früchte an den vorjährigen Ruten haben, werden die abgetragenen Zweige bis auf einen jungen Austrieb zurückgesetzt. Damit nimmt man zugleich dem gefürchteten Amerikanischen Stachelbeermehltau einen Teil seiner Angriffsbasis, der sich in einem dichten Zweig- und Blattgewirr besonders rasch ausbreitet. Neuerdings gibt es Züchtungen, die gegen diese Krankheit resistent sind: ›Reflamba‹, grün; ›Rixanta‹, gelb, ›Rolanda‹, rot. Als einzige Beerenobstart ist bei Stachelbeeren eine sogenannte Grünpflücke möglich, das heißt, man kann einen Teil der meist im Juli zur Vollreife gelangenden Früchte bereits ab Ende Mai abnehmen und zu Marmelade verarbeiten.

Rote Sorten: ›Achilles‹; ›Maiherzog‹; ›Mauks Frühe Rote‹; ›Rote Orleans‹;, ›Rote Preis‹; ›Rote Triumph‹.

Stachelbeersorte ›Grüne Kugel‹

Gelbe Sorten: ›Early Sulphur‹; ›Gelbe Triumph‹; ›Hönings Früheste‹; ›Lauffener Gelbe‹.
Grünweiße Sorten: ›Grüne Kugel‹; ›Lady Delamare‹; ›Weiße Neckartal‹; ›Weiße Triumph‹.

Weinrebe

Wer in einem warmen Klimagebiet lebt und eine sonnige Laubenwand zur Verfügung hat, kann hier einen durchaus lohnenden Versuch mit der Pflanzung von Weinreben machen. Befriedigende Ergebnisse sind nur in Jahren mit warmen Sommern und einem langen, freundlichen Herbst zu erwarten. Tafeltrauben für den Frischverzehr werden im April und Mai gepflanzt. Pro Rebstock muß man einen Quadratmeter Platz veranschlagen. Hier sollte einen halben Meter tief umgegraben und die Erde mit Kompost oder einem organischen Dünger versorgt werden. Die Grube, in die man die junge Rebe leicht schräg zum Spalier oder zur Wand einsetzt, muß etwa 30 cm von der Stützvorrichtung entfernt sein. Werden mehrere Rebstöcke gepflanzt, beträgt der Abstand zwischen ihnen 2 m.

Im Spätwinter nach der Pflanzung, also etwa im Februar/März des darauffolgenden Jahres, ist der erste Schnitt fällig, wobei der junge Trieb oberhalb einer Knospe um gut die Hälfte eingekürzt wird. Der aus dieser Knospe wachsende Neutrieb dient als Verlängerung der Mittelachse

Weinrebe an Pergola

und wird senkrecht hochgebunden. Die in der Folgezeit heranwachsenden Jungranken der weiter unten sitzenden Knospen werden seitlich am Spalier angeheftet. An ihnen entwickelt sich das Fruchtholz. Diese Ranken sind, sobald sie die entsprechende Länge erreicht haben, ebenfalls am Spalier anzubinden und im folgenden Februar/März auf zwei bis drei Knospen zurückzunehmen. Bei jedem Schnitt soll über der letzten Knospe ein etwa 2 m langer »Zapfen« stehenbleiben, der das Austrocknen der Knospe verhindert. Im Juni muß man dann auslichten, das heißt, man entfernt alle zu dicht stehenden Jungruten und Geiztriebe, die in der Zwischenzeit herangewachsen sind.

Grundsätzlich ist bei allen Schnittarbeiten zu berücksichtigen: Die Rebe blüht und fruchtet an den einjährigen Trieben, die sich am zweijährigen Holz entwickeln. Der Schnitt muß also stets dem Zweck dienen, den Stock zur Bildung junger Triebe aus altem Holz zu veranlassen.

Erdbeere

Erdbeeren sind die beliebteste, aber auch die kurzlebigste Beerenobstart unserer Gärten. Einen guten Ertrag bringen sie aber meist nur in den ersten zwei bis drei Jahren. Wer also gleichmäßig hohe Erträge und in Geschmack und Größe ansprechende Früchte ernten will, sollte in jedem Jahr die Hälfte der Fläche neu anlegen. Damit kann man den Bestand auch ständig an neue Sorten anpassen.

Die günstigste Pflanzzeit für die einmaltragenden Sorten ist zwischen Mitte Juli und Mitte August. Je früher gepflanzt werden kann, desto besser fallen die Erträge im ersten Standjahr aus. Wichtig sind zunächst die Vorarbeiten. Selbst im Hausgarten sollte man versuchen, einen dauernden Flächenwechsel vorzunehmen, das heißt zwischen zwei Erdbeerkulturen wenigstens drei Jahre lang andere Nutzpflanzen, wie Bohnen, Möhren, Salat oder Tomaten, anzubauen. Dieser Wechsel dient einmal dazu, daß sich die von der Erdbeere benötigten Nährstoffe wieder anreichern können, zum anderen werden spezielle bodenbürtige Erdbeerkrankheiten vermindert.

Erdbeeren wünschen einen mittelschweren, tiefgründigen, humusreichen Boden. Gut verrotteten Kompost kann man auch noch bei der Bodenlockerung vor der Pflanzung einarbeiten. Für die Ernährung reichen 40 bis 50 g/m² eines mineralischen Volldüngers normalerweise bis nach der ersten Ernte im nächsten Jahr aus. Diese Düngergabe streut man über das Beet und mischt sie beim Umgraben mit in den Boden.

Der Erfolg hängt nicht zuletzt auch von der Qualität des Pflanzenmaterials ab. Die Jungpflanzen sollten mindestens drei voll ausgebildete Blätter, eine kräftige Herzknospe und genügend gesunde Wurzeln aufweisen. In einem Frühbeet pikierte oder getopfte Pflanzen können mit Ballen umgesetzt werden und vertragen dann auch etwas Trockenheit. Ein häufiger Fehler ist das zu tiefe Setzen. Ist die Erde zu locker, sacken die Pflanzen beim anschließenden Beregnen nach, und die Herzknospe wird von Erde bedeckt. Solche Stöcke wachsen nur kümmerlich oder gehen ganz ein. Zu flacher Stand führt umgekehrt zu Trockenschäden. Auf einem Beet von 1,20 m Breite kann man drei Erdbeerreihen im Abstand von 40 cm unterbringen, der Pflanzenabstand in der Reihe sollte 30 cm betragen. Man kann auch nach dem Abernten im ersten Ertragsjahr jede zweite Pflanze herausnehmen, wenn die Kultur zu dicht geworden ist, und im Jahr darauf, ebenfalls nach der Ernte, sogar die gesamte Mittelreihe entfernen. Bei einjähriger Kultur stellen sich diese Fragen nicht, weil dann ohnedies jedes Jahr neu gepflanzt wird.

Ob man Erdbeeren einjährig, zweijährig oder, wie es früher üblich war, mehrjährig zieht, muß jeder selbst entscheiden. Länger als vier Jahre sollte man die Pflanzen aber nicht auf dem Beet lassen, weil dann die Erträge so stark zurückgehen, daß sich der Anbau auch im Hausgarten nicht mehr lohnt.

Bei der Sortenwahl muß man sich nach dem eigenen Geschmack, dem Verwendungszweck und den Standortverhältnissen richten. Zum Frosten wird beispielsweise die altbewährte ›Senga Sengana‹ von den neuen Sorten kaum übertroffen, obwohl sie nach dem zweiten Jahr nur noch mittelgroße Früchte bringt. In jedem Fall sollte man von neu gekauftem Pflanzgut, selbst wenn es sich um wertvolle Hochzuchten handelt, höchstens einmal Jungpflanzen für die eigene Vermehrung abnehmen, denn die Krankheits- und Schädlingsanfälligkeit nimmt ständig zu. Für Wassergaben nach der Pflanzung und zur Zeit der Fruchtentwicklung sind Erdbeeren besonders dankbar. Werden die Beeren mit Stroh oder Holzwolle unterlegt oder wird gleich auf Mulchfolie gepflanzt, verdunstet weniger Wasser, Unkraut kommt schwerer durch, und die Früchte werden kaum verschmutzt.

Einmaltragende Sorten

früh: ›Deutsch Everns Finessa‹; ›Elvira‹; ›Gorella‹; ›Hummi Grande‹; ›Karina‹; ›Macherauchs Früherntе‹; ›Regina‹; ›Senga Gigana‹; ›Senga Precosa‹; ›Senga Precosana›.

mittelfruh: ›Hummi Ferma‹; ›Hummi Stugarta‹; ›Korona‹; ›Red Gauntlet‹; ›Senga Dulcita‹; ›Senga Litessa‹; ›Senga Sengana‹; ›Splendida‹; ›Vigerla‹.

spät: ›Asieta‹; ›Deutsch Everns Famosa‹; ›Deutsch Everns Solveta‹; ›Elista‹; ›Senga Fructarina‹; ›Tago‹.

Mehrmals tragende Erdbeeren lassen sich zweimal abernten, im Sommer und nach einer Pause bis zum Herbst. Allerdings verhält es sich hier mit den Erträgen ähnlich wie bei den zweimaltragenden Himbeeren. Die Sommerernte im Juni wird meist so mäßig ausfallen, daß es besser ist, die im Mai sich bildenden Blüten auszukneifen und dann ab Juli bis in den Oktober die nun reicher fruchtenden Stöcke abzupflücken. Blüten und Beeren, die noch im Oktober erscheinen, werden entfernt. Sie kommen doch nicht mehr zur vollen Entwicklung und kosten die Pflanzen nur unnötig Kraft, und die Ernte des Folgejahres fiele entsprechend mager aus. Pflanzzeit der mehrmals tragenden Erdbeeren ist der Monat September.

Monatserdbeere

Mehrmals tragende Sorten: ›Klettererdbeere Hummi‹; ›Hummi Eroma‹; ›Hummi Gento‹; ›Ostara‹.

Monatserdbeeren, die von Juni bis Oktober tragen, bilden keine Ausläufer und müssen deshalb aus im Handel erhältlichen Samen selber herangezogen werden. Man sät ab März am Zimmerfenster aus und pflanzt ab April ins Freie. Monatserdbeeren brauchen kein eigenes Beet, sie lassen sich ebenso gut an Weg- oder Rabattenränder setzen oder an irgend einen anderen freien, sonnigen bis leicht beschatteten Platz. Der Pflanzenabstand beträgt etwa 20 cm. Schon im Jahr der Pflanzung ist mit der ersten Ernte zu rechnen.

Sorten der Monatserdbeeren: ›Baron Solemacher‹; ›Rimona-Hummi‹; ›Rügen‹.

Ziergarten

Rasen

Während der Rasen am Wohnhaus immer noch grüner Mittelpunkt des Gartens ist, spielt er in der Parzelle der »Laubenpiepr« häufig nur noch eine Statistenrolle. Doch ganz verzichten mag man meist auch hier nicht auf ein Stück grünen Teppichs, auf dem die Kinder spielen dürfen und wo man die Sonne genießen kann. So ein »Gebrauchsrasen« ist pflegeleicht und strapazierfähig, sieht trotzdem gut aus und schafft genügend Freiraum.

Wer sich spätere Enttäuschungen ersparen will, muß für zweierlei sorgen: für eine möglichst ebene Aussaatfläche und für guten, humosen Mutterboden. Die beste Zeit, Rasen auszusäen, sind die Monate Mai und September, wobei es auch schon mal im April geschehen kann oder erst im Oktober; das hängt einzig von der Witterung ab. Denn wie die meisten anderen Samen braucht Grassaat Wärme zum Keimen. Auch in der Nacht sollten die Temperaturen nicht unter 10° C absinken. Die Nährstoffversorgung wird uns durch Spezialrasendünger mit Langzeitwirkung, sogenannte Depotdünger, leicht gemacht. Diese braucht man nur einmal im Jahr, etwa im April, gleichmäßig über die Fläche auszustreuen. Es geht aber auch mit allen anderen mineralischen Volldüngern, die dann jedoch besser zweimal jährlich, im Frühling und im Spätsommer, verabreicht werden. Zusätzliche Ausbringung von Kompost, Torfmischdünger oder Horn- und Knochenspänen wirkt sich günstig auf Wuchskraft und Dichte aus.

Eine Rasenfläche gehört einfach dazu

Beim Mähen, ein unumgänglicher Bestandteil der Rasenpflege, wird immer wieder der Kardinalfehler des zu kurzen Schnitts gemacht. Fünf, allenfalls vier Zentimeter, tiefer sollte man nicht gehen. Wie alle Gewächse brauchen auch Graspflanzen das Blattgrün, um wachsen, sich kräftigen und regenerieren zu können. Stehen sie ständig »oben ohne« herum, machen sich rasch Krankheiten über die geschwächten Pflänzchen her, der Boden trocknet schneller aus und das begehrte, satte Grün weicht einem bläulichbraunen Schimmer. Damit wird auch die vieldiskutierte Frage gegenstandslos, ob man den Rasenschnitt liegen lassen oder entfernen soll. Auf das Zusammenrechen kann man nur bei dem – unerwünschten – extrem kurzen Schnitt verzichten; hier verrotten die winzigen Halmspitzen, bevor sie einen verdichtenden Belag zwischen den Pflanzen bilden können. Außerdem sind heute alle Mäher mit einer Grasfangvorrichtung ausgestattet, selbst die motorlosen Spindelgeräte gibt es mit derartigen Zusätzen.

Spindelmäher (links) schneiden wie eine Schere; Sichelmäher (rechts) wie eine Sense

Handvertikutierer (oben und unten links), motorgetriebenes Gerät (unten rechts)

Wie eine Verjüngungskur wirkt sich für jeden Rasen das Vertikutieren aus, das einmal im Jahr durchgeführt werden sollte. Der beste Zeitpunkt dafür liegt im Mai, wenn der Boden abgetrocknet ist und die Gräser sich in zügigem Wachstum befinden. Man tut dabei nichts weiter, als den Pflanzenwurzeln Luft zu verschaffen, indem der Filz mitsamt Unkräutern, Moos und anderen Verdichtungen durch die messerartigen Schneidewerkzeuge aufgerissen wird. Wer das öfter praktiziert hat, wundert sich immer wieder über die Berge von Rückständen, die dabei aus der Narbe zutage gefördert werden. Wird regelmäßig im Frühjahr vertikutiert – bei schlechten Bodenverhältnissen wichtig –, bringt man die Düngung besser erst danach ein.

Ziergehölze

Auf zwei Strauch- oder Baumformen wird man im Kleingarten guten Gewissens verzichten können – nicht müssen: Immergrüne Laub- und Nadelgehölze. (Abgesehen freilich von Sträuchern, die gleichzeitig Träger verschwenderischer Blütenfülle sind wie zum Beispiel Rhododendren.) Da die Parzellen im Winter nicht genutzt werden, braucht man hier in dieser Jahreszeit auch kein aufmunterndes Grün. Der Platz, der zur Verfügung steht, sollte anderen Attraktionen vorbehalten bleiben, an denen man vom Frühling bis zum Herbst seine Freude hat. Das Angebot in den Baumschulen ist riesig.
Zu den begehrten Vorfrühlings- und Frühjahrsblühern gehören neben den Obstgehölzen der Echte Jasmin *(Jasminum)* und die Zaubernuß *(Hamamelis)*, außerdem die Schneeballarten *Viburnum farreri* und *Viburnum x bodnantense*. Wegen ihres zeitigen Flors werden sie auch als Winterblüher bezeichnet. Richtig los geht es dann ab März mit Forsythie *(Forsythia)*, Sternmagnolie *(Magnolia)*, Kornelkirsche *(Cornus mas)*, Seidelbast *(Daphne)*, Scheinhasel *(Corylopsis)*, Blutjohannisbeere *(Ribes sanguineum)*, Flieder *(Syringa)*, Hartriegel *(Cornus florida)* und vielen anderen. Die Übergänge zu den Sommerblühern sind fließend, von denen dann wiederum

Ranunkelstrauch oder Kerrie, Kerria

Feuerdorn, Pyracantha

einige erst später in Flor gehen und sich mit den sogenannten Herbstblühern überschneiden. Die meisten Spiersträucher *(Spiraea)* erfreuen uns mit weißen oder rosa Blüten im Juni und Juli, desgleichen Holunder *(Sambucus)*, Tamariske *(Tamarix)*, Robinie *(Robinia)*, Fiederspiere *(Chamaebatia)*, Skimmie *(Skimmia)*, Hortensie *(Hydrangea)*, Buddleie *(Buddleja)*, Goldregen *(Laburnum)*, Kerrie *(Kerria)* und Geißblatt *(Lonicera)*. Später im Sommer folgen dann der Straucheibisch *(Hibiscus syriacus)* mit seinen vielen Sorten, die *Spiraea-Bumalda-Hybriden* des Spierstrauchs, Bartblume *(Caryopteris)*, Johanniskraut *(Hypericum)* und die Rosenakazie *(Robinia hispida)*.

Zu den Gehölzen mit zierendem Laub zählen vor allem die Japanischen Fächerahorne *(Acer palmatum)*, Hartriegel *(Cornus florida)*, Perückenstrauch *(Cotinus)*, einige Berberitzen aus der Berberis-thunbergii-Gruppe, Spindelstrauch *(Euonymus)*, Essigbaum *(Rhus)*, Eberesche *(Sorbus)* und Feuerdorn *(Pyracantha)*. Die Korkenzieherhasel *(Corylus avellana* ›Cortata‹) fällt durch ihre besondere Wuchsform mit bizarr verdrehten Ästen und Zweigen auf, die Schönfrucht *(Callicarpa)* durch leuchtend violette Beeren, die bis in den Winter hinein am laublosen Strauch hängen bleiben.

Auffallender Fruchtschmuck zeichnet auch Feuerdorn *(Pyracantha)*, Eberesche *(Sorbus)*, Zwergmispel *(Cotoneaster)*, Pfaffenhütchen *(Euonymus)* und Berberitze *(Berberis)* sowie viele Stechpalmen *(Ilex)* aus. Vervollständigung erfährt dieses reichhaltige Sortiment durch Rosen und Kletterpflanzen (siehe Seite 70).

Pflanzung

Die günstigste Pflanzzeit für Gehölze ist der Herbst. Nur bei frostempfindlichen Arten und Immergrünen wählt man besser das Frühjahr, wenn der Boden sich erwärmt hat und die härtesten Fröste vorbei sind. Die Pflanzgrube muß nach unten und den Seiten hin so geräumig sein, daß lose Wurzeln wie Ballen bequem hineinpassen. Den Untergrund lockert man zusätzlich noch einmal spatentief auf, damit die Wurzeln ungehindert in die Tiefe wachsen können. Bei Bäumen und Sträuchern ohne Ballen werden abgeknickte, beschädigte oder tote Wurzelstücke vor der Pflanzung weggeschnitten. Das Ballentuch knotet oder schneidet man auf, sobald das Gehölz in der Grube steht. Nach dem Auffüllen mit dem Aushub (Gießrand berücksichtigen), dem man organischen Dünger oder Trockenmist beimischen kann, ist gut zu wässern. Hochwachsende Gehölze müssen unter Umständen an einem Stützpfahl locker angebunden werden, den man nach dem Ausheben in den Grund des Pflanzlochs schlägt. Oberirdische Teile werden etwas gekappt, damit ein Gleichgewicht zwischen Wurzel- und Zweigwerk entsteht.

Pflanzung von Gehölzen: Vor dem Pflanzen werden alle abgeknickten, beschädigten oder toten Wurzelteile abgeschnitten

Die Pflanzgrube muß dem Wurzelwerk des Gehölzes entsprechen. Man schneidet das Ballentuch auf und füllt den mit organischen Düngern vermischten Aushub ein

Ist die Grube mit Erde gefüllt – Gießrand nicht vergessen – wird gründlich gegossen, damit ein guter Kontakt zwischen Wurzeln und Erde hergestellt wird

Die Zweige werden eingekürzt, um ein Gleichgewicht zwischen Wurzel- und Zweigwerk herzustellen

Schnitt

Generell sollte die Schere bei Ziergehölzen so wenig wie möglich in Aktion treten. Je mehr Triebe man einem Gehölz wegnimmt, desto größer ist der spätere Zuwachs; denn Bäume und Sträucher sind bestrebt, Verlorenes zu ersetzen. Dies hat zur Folge, daß der ursprüngliche Habitus dahin ist und von der früheren harmonischen Form nicht mehr viel übrig bleibt. Der Schnitt an Ziergehölzen beschränkt sich also darauf, auszulichten, das heißt, zu dicht beieinanderstehende und sich behindernde Zweige herauszuschneiden, besonders, wenn sie das allgemeine Wuchsbild stören. Hierunter fällt natürlich auch alles, was Frostschäden davongetragen hat oder aus anderen Gründen verdorrte. Diese Arbeiten werden im Nachwinter vor dem Austrieb durchgeführt, bei Frühlingsblühern wie Forsythien nach dem Flor, weil man sich andernfalls der Blüten berauben würde. Beim Flieder entfernt man nur die welken Blütenstände, darunter regen sich bereits die Neutriebe, die den Flor des nächsten Jahres tragen. Buddleien und Rispenhortensien dagegen öffnen ihre Blüten an den Spitzen oder Seiten der diesjährigen Triebe. Man kann im Frühjahr vor dem Austrieb also getrost alles, was im Vorjahr gewachsen ist und Flor getragen hat, bis auf wenige, basisnahe Knospen (Augen) entfernen.

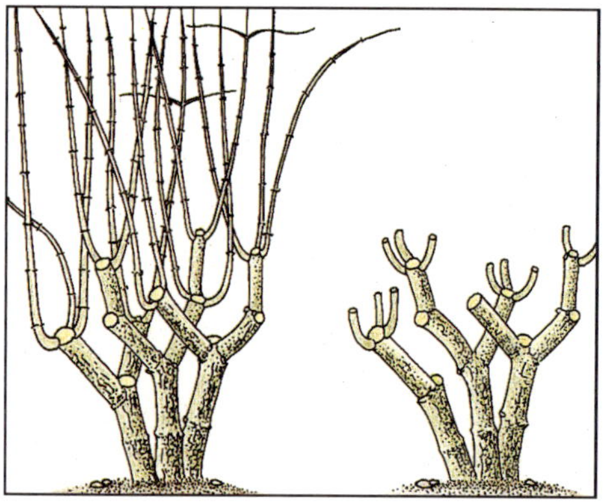

Schnittmaßnahmen an Ziergehölzen sind oft nur dann notwendig, um abgestorbene oder zu dicht stehende Zweige zu entfernen

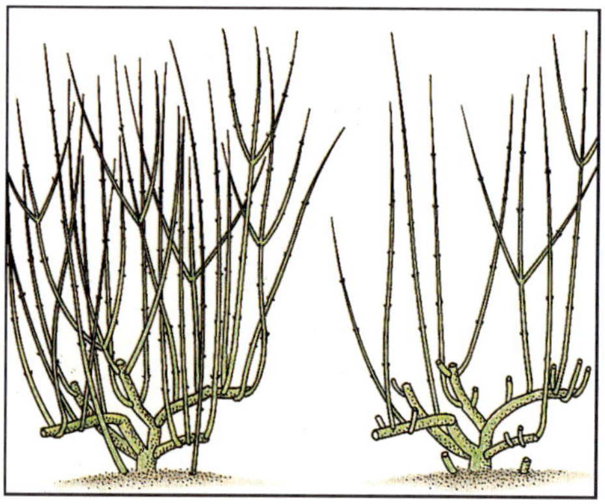

Im Sommer oder Herbst blühende Gehölze werden im Frühjahr stark zurückgeschnitten, da sie am einjährigen Holz blühen

Rosen

Rosen sind Blütengehölze wie viele andere auch. Es besteht also keine zwingende Notwendigkeit, sich ausgerechnet für diese Sträucher zu entscheiden und deshalb auf andere zu verzichten. Sie werden zudem häufiger von Pilzkrankheiten wie Echtem Mehltau, Rost oder Sternrußtau heimgesucht, als das bei vergleichbaren Sträuchern der Fall ist. Allerdings sind sie in Blütenreichtum, -form und -farbe, manchmal auch im Duft, den meisten möglichen Konkurrenten haushoch überlegen, so daß es sich doch lohnt,

Die wichtigste Schnittmaßnahme ist das Entfernen von Verblühtem, um einen ununterbrochenen Flor zu bekommen

eine Anpflanzung zu erwägen. Es müssen ja nicht gleich mehrere Exemplare sein. Strauchrosen beispielsweise können über 3 m hoch und imponierend breit werden. Ein einziger Busch eines solchen Dauerblühers reicht für den kleinen Garten ebenso aus wie eine Kletterrose an der Pergola oder der Laubenwand. Beetrosen werden nicht ganz so umfangreich, hier kann man bereits in einer kleinen Gruppe pflanzen. Edelrosen oder Teehybriden fallen durch ihre formschönen Blüten an langen Stielen auf, und bodendeckende Rosen sind zwar kein Ersatz für Rasen und Pfennigkraut, auch nicht immer so niederliegend, wie der Name verheißt, haben jedoch durchaus ihren Reiz.

Alle Rosen wünschen einen möglichst sonnigen Platz und wachsen in jedem Gartenboden. Ein leichter Lehmanteil sagt ihnen besonders zu, ist aber nicht entscheidend. Zu meiden ist dagegen Staunässe, weshalb ein hoher Grundwasserstand unter dem Rosenbeet gefährlich werden kann. Gepflanzt wird im Herbst oder Frühjahr, und

Strauchrose ›Schneewittchen‹

zwar so tief, daß die Veredelungsstelle am Wurzelhals eine Handbreit unter die Erde kommt. Dann sind die hier befindlichen »schlafenden« Augen vor Frösten geschützt und können neu austreiben, wenn die Triebe im Winter einmal zurückfrieren sollten. Dieser Kälteabwehr dient auch das Anhäufeln der Rosen im Spätherbst. Im Frühjahr schneidet man nur weg, was erfroren ist oder sichtbar zu dicht steht. Viel wichtiger ist es, im Lauf des Sommers immer wieder alles Verblühte zu entfernen, damit die Kraft nicht in die Hagebutten abfließt und einen erneuten Flor beeinträchtigt. Den schon erwähnten Pilzkrankheiten kann man entgegenwirken, indem ein zu dichter Stand vermieden wird. Bei bereits erfolgtem Befall wendet man im Fachhandel erhältliche Spezialfungizide an.

Bei der ungeheuren Fülle von Rosensorten ist es unmöglich, verbindliche Empfehlungen zu geben. Man kann immer nur einige wenige Züchtungen zur Wahl stellen, deren gute Eigenschaften durch lange Erprobung bekannt sind.

Bewährte Rosensorten

Sorte	Eigenschaften
Edelrosen, auch Teehybriden genannt; öfterblühend; mit großen, edel geformten Blüten	
›Carina‹	silbrigrosa, leichter Duft, 70 cm hoch
›Duftwolke‹	korallenrot, stark duftend, 70 cm hoch
›Evening Star‹	reinweiß, duftend, 70 cm hoch
›Gloria Dei‹	lichtgelb, rosa überhauchter Rand, leicht duftend, 70 cm hoch
›Ingrid Bergmann‹	dunkelrot, duftend, 80 cm hoch
›Piroschka‹	reinrosa, stark duftend, 50 cm hoch
Beetrosen, auch Floribundarosen genannt; öfterblühend; mit großen Blütenbüscheln	
›Bella Rosa‹	kräftig rosa, kugelige, gefüllte Blüten, leicht duftend, 50 cm hoch
›Bonica‹	reinrosa, gefüllt, 70 cm hoch, breitwachsend
›Friesia‹	leuchtend gelb, gefüllt, duftend, 70 cm hoch
›Ludwigshafen am Rhein‹	hellrot, ins karminrosa gehend, Edelrosenblüte, duftend, 70 cm hoch
›Manou Meilland‹	dunkelkarminrosa, Edelrosenblüte, leichter Duft, 70 cm hoch
›Margaret Merril‹	weiß, rosa überhaucht, Edelrosenblüte, stark duftend, 70 cm hoch
›Nina Weibull‹	karminrot, halbgefüllt, 70 cm hoch
›Queen Elisabeth‹	silbrigrosa, Edelrosenblüte, duftend, aufrechter Wuchs, 100 cm hoch
›Tornado‹	feuerrot, halbgefüllt, 60 cm hoch

Bewährte Rosensorten	
Sorte	Eigenschaften
Strauchrosen; öfterblühende Sorten	
›Dirigent‹	blutrot, halbgefüllt, 200 cm hoch
›Centenmaire de Lourdes‹	reinrosa, halbgefüllt, duftend, 180 cm hoch
›Lichtkönigin Lucia‹	zitronengelb, gefüllt, duftend, 150 cm hoch
›Märchenland‹	lachsrosa, halbgefüllt, leichter Duft, 100 cm hoch
›Marguerite Hilling‹	karminrosa, halbgefüllt, 200 cm hoch
›Mozart‹	rosa, weiße Mitte, einfache Blüte, duftend, 150 cm hoch
›Robusta‹	leuchtend rot, einfache Blüte, leicht duftend, besonders frosthart, 200 cm hoch
›Schneewittchen‹	reinweiß, Edelrosenblüte, leicht duftend, 120 cm hoch
Kletterrosen; öfterblühend	
›Golden Showers‹	zitronengelb, locker gefüllt, duftend, 250 cm hoch
›Ilse Krohn Superior‹	reinweiß, Edelrosenblüte, duftend, 300 cm hoch
›New Dawn‹	zart lachsrosa, gefüllt, duftend, gut frosthart, 350 cm hoch
›Parade‹	dunkelrosa, großblumig, gefüllt, duftend, 400 cm hoch
›Rosarium Uetersen‹	dunkellachsrosa, gefüllt, leichter Duft, 300 cm hoch
›Sympathie‹	dunkelrot, Edelrosenblüte, duftend, 400 cm hoch
Bodendeckende Rosen	
›Heideröslein Nozomi‹	perlmuttrosa, halbgefüllt, einmalblühend, leichter Duft, 30 cm hoch, 50 cm breit
›Repandia‹	rosa, einfache Blüte, einmalblühend, leicht duftend, 40 cm hoch, 300 cm breit
›Roter Max Graf‹	rot, einfache Blüte, einmalblühend, 50 cm hoch, 300 cm breit
›Scarlet Meidiland‹	rot, gefüllt, öfterblühend, 60 cm hoch, 120 cm breit
›Snow Ballett‹	reinweiß, gefüllt, öfterblühend, 50 cm hoch, 100 cm breit

Floribundarose ›Manou Meilland‹

Kletterrose ›New Dawn‹

Ausdauernde Kletterpflanzen				
Botanischer Name	Deutscher Name	Wuchshöhe in m	Kletter-hilfe	Standort
Actinidia	Strahlengriffel	5–10	ja	geschützt, keine Südseite
Aristolochia	Pfeifenwinde	5–10	ja	schattig
Campsis	Trompetenblume	4–8		vollsonnig
Celastrus	Baumwürger	6–12	ja	sonnig bis halbschattig
Clematis	Waldrebe	3–10	ja	sonnig, beschattete Wurzel
Euonymus	Spindelstrauch	3–5		sonnig bis schattig
Fallopia	Knöterich	4–10	ja	sonnig bis schattig
Hedera	Efeu	5–30		halbschattig bis schattig
Hydrangea	Kletterhortensie	6–10		halbschattig bis schattig
Jasminum	Winterjasmin	2–5	ja	sonnig
Lonicera	Geißblatt	4–6	ja	sonnig bis halbschattig
Parthenocissus	Wilder Wein	8–15		sonnig bis halbschattig
Rosa	Kletterrose	2–6	ja	sonnig
Wisteria	Glyzine, Blauregen	8–15	ja	sonnig bis halbschattig

Wilder Wein, Parthenocissus

Kletterpflanzen

Die einjährigen Kletterer, die nur einen Sommer lang blühen und jedes Jahr von neuem herangezogen oder an Ort und Stelle ausgesät werden müssen, sind im Garten weniger interessant als die ausdauernden Schlinger, da es sich hierbei um Gehölze mit einer langen Lebensdauer und daher gestalterischen Funktionen handelt. Mit ihrer Hilfe lassen sich Pergolen, Rankgestelle oder Zäune begrünen, triste Laubenwände verschönen und Unterteilungen des Gartens vornehmen. Außer den Wurzelkletterern, zu denen Efeu *(Hedera)*, Kletterhortensie *(Hydrangea)* und der kletternde Spindelbusch *(Euonymus)* sowie der Wilde Wein *(Parthenocissus)* gehören, brauchen sie allesamt eine Kletter- oder Schlinghilfe. Zu den schönsten Blühern dieser Pflanzengruppe zählen verschiedene Arten und Sorten der Waldrebe *(Clematis)*, die Glyzine *(Wisteria)* und – natürlich – die Kletterrose *(Rosa)*, die eigentlich gar keine richtige Kletterpflanze ist. Sie gehört wie die Brombeere zu den sogenannten Spreizklimmern, die sich nur mit Hilfe ihrer langen, bedornten oder bestachelten Triebe nach oben schieben. Viele dieser Gewächse, von ihren natürlichen Standorten nichts anderes gewohnt, vertragen auch im Garten Halbschatten bis Schatten.

Geißblatt, Lonicera

Trompetenblume, Campsis

Stauden und Zwiebelblumen

Hier ist nun wirklich alles versammelt, was Farbe in den Garten bringt, für jede Jahreszeit bietet sich eine Fülle von Gattungen, Arten und Sorten an, vom nur wenige Zentimeter kleinen Winzling bis zu den meterhohen Türmen des Rittersporn, der Stockrose und des Fingerhut. Wir finden schattenverträgliche Gewächse ebenso wie Sonnenanbeter und solche, die in beiden Bereichen gedeihen. Man kann also ein ganzes Beet mit den verschiedensten Stauden füllen, große Exemplare in Gruppen arrangieren, offene Bodenstellen mit kleinbleibenden Arten bedecken oder den Gehölzrand mit bunten Blumen herausputzen. Es würde den Rahmen dieses Buches sprengen, einzelne Sorten aus dem großen Angebot beschreiben zu wollen.

Ein Tip zu den beliebten Knollenbegonien: Im allgemeinen wollen diese Pflanzen beschattet stehen. Nun gibt es aber auch Begonienrassen, die genausogut in der Sonne gedeihen. Die größte Sonnenverträglichkeit verzeichnet die ›Clips‹-Gruppe mit roten, weißen oder orangefarbenen, gut gefüllten Blüten, die einen Durchmesser von 8 cm erreichen und sich früh öffnen. Mit 11 cm Blütendurchmesser warten die Sorten der Rasse ›Nonstop‹ auf. Die Farbpalette reicht von scharlach und apricot über rosa bis gelb und

Goldnessel, Lamiastrum

weiß. Die auffallendste Leuchtkraft strahlt ›Nonstop Feuerrot‹ aus. Die relativ schwachwachsende Rasse ›Memory‹ besitzt die mit 16 cm Durchmesser größten Blüten in den Farben blutrot, lachsrosa, rosa und orange.

Wichtig bei Stauden im kleinen Garten ist die Auswahl nach Blütezeiten, denn es geht ja darum, das ganze Jahr über Akzente zu setzen. Das beginnt im Winter mit den Christ- oder Schneerosen *(Helleborus)*, denen Schneeglöckchen und die anderen Frühlingszwiebelblumen folgen, bis dann der Sommer die Möglichkeiten mit den ausdauernden Blühern beinahe ins Unermeßliche steigert. Nicht zu vergessen sind dabei die Ziergräser, die, abgesehen vom Pampasgras, immer noch viel zu wenig Beachtung finden, dabei als Ergänzung zu anderen Gewächsen keineswegs eine untergeordnete Rolle zu spielen brauchen. Das trifft auch auf Kleinstauden, Bodendecker und polsterbildende Pflanzen zu, denen so prominente Gattungen wie Nelken *(Dianthus)*, Glockenblumen *(Campanula)*, Schleifenblume *(Iberis)*, Bergenien *(Bergenia)*, Blaukissen *(Aubrieta)* oder Steinkraut *(Alyssum)* zugehören. Sie können überall Platz finden und sind, in Gruppen zusammengesetzt, nicht minder reizvoll und raumfüllend wie ihre hoch aufragenden, großblumigen Schwestern der Kategorie Prachtstauden.

Braunelle, Prunella grandiflora

Katzenpfötchen, Antennaria dioica

Schaumblüte, Tiarella cordifolia

Kleinstauden und Bodendecker mit Blütenschmuck					
Botanischer Name	Deutscher Name	Höhe in cm	Pflanzweite in cm	Immergrün	Schattenverträglichkeit
Acaena novae-zelandiae	Stachelnüßchen	10	40	x	
Alchemilla mollis	Frauenmantel	15	40		
Alyssum	Steinkraut	25	40		
Antennaria dioica	Katzenpfötchen	5	25		
Arabis caucasica	Gänsekresse	15	20		
Artemisia stelleriana	Beifuß	30	45		
Aubrieta-Hybriden	Blaukissen	10	30		
Bergenia-Hybriden	Bergenie	20	40		
Brunnera macrophylla	Kaukasusvergißmeinnicht	30	40		x
Campanula portenschlagiana	Glockenblume	10	30		x
Centaurea	Flockenblume	15	30		
Cerastium tomentosum	Hornkraut	15	40		
Convallaria	Maiglöckchen	25	30		x
Dianthus, viele Arten	Nelke	20	30		
Duchesnea indica	Indische Erdbeere	10	40		x
Epimedium	Elfenblume	30	30		x
Geranium, viele Arten	Storchschnabel	30–90	40		x
Helianthemum-Hybriden	Sonnenröschen	20	40	x	
Hosta, viele Arten	Funkie	45	50		x
Iberis sempervirens	Schleifenblume	30	40	x	
Lamiastrum galeobdolon	Goldnessel	20	30	x	x
Lamium maculatum	Gefleckte Taubnessel	10	30		x
Liriope muscari	Liriope	25	30	x	
Luzula sylvatica	Waldmarbel	30	30	x	x
Lysimachia nummularia	Pfennigkraut	5	20		x
Maianthemum	Schattenblume	10	30		x
Nepeta x faassenii	Blauminze	25	30		
Omphalodes	Gedenkemein	15	30		x

Kleinstauden und Bodendecker mit Blütenschmuck					
Botanischer Name	Deutscher Name	Höhe in cm	Pflanzweite in cm	Immergrün	Schattenverträglichkeit
Origanum	Dost	20	30		x
Oxalis	Sauerklee	15	20		x
Phlox, viele Arten	Flammenblume	4–40	20		
Polygonum affine	Schneckenknöterich	8	25		x
Potentilla alba	Weißes Fingerkraut	20	20		x
Prunella grandiflora	Braunelle	10	30		x
Pulmonaria	Lungenkraut	20	30		x
Saxifraga, viele Arten	Steinbrech	ab 3	20		x
Sedum spurium	Teppichsedum	8	20		
Stachys byzantina	Wollziest	10	20		
Symphytum grandiflorum	Beinwell	20	30		x
Thymus serpyllum	Feldthymian	10	20	x	
Tiarella cordifolia	Schaumblüte	25	30		x
Veronica prostata	Ehrenpreis	5	25		
Vinca minor	Kleines Immergrün	15	40	x	x
Viola, viele Arten	Veilchen	10	25		x
Waldsteinia	Golderdbeere	10	25		

Lungenkraut, Pulmonaria

Funkie, Hosta

Düngung

Wie alle Lebewesen müssen auch Pflanzen Nährstoffe aufnehmen, um existieren zu können. In der Natur funktioniert das reibungslos, weil durch die natürliche Verrottung genügend Nahrungssubstanz zur Verfügung steht. In der Landwirtschaft und im Hausgarten mit seinen Intensivkulturen sind die natürlichen Nährstoffquellen des Bodens schon bald erschöpft, und man muß durch fortlaufende Düngung dafür sorgen, daß sie weiter sprudeln. Wenn wir unsere Gartenpflanzen düngen, verschwenden wir kaum einen Gedanken daran, was die Gewächse mit den Nährstoffen eigentlich anfangen. Dabei ist die Kenntnis dieser Vorgänge für die Ernährung der Pflanzen wichtig.

Fragen zur Düngung

Eine der heißumstrittendsten Fragen ist, ob man ausschließlich mineralisch oder organisch düngen soll. Man kann den Komplex Düngung im Hausgarten auf die zehn wichtigsten Fragen, die immer wieder gestellt werden, reduzieren und aus den Antworten die Problemlösung ableiten.

Sind Mineraldünger gesundheitsschädlich?
Ob organische oder mineralische Düngung – die Wirkung der Nährstoffe auf das Leben der Pflanzen ist identisch. Mineraldünger enthalten Stickstoff (N), Phosphor (P) und Kalium (K) in einer Form, die es den Gewächsen erlaubt, sie direkt aufzunehmen. Die Vorarbeiten hierfür wurden in unseren chemischen Fabriken geleistet. Bei organischen Stoffen findet dieser chemische Prozeß in den Körpern der Kleinlebewesen des Bodens statt. Erst nach dem Passieren dieser »natürlichen Düngerfabriken« sind Stickstoff, Phosphor und Kali aus dem organischen Material herausgelöst und können von den Wurzeln aufgenommen werden. Mineralische Dünger schaden der Gesundheit also so wenig wie organische. Das Nitratproblem ist ein Fall für sich und betrifft beide Düngemethoden.

Was sind Mehrnährstoffdünger?
In diesen Nährstoffkombinationen sind Stickstoff, Phosphor und Kalium und häufig auch Spurenelemente so zusammengestellt, daß die Pflanzen eine komplette Vollnahrung erhalten. Man spricht deshalb auch von Volldüngern. Nur Gewächse mit Spezialwünschen, zum Beispiel Moorbeetpflanzen, müssen anders versorgt werden.

Haben flüssige Dünger eine bessere Wirkung als feste?
Der Pflanze selbst ist es egal, ob man die Nährstoffe auf den Boden gießt oder streut. Letztlich ist immer Feuchtigkeit das Transportmittel zu den Wurzeln. Allerdings beschleunigt es die Beförderung, wenn die Nährsalze schon vorab in Wasser gelöst wurden. Wo es im Garten darauf ankommt, die Gewächse möglichst rasch mit Dünger zu versorgen, ist also flüssige Nahrung angebrachter als feste.

Welche Vorteile haben organische Dünger?
Jeder Hobbygärtner weiß, daß sein Gartenboden mit Milliarden von Lebewesen bevölkert ist, vom Regenwurm bis zum mikroskopisch kleinen Einzeller. Gäbe es diese Organismen nicht, bestünde das Erdreich aus totem, zermahlenem Gestein. Leben jedoch bedeutet Vermehrung, Zellen teilen sich und schaffen dadurch neue Individuen. Das ist »Arbeit«, Arbeit verbraucht Energie. Die Bodenlebewesen müssen also ernährt werden, und das geschieht mit Hilfe organischer Stoffe, unter anderem durch natürliches Düngen. Denn N, P und K sind ja Endprodukte, die Kleinlebewesen können damit nichts mehr anfangen. Soll das alles funktionieren, müssen wir für die notwendigen Energieträger sorgen. Organische Düngung erschafft und erhält Leben, ist also unverzichtbar. Und sie fließt, sofern ausreichend vorhanden, langsam, sanft, unablässig. Das ist ihr großer Vorteil.

Was erreicht man mit Gründüngung?

Ein Gartenboden, der nicht von Pflanzen bewachsen, beschattet und durchwurzelt ist, trocknet aus, wird hart und unfruchtbar. In der Natur sind solche leblose Flecken selten, im Garten sollten sie es auch sein. Auf leerstehenden Beeten werden also, meist ab Spätsommer, Pflanzen eingesät, die viel Grünmasse produzieren beziehungsweise den Boden tief durchwurzeln. Im Herbst mäht man sie ab, oder sie erfrieren im Winter und werden zu Humus. Diese Gründüngung erhöht die Bodenfruchtbarkeit und verbessert die Struktur des Erdreichs.

Was versteht man unter Grunddüngung?

Ein Gemüsebeet, das die ganze Vegetationsperiode über bepflanzt war, hat seine letzten Düngerreserven bis zum Herbst erschöpft. Auch wenn zwischendurch immer mal wieder für Nachschub gesorgt wurde – in der nächsten Saison gibt das Erdreich nicht mehr viel her, zu wenig jedenfalls für gute Erträge. Im Frühjahr muß also neue Pflanzennahrung in den Boden, mineralische oder organische. Weil diese Grunddüngung für möglichst lange Zeit reichen soll, ist reifer Kompost ideal dafür. In ihm sind die Nährstoffe durch die Verrottung schon weitgehend aufgeschlossen. Nun hat der Biogärtner bei der Grunddüngung einen entscheidenden Vorteil: dank Mulchen, Gründüngung und Kompostwirtschaft wird auf seinen Beeten niemals der Erschöpfungszustand eintreten, wie er bei überwiegend mineralischer Düngung schon mal vorkommen kann. Mit anderen Worten: die Grunddüngung findet hier, bis auf den Winter, rund ums Jahr statt.

Was bedeutet Kopfdüngung?

Wir unterscheiden beim Gemüse Stark-, Mittel- und Schwachzehrer. Kohl, Gurken und Tomaten zum Beispiel sind als »Düngerfresser« bekannt und gehören in die erste Gruppe. Sie kommen mit der Grunddüngung des Frühjahrs nicht aus und brauchen zwischendurch Nachschub. Diese Düngung wird nun beileibe nicht »auf den Kopf« gegeben, sondern immer direkt in den Wurzelbereich – ob in organischer oder mineralischer Form. Bei Gurken im Gewächshaus tut sich ohne derartige Zusatzgaben überhaupt nichts, die kleinen Früchte würden verkümmern. Weil in der Natur, also auch im Garten, eines vom anderen abhängt, gibt es für diese Nachdüngung keine festen Regeln, schon gar nicht für den Biogärtner. Ist sein Boden fruchtbar, gepflegt und gut mit allem versorgt, wird er mit einer Zusatzdüngung zurückhaltend sein; denn Nitrat im Übermaß, gleich aus welcher Quelle es stammt, ist unerwünscht. Hier haben Mineraldünger Vorteile – ihre Menge läßt sich nämlich viel genauer dosieren.

Was bewirken die einzelnen Nährelemente?

Pflanzen brauchen die drei wichtigsten Dünger – Stickstoff, Phosphor und Kalium – in ausgewogenem Verhältnis. Jeder dieser drei Komponenten fallen im Leben der Flora ganz bestimmte Aufgaben zu. Mangelt es auch nur an einem Stoff, klappt das Ganze nicht mehr. Das ist der Kernpunkt des berühmten Gesetzes vom Minimum. Stickstoff sorgt für Eiweißbildung und ist der Motor des Wachstums. Zuviel davon aber schwemmt die Pflanze auf, macht sie anfällig für Schädlinge und Krankheiten. Phosphor fördert die Blüte, unterstützt Frucht- und Samenbildung. Ein Mangel zeigt sich in schwächlichen Stengeln und Wurzeln. Kalium festigt das Gewebe und schützt damit vor Winterschäden. Unterversorgung zeigt sich in eingerollten Blatträndern und -spitzen. NPK-Dünger, Kompost oder andere organische Nährstoffe decken diesen lebensnotwendigen Bedarf unserer Pflanzen.

Was sind Spurenelemente?

Der Name sagt es bereits: Spurenelemente sind nur in kleinsten Mengen für das Pflanzenleben von Bedeutung. Das heißt aber nicht, daß es auch ohne sie ginge. Wir brauchen diese Stoffe bei der Wahl unserer Dünger allerdings nicht weiter zu berücksichtigen, denn in den meisten, normal versorgten Gartenböden sind sie in ausreichendem Maße vorhanden. Zu den wichtigsten Spurenelementen gehören Bor (B), Eisen (Fe), Kupfer (Cu), Mangan (Mn), Molybdän (Mo) und Schwefel (S). Ihnen fallen im pflanzlichen Leben ganz bestimmte Aufgaben zu. Fehlen sie wirklich einmal, äußert sich das in charakteristischen Mangelerscheinungen.

Gesetz vom Minimum: Alle lebensnotwendigen Stoffe müssen in bestimmten Mengen vorhanden sein. Fehlt auch nur ein einziger Stoff, kränkelt die Pflanze

Bei einer Unterversorgung mit Eisen beispielsweise verfärben sich die Blätter blaßgelb bis weiß, man spricht dann von einer Chlorose. Magnesium (Mg) zählt man heute nicht mehr zu den Spurenelementen. Obgleich nur in geringen Mengen erforderlich, ist es so wichtig, daß es vielen Mineralvolldüngern beigemischt wird. Es trägt entscheidend zur Blattgrünbildung bei. Einer Ergänzung eventuell fehlender Spurenelemente muß eine Bodenuntersuchung in einem Institut vorangehen.

Wie kommt es zu Düngerschäden?

Wenn man von Düngerschäden spricht, ist meist Überdüngung gemeint. Es trifft zu, daß der langsame Fluß organischer Nährstoffe nur selten zu einer Überversorgung führt. Angesichts des Nitratproblems sollte man aber auch mit Kompost nicht hemmungslos wirtschaften. Problematisch kann ein Zuviel bei unsachgemäßer Ausbringung mineralischer Mehrnährstoff- oder gar Einzeldünger werden. Wie bei Pflanzenschutzmitteln sollte man sich auch hier genau an die Dosierungsvorschriften des Herstellers halten. Weniger ist meistens mehr, zumal Untersuchungen ergeben haben, daß unsere Gartenböden eher überdüngt als unterversorgt sind.

Kompost

Es handelt sich dabei um den besten Naturdünger, den man sich denken kann. Leider reicht die Menge, die ein kleiner Garten an Rottematerial abwirft, meist nicht aus, um die gesamte Fläche allein damit zu versorgen. Weil die Gemüsebeete am intensivsten genutzt werden, sollten sie zuallererst in den Genuß von Kompost kommen, bei Obst- und Ziergehölzen sowie Sommerblumen und Stauden kann man sich auch mit Mineraldüngern behelfen.

Am saubersten und einfachsten ist die Kompostbereitung in vorgefertigten Silos aus Holz, Kunststoff oder Aluminium, die mit unterschiedlichem Fassungsvermögen im Angebot sind. Eine frei aufgebaute Miete kostet viel Platz und muß mindestens einmal umgesetzt werden, wobei das Unterste zuoberst kommt. Der Flächenanspruch verdoppelt sich also in diesem Fall, und gerade im Kleingarten ist jeder Quadratmeter kostbar. Allerdings wäre es auch bei Fertigmodellen vorteilhaft, sich zwei Exemplare hinzustellen, damit immer ausgereifter Kompost zur Verfügung steht.

Es wurde bereits an anderer Stelle gesagt, daß der Kompostplatz etwas beschattet liegen sollte, damit das Material nicht austrocknet. Denn die Kleinlebewesen einschließlich der Regenwürmer

Bei zwei Komposthaufen hat man jederzeit gut verrottetes, organisches Material zur Verfügung

sind nur in einem stets feuchten, gut durchlüfteten Umfeld lebensfähig. Damit ist schon einiges über den Aufbau des Komposts gesagt. Er muß so locker erfolgen, daß Luft von allen Seiten Zutritt hat, andernfalls geht die saubere Rotte in stinkende Fäulnis über. Demselben Zweck dient eine gute Mischung des Materials. Dicke Lagen von ausschließlich Grasschnitt, Laub, Papier oder Küchenabfällen sind ebenso ungünstig wie starke Äste oder lange Zweige. Grundsätzlich kann alles organische Material kompostiert werden. Nicht auf den Kompost gehören Metall, Kunststoff, Plastik, Glas, Porzellan und Gummi. Fleisch- und Wurstreste sowie Knochen gibt man ebenfalls besser in den Müll, weil sie in Fäulnis übergehen können, ehe es zur Verrottung kommt; außerdem locken sie streunende Hunde, Katzen sowie Ratten und Mäuse an.

Grasschnitt sollte leicht antrocknen, wenn er schon mal in größeren Mengen auf den Kompost gelangt, trockenes Herbstlaub wird vorher angefeuchtet, ebenso Zeitungen, die man stets zerknüllen und dann kurz in Wasser einweichen sollte. Mit Buntdrucken muß man wegen möglicher chemischer Zusätze vorsichtig sein. Überängstliche behalten auch die Schalen von

Zitrusfrüchten zurück, die mit Konservierungsmitteln behandelt wurden. Allerdings sind sich die meisten Fachleute darin einig, daß derartige Schadstoffe durch den Rottevorgang restlos abgebaut werden.

Reifer Kompost, bei dem der Umsetzungsprozeß beendet ist, wird immer nur über die Beete gestreut und mit Harke oder Hacke leicht in die oberste Bodenschicht eingearbeitet. In der Tiefe bleibt er wirkungslos, weil hier Sauerstoff fehlt und die Wurzeln nur zu einem geringen Teil so weit vordringen können. Erst recht gilt das für sogenannten »unreifen« Kompost, in dem die Mikroorganismen noch in vollem Umfang tätig sind, bei dem die Verrottung also noch nicht abgeschlossen ist. In tieferen Bodenschichten kann dieses Material unter Luftabschluß in Fäulnis übergehen. Man benutzt es also zur Flächenkompostierung, das heißt, es wird wie Mulch auf Beete, unter Bäume und Sträucher gestreut. Die Pflanzen holen sich gerade soviel Nährstoffe, wie sie brauchen. Einzig bei Blattgemüse sollte man wegen einer möglichen Nitratanreicherung auch mit dem Kompost besser etwas zurückhaltend sein.

Ausreichende Kompostgaben fördern das Bodenleben – das Ergebnis sind gesunde und üppige Pflanzen

Pflanzenschutz

Die Zeiten sind gottlob vorbei, da man, kaum waren ein paar Blattläuse an Rosen oder Bohnen entdeckt, zur Spritze griff und ziemlich unbekümmert den Schädlingen mit dem erstbesten Insektizid zu Leibe rückte. Mittlerweile ist bekannt, daß ungehemmter Umgang mit Pflanzenschutzmitteln nicht nur dem eigenen Garten, sondern auf lange Sicht gesehen der Umwelt insgesamt schadet. Das 1988 in Kraft getretene neue Pflanzenschutzgesetz hat dem Rechnung getragen und sämtliche Schädlingsbekämpfungspräparate aus der Selbstbedienung herausgenommen. Jetzt muß sich der Käufer durch geschultes Personal beraten lassen. Es ist damit zu rechnen, daß in nicht allzu ferner Zukunft die Anwendung von Herbiziden (Unkrautbekämpfungsmitteln) im Hausgarten generell untersagt wird.
Wie weit es nötig und vertretbar ist, gegen tierische und pilzliche Schaderreger überhaupt mit Hilfe der Chemie vorzugehen, diese Frage hat die Hobbygärtner in zwei Lager gespalten. Auf der einen Seite stehen die konventionell Wirtschaftenden, die schon mal zur Spritze greifen, auf der anderen die konsequenten Anhänger des biologischen Gartenbaus, von denen jegliches Einschreiten dieser Art kategorisch abgelehnt wird. In der Theorie haben die zuletzt genannten natürlich recht, in der Praxis sieht die Sache leider manchmal anders aus, wird die Chemie in extremen Befallssituationen zum willkommenen Helfer.
Schädiger und Krankheiten werden immer dann verstärkt auftreten, wenn die Pflanzen unter falscher Pflege oder Vernachlässigung zu leiden haben, sonnenliebende Gewächse also beispielsweise im Schatten stehen, zuviel oder zuwenig gewässert wird, der Boden nicht stimmt oder Fehler in der Ernährung vorliegen. Der wirkungsvollste Schutz für die Pflanzen beginnt also bei den Kenntnissen über die jeweils richtigen Kulturmaßnahmen. Und hier ist der Biogärtner dem weniger Versierten meist ein paar Nasenlängen voraus, weil er sich zwangsläufig mit den Zusammenhängen der Lebensumstände in seinem Garten ebenso intensiv beschäftigen muß wie mit den Ansprüchen der Gewächse im einzelnen. Sonst funktioniert im naturgemäßen Garten überhaupt nichts.
Hier ist auch der Grund dafür zu suchen, daß viele Hobbygärtner die ganze Biorichtung für einen arbeitsaufwendigen Nonsens halten. Man erleidet nämlich nur Rückschläge, wenn man weiter ausschließlich mineralisch düngt, auf den Schutz der Nützlinge nicht besonders achtet, den Garten in gewohnter Weise blitzsauber hält, Schädlingen und Krankheiten dann aber mit vom Biogärtner empfohlenen Methoden, wie dem Einsatz von Pflanzenjauchen-, brühen- und -tees, den Garaus machen möchte. Es geht den Gewächsen nicht anders als uns: bekämpfen wir eine Krankheit gleich mit den stärksten Medikamenten, müssen sanftere Verfahren und mildere Präparate später wirkungslos bleiben.
Der Weg zum vollkommenen Biogarten ist lang und beschwerlich, und man sollte sich gut überlegen, ob man ihn beschreiten will. Wer genügend Zeit hat, kann auf seiner kleinen Parzelle derartige Versuche unternehmen. Aber man muß gar nicht zum eingeschworenen Biogärtner werden, um auf Pflanzenschutzmittel weitgehend zu verzichten. Andererseits soll der Garten schließlich Spaß machen, der Kleingarten allemal. Dieser Spaß hört aber auf, wenn man eines Morgens feststellt, daß die Berberitze *(Berberis x ottawensis* ›Superba‹) von Raupen zur Hälfte kahlgefressen worden ist und bei der Befallsdichte mit Totalverlust gerechnet werden muß. Soll eine Rodung vermieden werden, hilft nur ein gegen Raupen zugelassenes Insektizid. In diesem Fall gibt es übrigens ein umweltschonendes, bei anderen Insekten und Organismen nicht wirkendes Spezialpräparat, bei dem ein Bazillus verspritzt wird. Er gelangt über die Kauwerkzeuge der Raupen in deren Darm und zerstört hier die Zellen. Dieses Produkt mit dem Handelsnamen Decis gehört in die Kategorie der sogenannten biologischen Pflanzenschutzmittel, weil es bis auf die Zielgruppe alle anderen lebenden Organismen verschont. Aber noch sind die Möglichkeiten des biologischen Pflanzenschutzes ziemlich

Nistkasten

begrenzt, so daß man in Not- und Sonderfällen bei der Bekämpfung den Tod einiger Nützlinge in Kauf nehmen muß. Wer beim Anbau und bei der Pflege ein paar Grundregeln beachtet, wird jedoch nur selten in so eine zwiespältige Situation geraten.

Die Ansprüche der Kulturpflanzen zu erfüllen, Nützlinge zu schonen und – wenn möglich – im Garten heimisch zu machen, bewußte Bodenpflege und eine möglichst große Vielfalt an Gewächsen sind Voraussetzungen, die sich auch im Kleingarten erfüllen lassen und Schadorganismen das Leben schwer machen. Die Schrebergartenanlagen – oft inmitten großer Städte – mit ihren Büschen und Bäumen sind ein beliebter Zufluchtsort unserer Singvögel, die vor allem während der Brutpflege große Mengen an Schädigern vertilgen. Es sollten also Nistkästen aufgehängt werden, nicht zu viele pro Parzelle, denn jedes Vogelpärchen hat sein eigenes Revier, in dem es keine Konkurrenz duldet. Daß Amseln auch Ärger bereiten können, wenn sie sich über junge Aussaaten, Kirschen und Beerenfrüchte hermachen, wird man hinnehmen müssen. Leider ist der Schaden offensichtlicher als der Nutzen, den uns diese Tiere bescheren.

Ein mit Holzwolle gefüllter Blumentopf dient als Unterschlupf für Ohrwürmer

Gallmückenlarven – hier beim Aussaugen einer Blattlaus – helfen bei der Schädlingsbekämpfung

Raubmilbe saugt Rote Spinne aus

Unter den Insekten gibt es nicht nur solche, die sich von Pflanzen durch Saugen oder Fressen ernähren, sondern auch andere, die ihrerseits den Schädlingen nachstellen. Bekannt sind bestimmte, winzige Schlupfwespenarten, Larven der Marienkäfer, Florfliegen, Raubmilben und Gallmücken. Im Unterglasanbau wie bei der Zimmerpflanzenpflege werden diese Nützlinge bereits gezielt eingesetzt, im Freiland ist das nicht möglich, weil die Tiere von befallenen Kulturen rasch in andere Gartenteile abwandern. Aber auch unter Käfern und zahlreichen anderen Kleininsekten gibt es räuberisch lebende Stadien, die zur Dezimierung der Schädlinge beitragen. Man kann die für sie notwendigen Lebensbedingungen schaffen, indem man das Laub unter den Gehölzen nicht bis zum letzten Blatt wegrecht, in einer Gartenecke ein paar große Steine als Unterschlupf liegen läßt, Ziersträucher nicht rigoros auslichtet, kurz, den Saubermann etwas hinter den Naturschützer zurücktreten läßt.

Von den verschiedenen Pflanzenauszügen, die zur Stärkung der Gewächse oder zur Schädlings abwehr im Biogarten Anwendung finden, war schon kurz die Rede. Man kann diese natürlichen Mittel selber herstellen, wobei zwischen Tees, Auszügen, Brühen und Jauchen unterschieden wird. Die dazu benötigten grünen Pflanzenteile werden gesammelt, oder man kauft getrocknete Blätter im Reformhaus beziehungsweise in einem Gartenfachgeschäft. Hier nun einige Rezepte und Anwendungsmöglichkeiten. Bei Tees werden die Pflanzenteile überbrüht und einige Minuten zum Ziehen stehengelassen. Danach siebt man sie durch und läßt sie langsam erkalten.

Auszüge stellt man her, indem die Pflanzen über Nacht oder länger in Wasser eingeweicht werden. Bei Brühen handelt es sich um Auszüge, die eine halbe Stunde bei mäßiger Hitze gekocht wurden. Jauchen sind vergorene Kaltwasserauszüge, die man nach Abschluß des Gärvorgangs zehnfach verdünnt über die von Schädlingen befallenen Gewächse spritzt. Alles, was nicht gegossen wird, muß vor Gebrauch gefiltert werden, damit die Düsen der Geräte sich nicht verstopfen. Die unangenehme Geruchsentwicklung von Jauchen läßt sich mindern, indem man ein paar Handvoll Gesteinsmehl oder einige Tropfen Baldrianextrakt in das Gärgefäß gibt.

Für Jauchen und Auszüge können als Maßeinheit 1 kg Grünmasse oder 150 g Trockensubstanz auf 10 l Wasser gelten. Es sind die im Hausgarten am meisten verwendeten Ausbringungsformen. Tees und Brühen aus den verschiedensten Kräutern sollten versierten Biogärtnern vorbehalten bleiben, die dann auch noch mit unterschiedlichen Aufwandmengen und verschiedenen Mischungen experimentieren.

Brennesseljauche soll gegen zahlreiche Krankheiten und tierische Schädlinge wirken, zum Beispiel als unverdünnter Auszug oder 50fach verdünnte, gärende Jauche vor allem gegen Blattläuse. Leicht verdünnte Ackerschachtelhalmjauche wird gegen Pilzkrankheiten gespritzt, unverdünnte Wurmfarnjauche gegen Schild- und Blutläuse, reine Brühe von Rainfarn vertreibt Erdflöhe. Neben diesen selbst hergestellten Präparaten bietet der Fachhandel eine breite Palette biologischer Pflanzenschutzmittel an, die aber nur dann wirksam werden können, wenn sich der Garten im schon beschriebenen, »natürlichen« Zustand befindet. Im übrigen ist nicht alles, was den Aufdruck »biologisch« trägt, so harmlos, wie der Laie annimmt. Präparate auf Pyrethrumbasis beispielsweise sind zwar für Warmblüter ungefährlich, bei Insekten jedoch hochwirksame Tötungsmittel und keineswegs bienenungefährlich. Dieser Extrakt einer tropischen Chrysanthemenart darf nicht in der Nähe von Gartenteichen ausgebracht werden, da er eine tödliche Wirkung für Fische und andere Wasserbewohner hat. Aus diesem Grund wird Pyrethrum von überzeugten Biogärtnern auch abgelehnt.

Neben chemischen oder biologischen Mitteln der Schädlingsabwehr gibt es noch mechanische Möglichkeiten, den Befall zu unterdrücken oder zurückzudrängen. Dazu gehört das Entfernen von kranken Pflanzenteilen – in diesem Fall mit

Brennessel

Ackerschachtelhalm

dem Endlager Mülltonne –, das Aufhängen von mit Raupenleim bestrichenen Gelbtafeln in Kirschbäumen, um der Kirschfruchtfliege habhaft zu werden. Halbierte rohe Kartoffeln, mit der Schnittseite nach unten in den Boden gedrückt, locken Drahtwürmer an, die als Wurzelschädlinge lästig sind; gegen Frostspanner helfen im Herbst um die Stämme der Obstgehölze gelegte Leimringe; ein mit einem Einschnitt versehener starker, unter jede einzelne Kohlpflanze geschobener Karton hält den Befall durch die Kohlfliege fern. Bei Blattläusen hilft manchmal das Abspritzen mit einem scharfen Wasserstrahl; fein gewebte Netze, zur Zeit der Eiablage über die gefährdeten Kulturen gebreitet, halten sehr wirksam die verschiedenen Gemüsefliegen ab; Schnecken kann man vor Einbruch der Dunkelheit absammeln, in mit Bier gefüllten und bis zum Rand in den Boden eingesenkten Gefäßen (Joghurtbechern) fangen oder Anzuchtbeete mit Schneckenzäunen schützen. Gegen Wühlmäuse hilft nach wie vor am zuverlässigsten der allerdings einige Kenntnisse erfordernde Fang mit Hilfe von Fallen. Diese müssen so angelegt werden, daß sie von Vögeln und Haustieren nicht aufgespürt werden können.

Wurmfarn

Gelbtafel

Netze schützen vor Schädlingen

Register

Halbfette Seitenzahlen verweisen auf Abbildungen.

PRAG

Die Goldene Stadt

Ein Bildband
mit Fotografien von Julius Silver
und Texten von Harald Salfellner

Vitalis

CLASSIC RIVER
HAMBURG

Inhalt

Links: Blick über die Moldau auf Kleinseite und Hradschin.

Vorige Doppelseite: Blick von der Burgrampe auf Alt- und Neustadt.

OBEN: Die Loretogasse in der Burgstadt.

FOLGENDE DOPPELSEITE: Die Burgstadt [Hradčany], wie sie vom Laurenziberg [Petřín] aus zu sehen ist.

Die Burgstadt

Die alte Kaiserburg, Hradschin genannt, und die angrenzende Burgstadt liegen auf einem langgestreckten, felsigen Hügel am linken Ufer der Moldau. Von „hrad", der tschechischen Bezeichnung für eine Burg, leitet sich der Name des ganzen Viertels ab. Zu diesem Stadtteil gehören neben dem ausgedehnten Burgareal auch die Königlichen Gärten mit dem Lustschloß „Belvedere" sowie die ehemaligen Burgvorstädte einschließlich des Klosters Strahov. In diesem vornehmen Quartier, in unmittelbarer Nähe des königlichen Hofes, errichteten die einflußreichsten Herren des Landes auf Augenhöhe zur Majestät des Kaisers ihre Paläste: Die Familien Martinitz, Czernin und Lobkowicz, Rosenberg, Schwarzenberg und Dietrichstein wohnten dort oben. Als dann im 17. Jahrhundert die Bauplätze in der Burgstadt rar wurden, wichen die aristokratischen Bauherren auf die Kleinseite unterhalb der Burg aus.

Die Anfänge des Hradschins gehen ins 9. Jahrhundert zurück, als der erste christliche Přemyslidenfürst Bořivoj I. seine Residenz von Levý Hradec nach Prag verlegte (875). In der mit Erdwällen und einem Graben bewehrten Holzburg wurde anno 890 eine der heiligen Jungfrau geweihte Steinkirche errichtet. Bořivojs Sohn Vratislav I. ließ 920 an der Stelle der heutigen St. Georgsbasilika ein weiteres Gotteshaus errichten. Nach der Gründung des eigenständigen Prager Bistums (973) unter Boleslav II. wurde die Burg Bischofssitz. Im 14. Jahrhundert bestimmte der Luxemburger Kaiser Karl IV. die seit den Zeiten Přemysl Otakars II. verfallende Burg zum Mittelpunkt des Heiligen Römischen Reiches. Als Prag 1344 zum Erzbistum erhoben wurde, sorgte er für den Bau des Veitsdoms, einer gotischen Kathedrale inmitten der kaiserlichen Burg.

Nach Jahren des Niedergangs im Gefolge der Hussitenkriege zogen im ausgehenden 15. Jahrhundert die jagiellonischen Könige erneut mit glanzvollem Leben und Treiben auf die Burg, da sie sich nach den Prager Aufständen von 1483 in dem ungeschützten Königspalast in der Stadt nicht mehr sicher fühlen konnten.

Das seit 1526 regierende Geschlecht der Habsburger legte Gärten an, führte das Lustschloß „Belvedere" im Renaissancestil auf und verwandelte die unwirtliche Burg nach und nach zu einem behaglichen Herrschersitz.

Der für Kleinseite und Burgstadt verheerende Stadtbrand von 1541 schlug tiefe Breschen ins damals noch mittelalterliche Stadtbild. Zugleich aber verhalfen die in der Folge nötigen Auf- und Umbauten der sich bereits ankündigenden Renaissance auch in der Burgstadt endgültig zum Durchbruch.

Eine neuerliche Blütezeit erlebte die Burg dann unter dem legendären Kaiser Rudolf II., der Prag ein letztes Mal zum kulturellen und politischen Mittelpunkt des Reiches machen sollte. Der Sammler, Kunstmäzen und Bauherr befahl eine Reihe von Erweiterungen (z. B. den Nordflügel mit dem Spanischen Saal und der Rudolf-Galerie) und ließ im tiefen Graben hinter der Burg (Hirschgraben) ein Hochwildgehege anlegen, ferner den steinernen Löwenhof, eine Fasanerie, einen Fischteich und eine Sommerreitschule.

Dann das Schicksalsjahr 1618: Mit dem sogenannten Zweiten Prager Fenstersturz nahm von der Prager Burg aus der Ständeaufstand seinen Lauf: aufgebrachte Rebellen stürzten die kaiserlichen Statthalter Jaroslav von Martinitz und Wilhelm von Slawata nebst ihrem Secretarius Philippus Fabricius aus einem Fenster der Böhmischen Kanzlei. Im Zuge des aufflackernden Dreißigjährigen Krieges wurde die Burg von sächsischen und schwedischen Truppen besetzt. Wertvolle Kunstschätze der weltberühmten rudolfinischen Sammlungen gingen damals verloren oder wurden zerstört.

Im Zusammenhang mit den Erbfolgekriegen Maria Theresias wurde die Burg im 18. Jahrhundert mehrmals bei Belagerungen beschädigt (1741 durch ein französisch-sächsisches Heer, 1744 und 1757 durch die Preußen). Aber die Burg sah auch rauschende Feste: die Feierlichkeiten anläßlich der Krönung Karls VI. zum König von Böhmen (1723), die Heiligsprechung des Johannes von Nepomuk (1729) und auch die Inthronisation Maria Theresias (1743), der nach erbitterten Kämpfen um die Erbfolge endlich siegreichen Königin Böhmens und Ungarns sowie umjubelten Erzherzogin von Österreich.

Hatte Kaiser Rudolf II. das gesamte Viertel zur königlichen Stadt erhoben, so gliederte etwa 150 Jahre später Maria Theresia diese „Burgstadt“ als viertes Quartier in das wachsende urbane Gefüge.

Unter der Regentschaft ihres Sohnes, des reformfreudigen Kaisers Joseph II. wurden nicht nur traditionsreiche Klöster wie das Georgskloster auf der Burg aufgelassen, sondern auch

kostbare weltliche Kulturgüter vernichtet, etwa durch die Einquartierung von Truppen in das königliche Lustschloß, das große Ballhaus oder in die königliche Reitschule. Auch die letzten Reste der rudolfinischen Sammlungen kamen unter Joseph II. unter den Hammer. Als die Habsburger ihre Residenz endgültig an die Donau verlegten, sank Prag ab zu einer von vielen Provinzstädten der österreichischen Erblande. Nur einmal noch sollte ein Kaiser auf der in Dornröschenschlaf versunkenen Prager Burg walten: der glücklose Ferdinand I. von Österreich, wohlwollend „der Gütige" genannt, der nach seiner Abdankung im Revolutionsjahr 1848 in der Abgeschiedenheit des Hradschins seinen ständigen Ruhesitz fand.

Nach 1918 zog der Präsident der jungen Tschechoslowakischen Republik, Tomáš Garrigue Masaryk, mit Glanz in die alte Kaiserburg und machte sie zum obersten Verwaltungssitz des Landes. Unter Masaryk wurde der gesamte Hradschin aufwendig ausgebaut und den Erfordernissen einer repräsentativen Präsidialkanzlei angepaßt. Eine besondere Rolle kam dabei dem slowenischen Architekten Josip Plečnik zu, den Masaryk in slawischer Verbundenheit an die Moldau holte und der 1920 mit der Umgestaltung der Burggärten und -höfe sowie der Wohnung und der Repräsentationsräume des Präsidenten begann.

Unter wechselnden Vorzeichen ist die Prager Burg bis heute Amtssitz des höchsten Repräsentanten des tschechischen Staates geblieben.

Anno 1148 ließ König Vladislav I. auf einem Ausläufer des Laurenziberges vor den Toren der Stadt eine Klosteranlage errichten (Bildhintergrund). Im Laufe der Jahrhunderte, nach zahlreichen Umbauten und Erweiterungen, wuchs das Prämonstratenserkloster Strahov zu einem der bedeutendsten geistlichen Zentren und reichsten Abteien des Landes, zu einem Ort der Wissenschaften und Künste.

OBEN: Neben dem älteren Theologischen Saal gehört der Philosophische Saal der barocken Bibliothek des Prämonstratenserklosters Strahov zu den wertvollsten Büchereien des Landes. Über zwei Stockwerke mit prunkvollen Regalen aus Nußholz wölbt sich die von Franz Anton Maulbertsch 1794 gemalte Decke, auf der die geistige Entwicklung der Menschheit gezeigt wird.

OBEN: Das barocke Loreto-Heiligtum, eine wichtige Pilgerstätte und sakrale Kunstkammer, wurde 1626 von der böhmischen Gräfin Benigna Katherina von Lobkowicz gegründet. Dem vor 1695 errichteten achteckigen Glockenturm wurde 1721/22 die anmutige, mit reichem plastischen Schmuck versehene Westfassade von Kilian Ignaz Dientzenhofer zugebaut.

FOLGENDE DOPPELSEITE: Blick auf die winterliche Burg mit Veitsdom und Burgflügel aus dem 18. Jahrhundert. Links der Bildmitte das im Renaissancestil errichtete Palais Schwarzenberg, davor Häuser der Burgstadt.

Die Neue Welt

Im 16. Jahrhundert entstand im nördlichen Randbereich der Hradschin-Vorstadt, über dem Graben des Brusnitzbaches [Brusnice], eine ärmliche Siedlung: die „Neue Welt". Obwohl die Häuschen dieses Gäßchens im Lauf der Jahrhunderte mehrmals niederbrannten, hat der Bezirk seinen romantischen Reiz bewahren können. Mittlerweile hat sich das malerische Viertel zu einem vornehmen Künstlerquartier gewandelt, dessen Stille in angenehmem Gegensatz zum lebhaften Treiben im Goldenen Gäßchen steht.

NOVÝ SVĚT
HRADČANY · PRAHA 1

Durch ein schmiedeeisernes Tor gegenüber der Reitschule gelangt man in die Königlichen Gärten. In der gepflegten Grünanlage befindet sich das Königliche Ballhaus, ein in den Jahren 1567-1569 von Bonifaz Wohlmut errichteter, ehemals offener Loggienbau, der vor allem für Ballspiele gedacht war.

In einer Bauzeit von mehr als zwei Jahrzehnten wurde ab 1538 das prachtvolle Sommerschloß Belvedere erbaut, als Geschenk Kaiser Ferdinands I. an seine Gemahlin Anna Jagiello. Das architektonische Juwel im Stil lombardischer Renaissance dient heute Ausstellungszwecken.

Das Palais Schwarzenberg wurde um die Mitte des 16. Jahrhunderts für Johann Graf Lobkowicz im Florentiner Stil errichtet. Erst 1719 gelangte es in das Eigentum der Adelsfamilie Schwarzenberg. Der Palast mit seinem charakteristischen Fassadenschmuck gilt als einer der schönsten Renaissancebauten in Prag.

Seit 1562 residieren die Prager Erbischöfe im Erzbischöflichen Palais auf dem Hradschiner Platz. Das Renaissancegebäude erfuhr im 17. Jahrhundert seine spätbarocke Umgestaltung, damals wurden auch die Statuen von Ignaz Franz Platzer über der wappengeschmückten Fassade aufgesetzt.

Regungslos stehen die Posten der Burgwache unter ringenden Giganten aus Stein.

Der Hradschin

Seit mehr als tausend Jahren steht die Prager Burg symbolhaft für das Geschick des ganzen Landes. Die Schlüssel zum Hradschin sind mit den Jahrhunderten durch die Hände einer illustren Reihe von Fürsten, Königen, Kaisern, Präsidenten und Usurpatoren gewandert, und fast jeder hat in der Festungsanlage charakteristische Male seiner Regentschaft hinterlassen.

Den sogenannten Ehrenhof betritt man durch ein von zwei Gardesoldaten bewachtes schmiedeeisernes Tor mit den Monogrammen der Kaiserin Maria Theresia und ihres Sohnes Joseph II. Die kämpfenden Giganten hat der Prager Rokokobildhauer Ignaz Franz Platzer in den 1760er Jahren gemeißelt. Zu Beginn des 20. Jahrhunderts wurden die alten Statuen durch Kopien ersetzt.

Die Gebäudeflügel stammen aus der zweiten Hälfte des 18. Jhs. und markieren in ihrer Nüchternheit den Schlußpunkt des Prager Barock. Damals, nach dem Siebenjährigen Krieg gegen Preußen, betraute Kaiserin Maria Theresia den Wiener Oberhofarchitekten Nicolaus von Pacassi mit dem Umbau der „Königlichen Hofburg".

Das Matthias-Tor (1614) gilt dagegen als frühestes Beispiel des Prager Barock. Kaiser Matthias I. betraute den berühmten italienischen Baumeister Giovanni Maria Filippi mit der Fertigstellung des Baus. Der theresianische Architekt Pacassi ließ das Tor der ehemaligen Festungsanlage später in den neuen Eingangstrakt integrieren. Die schlanken Fahnenmasten von Josip Plečnik stammen aus der Zeit der ersten Republik.

Von der Durchfahrt zum Zweiten Burghof aus weist rechterhand eine Prunktreppe zu den Repräsentationsräumen, den ehemaligen kaiserlichen Gemächern. Auf der linken Seite führt eine neuere Treppe in eine von Josip Plečnik entworfene Säulenhalle. Von hier aus gelangt man in weitere Prunkräume, den Rothmayer-Saal, den Spanischen Saal und in die Rudolf-Galerie. Die meisten Repräsentationsräume in der Burg sind der Öffentlichkeit aber nicht zugänglich. Nur auserwählten Besuchern und besonderen Staatsgästen werden die diversen Gesellschaftssalons und Re präsentationssäle gezeigt.

Der frühbarocke Sandsteinbrunnen im zweiten Burghof stammt von dem Prager Steinmetzen Hieronymus Kohl und dem Italiener Francesco Bartolomeo della Torre. Als Aufbewahrungsstätte für den Domschatz diente einst die nur einen Steinwurf entfernte Heiligkreuzkapelle, in spätbarocken Formen von Anselmo Lurago nach Plänen des Hofarchitekten Nicolaus Pacassi errichtet.

Im dritten Burghof, dem Herzen der ganzen Burganlage, lockt neben dem Veitsdom und der Georgskirche vor allem der alte Königspalast zu eingehender Besichtigung. Neben

dem kreuzgewölbten Wladislaw-Saal mit seiner Reitertreppe, den Räumen der Neuen Landtafeln, dem Landtags-Sitzungssaal und den romanischen und gotischen Palastgeschossen fesselt die Böhmische Kanzlei mit dem wohl berühmtesten Fenster des Landes den historisch interessierten Besucher.

Der Hradschin mit dem St. Veitsdom aus der Vogelperspektive. Links im Hintergrund das Schloß Troja zu Füßen berühmter Weingärten.

Bunt mischen sich nach rund siebenhundert Jahren Bauzeit die Stile an der Fassade des Veitsdoms – vom gotischen Chor über den Renaissanceturm und die barocke Turmhaube bis zum neugotischen Westwerk.

Der Dom zu St. Veit

Im 11. Jahrhundert wurde auf dem Burggelände an der Stelle einer romanischen Rotunde eine dreischiffige Basilika errichtet, die als Krönungs- und Grabkirche für die přemyslidischen Könige gedacht war.

Kaiser Karl IV. betraute dann 1344 den französischen Architekten Matthias von Arras mit dem Bau einer neuen gotischen Kathedrale. Nach dessen unerwartetem Tod im Jahr 1352 setzte der Schwabe Peter Parler das Werk mit wesentlich veränderter Grundkonzeption fort. Im Gefolge der Hussitenkriege ab 1419 kamen die Bauarbeiten jedoch zum Erliegen. Die Kathedrale konnte erst zu Beginn des 20. Jahrhunderts durch die Dombaumeister Kamil Hilbert und Josef Mocker in neugotischer Manier fertiggestellt werden. Die Domweihe des 124 Meter langen Gotteshauses wurde 1929 festlich begangen.

Die figurengeschmückte Westfront der Kathedrale wird von zwei 82 Meter hohen neugotischen Türmen überragt. Durch drei detailreich gestaltete Portale mit reliefgeschmückten Bronzetüren betritt man das Innere der Bischofskirche.

Von der südseitig gelegenen Hasenburg-Kapelle aus, gelangt man zu der Wendeltreppe in die oberen Turmgeschosse und zu den Glocken. Der Rundblick da oben ist einzigartig und lohnt die 285 Treppenstufen in dem engen Treppenhaus.

An der stark gegliederten südlichen Außenseite des Domes fällt der große, kupferbehelmte Glockenturm von St. Veit in die Augen. Der Renaissancebaumeister Bonifaz Wohlmut hat ihm seine charakteristische Dachform gegeben. Hinter einem Spitzbogenfenster mit einem vergoldeten Ornamentgitter hängt seit 1549 „Sigismund“, die mit 16,5 Tonnen Gewicht schwerste Glocke des Landes.

Das gekrönte „R“ über dem Fenster des Glockenturms erinnert an den legendären Habsburger Kaiser Rudolf II., dessen Schicksal so eng mit der Prager Burg verbunden ist. Unter dem Fenster sind drei steinerne Wappen in die Mauer eingelassen: links der doppelschwänzige böhmische Löwe, in der Mitte der Flammenadler des heiligen Wenzel (das ältere böhmische Wappentier) und rechts das Wappen des Prager Erzbischofs. Von zwei Zifferblättern mit je einem Zeiger kann man die Zeit ablesen: Das obere zeigt die vollen Stunden, das untere die Minuten und Viertelstunden.

Neben dem Glockenturm führt die weltbekannte Goldene Pforte (*Porta aurea*) ins Innere des Domes. Über drei Spitzbögen leuchtet in rund 30 Farbtönen ein Glasmosaik, das venezianische Kunsthandwerker im Auftrag Kaiser Karls IV. geschaffen haben. Das Mosaik gemahnt die Betrachter an das Jüngste Gericht und an die lodernden Flammen des Fegefeuers. Eine Abordnung böhmischer Schutzheiliger blickt zum Erlöser hinauf. Auch Kaiser Karl IV. von Luxemburg und seine Gemahlin Elisabeth von Pommern wohnen dem Weltengericht bei.

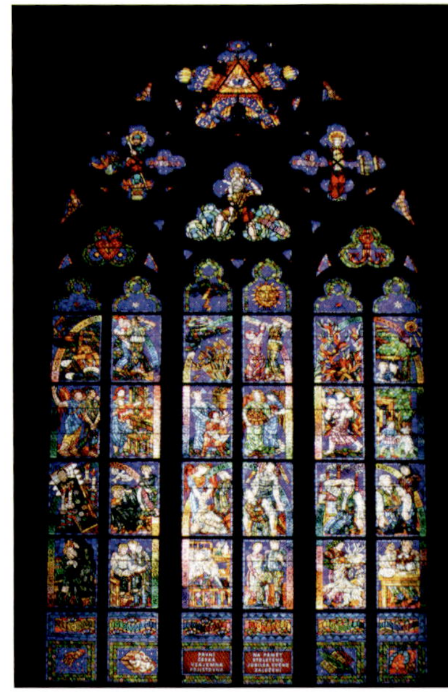

OBEN: Der nächtliche St. Veitsdom (Chor mit Kapellenkranz).

LINKE SEITE LINKS: Das Dominnere leuchtet in den Farben zahlreicher bunter Glasfenster.

LINKE SEITE RECHTS OBEN: Das berühmte Mosaikfenster von Alfons Mucha.

LINKE SEITE RECHTS UNTEN: Der barocke, ganz aus Silber getriebene Sarkophag des Landesheiligen Nepomuk.

Die St. Georgsbasilika gesehen vom Turm des St. Veitsdomes. Im Hintergrund zwischen den Kirchtürmen ein Wehrturm der Burgbefestigung. Die Grundmauern der St. Georgsbasilika stammen aus dem 12. Jahrhundert, die Fassade, hinter der die romanischen Chortürme aufragen, ist jedoch frühbarock. Im Giebelfeld der Stirnseite hält der heilige Drachentöter Georg Wache, über dem Portal der barocken Nepomukkapelle ein Standbild des heiligen Johannes von Nepomuk.

Hinter der Frührenaissance-Fassade der St. Georgskirche verbirgt sich die älteste Kirche von Prag. Im Hauptschiff der romanischen Basilika aus dem 12. Jahrhundert hat man přemyslidische Grabmäler aus dem Mittelalter aufgestellt, unter ihnen die markante Tumba des 921 verstorbenen Kirchenstifters Vratislav I. In einer kunstvoll bemalten Chorkapelle ruht St. Ludmila, die Großmutter des Landesheiligen Wenzel.

OBEN: Der um 1500 von Benedikt Ried geschaffene Wladislaw-Saal mit den kunstvoll verschlungenen, fast bis zum Boden reichenden Gewölberippen ist ein Juwel spätgotischer Baukunst und wird als repräsentativer Festsaal für Staatsbankette genutzt.

UNTEN LINKS: Die Böhmische Kanzlei im Inneren der Burg, wo der Dreißigjährige Krieg mit dem berühmten Prager Fenstersturz seinen Anfang nahm.

UNTEN RECHTS: Wappenschmuck im Saal der Neuen Landtafeln, einer Art grundbücherlicher Evidenz.

Abendliche Stimmung auf der Burg: Blick ins St. Georgs-Gässchen. Rechts der Eingangspavillon zum ehemaligen Edeldamenstift, einem von Kaiserin Maria Theresia gegründeten Erziehungsinstitut für adelige Fräulein. Die Greife über dem Säulengebälk fassen eine Wappenkartusche mit einem Relief der Jungfrau Maria.

№ 22

Das Goldene Gässchen

Mit der mittelalterlichen Wehrmauer über dem Talgraben des Brusnitzbaches hinter der Burg schuf Wladislaw Jagiello die architektonischen Grundlagen für einen kleinen, malerischen Gassenzug: das Goldmachergäßchen. In den unter der Wehrmauer entstandenen Behausungen lebten im 15. Jahrhundert wohl Goldschmiede, weshalb sich damals der Name „Goldschmiedegasse“ einbürgerte. Kaiser Rudolf II. ließ diese armseligen Hütten und Häuser schleifen und gestattete in der Folge 24 seiner Burgschützen, sich in den blinden Arkaden unter dem Wehrgang Kammern einzurichten.

Der wohl berühmteste Bewohner des Goldenen Gäßchens war Franz Kafka, der sich 1916/17 für einige Monate im Häuschen Nr. 22 einquartierte und unter anderem die Erzählungen für den Prosaband *Ein Landarzt* verfaßte. Ihm zu Ehren ist hier eine kleine Buchhandlung eingerichtet.

OBEN UND GEGENÜBERLIEGENDE SEITE: Einige Häuschen des Goldenen Gäßchens sind heute als Miniaturlädchen für die Besucherschar eingerichtet, in anderen wurden mit viel Phantasie die Quartiere der einstigen Bewohner rekonstruiert.

FOLGENDE SEITE: Auf dem oberen Teil des Kleinseitner Ringplatzes steht seit 1715 eine frühbarocke Dreifaltigkeitssäule von Giovanni Battista Alliprandi, die an überstandene Pestgefahren erinnern soll.

Die Kleinseite

Die engen Gassen, Plätze und Gärten dieses malerischen Stadtviertels liegen zu Füßen zweier dominierender Hügel: Der Burgberg mit dem Hradschin begrenzt die Kleinseite [Malá Strana] nach Norden, der bewaldete Laurenziberg bildet den Abschluß nach Süden zu.

Erste Siedlungsspuren auf der Kleinseite lassen sich im Bereich der heutigen Brückengasse und auf dem Kleinseitner Ring bis ins erste nachchristliche Jahrtausend zurückverfolgen. Im Jahr 1257 gründete der Přemyslide Otakar II. schließlich die „Kleinere Stadt Prag", ließ sie befestigen und mit einer Mauer versehen. Kaiser Karl IV. erweiterte das Stadtviertel an seinem Südrand bis zum Laurenziberg und verstärkte den Befestigungsgürtel 1360 durch die sogenannte Hungermauer.

Als strategisches Vorfeld zur Verteidigung der Burg wurde die Kleinseite während der Hussitenkriege mehrfach verwüstet. Gezielt schleiften die Streitparteien die Bauten des Viertels, damit der Feind hier nicht Deckung finden könne. Besonders nach der Einnahme der Prager Burg durch die Hussiten am 7. Juli 1421 war das Stadtviertel ein Trümmerfeld. Erst nach langen Jahren konnten die Ruinen der Kleineren Stadt Prag von der arg dezimierten Bürgerschaft erneuert und instandgesetzt werden.

Als König Wladislaw Jagiello den Königssitz 1484 von der Altstadt auf die Burg verlegte, drohte der Kleinseite aus ihrer Vorfeldfunktion erneut Ungemach. Nicht nur unter der Geißel des Krieges hatten die geplagten Bürger zu leiden: In den Nachmittagsstunden des 2. Juni 1541 brach auf dem Kleinseitner Ring ein Feuer aus, das schnell um sich griff und sich alsbald zur verheerendsten Feuersbrunst in der Prager Stadtgeschichte ausweitete. Diese Brandkatastrophe von 1541, die zwei Drittel der Kleinseitner Häuser und auch große Teile der Prager Burg in Schutt und Asche legte, veränderte das Erscheinungsbild des Viertels grundlegend. Die Brandruinen wurden im Stil der damals blühenden Renaissance aufgebaut, und selbst die vom Feuer verschonten Gebäude wurden jetzt dem Geist der Zeit entsprechend umgebaut.

Unter dem Zepter der Habsburger, das nach der Schlacht am Weißen Berg unangefochten herrschte, mauserte sich die Kleinseite zu einem feudalen Wohnviertel. Zwar hatten viele glücklose protestantische Adelige die Stadt verlassen müssen, aber katholische Aristokraten traten an ihre Stelle und ließen sich bevorzugt in unmittelbarer Nähe zur Kaiserburg nieder. Auf der Kleinseite errichteten sie Paläste und Herrensitze, und in den stillen Gassen verwirklichten sie ihre Vorstellungen von einer repräsentativen Lebensführung.

Nach dem Elend des Dreißigjährigen Krieges war eine neue Zeit angebrochen, deren

Selbstverständnis sich in den üppigen Formen barocker Architektur widerspiegelte. Innerhalb einer einzigen Generation entstanden Dutzende bedeutende Bau- und Kunstdenkmäler. Die Barockära sollte das Antlitz der Kleinseite bis auf unsere Tage prägen.

Mit dem ausgehenden 18. Jahrhundert jedoch waren die Tage barocker Herrlichkeit gezählt, die katholische Vorherrschaft begann zu bröckeln, der Adel verlor seine Vormachtstellung an das erstarkende, im Zuge der Industrialisierung zu Einfluß und Reichtum gelangte Bürgertum.

Obwohl die Kleinseite 1784 mit den drei anderen historischen Prager Städten zur Großstadt vereint wurde, hat sie ihren dörflichen Charakter bewahren können. Verwinkelte Gassen, stolze Paläste, duftende Gärten und stille Kirchen: Die Kleinseite ist das leise Herz der pulsierenden Stadt.

Zu den Kennzeichen der Keinseite gehört der spitze Kirchturm der St. Thomaskirche (links), die barocke Kuppel und der Kirchturm von St. Nikolaus (Bildmitte) sowie hoch über den Dächern der Aussichtsturm auf dem Laurenziberg (rechts). Im Vordergrund steigen die Gärten der Adelspaläste zum Burgberg hin an.

Die Prager Burg überragt die idyllische Kleinseite; im Vordergrund ist die Einmündung des Teufelsbaches [Čertovka] in die Moldau zu erkennen.

Ansicht der Kleinseite mit der St. Nikolauskirche, im Bildhintergrund das Kloster Strahov, links die Ausläufer des bewaldeten Laurenzibergs.

Blick auf die Kleinseite mit der St. Thomaskirche und dem von erneuerten Renaissancetürmen bekrönten Kleinseitner Rathaus. Im Bildhintergrund die Karlsbrücke mit den Kleinseitner Brückentürmen.

Gartenansicht des Palais Lobkowicz auf der Kleinseite. Hier trugen sich 1989 die dramatischen Szenen der Massenflucht tausender DDR-Bürger zu.

Mit seinen 322 Metern hat der Laurenziberg, ein am linken Moldauufer ansteigender Hügel in unmittelbarer Nachbarschaft zum Burgberg, eine moderate Ausflugshöhe. Auf dem Kamm des Laurenziberges findet sich manche Sehenswürdigkeit – eine Sternwarte, ein Spiegelkabinett, herrliche Rosengärten und eine Reihe von Standbildern zu Ehren verdienter Persönlichkeiten. Auf dem Gelände vor der 1735-1770 erbauten St. Laurentiuskirche befand sich im Mittelalter die Richtstätte.

Blick auf die Kleinseite mit den Brückentürmen und der Kirche „Maria vom Siege“. Das ursprünglich protestantische Gotteshaus erhielt seinen jetzigen Namen nach der Schlacht am Weißen Berg. Auf einem Seitenaltar auf der rechten Seite befindet sich das gnadenreiche Prager Jesulein. Die in kostbare Gewänder gehüllte Wachsfigur aus dem 16. Jahrhundert stammt aus Spanien und wird weltweit als wundertätig verehrt.

Die Malteserkirche „Maria unter der Kette“ geht in ihren Fundamenten auf das 12. Jahrhundert zurück, als hier der Johanniterorden ein Spital unterhielt. Den Johannitern folgten bald schon die Malteser, die das zugehörige dreischiffige Gotteshaus im 13. Jahrhundert großzügig ausbauen ließen.

Lange bevor die Prager begannen, ihre Häuser mit Nummern zu kennzeichnen, prangte auf fast jedem Gebäude ein sogenanntes Hauszeichen. Besonders auf der Kleinseite finden sich immer noch viele dieser heute liebevoll gepflegten Kleinkunstwerke.

Das im 15. Jahrhundert erbaute Kleinseitner Rathaus war bis zur Zusammenlegung der Prager Städte anno 1784 Sitz der Kleinseitner Selbstverwaltung. Den Pragern ist das Gebäude vor allem als „Malostranská beseda“ bekannt, und als Heimstätte eines legendären Musikclubs. Die im 19. Jahrhundert entfernten Türme konnten in jüngster Zeit originalgetreu wiederhergestellt werden.

Der Kleinseitner Ring wird von der imposanten St. Nikolauskirche mit ihrer grünspangrünen Kuppel und dem 79 Meter hohen Glockenturm beherrscht. Die Kirche ist die bedeutendste Schöpfung des Prager Hochbarock und wurde ab 1673 im Auftrag des Jesuitenordens errichtet. Mit 1.500 m^2 Bildfläche ist das Deckenbild im Langhaus eines der größten Fresken in Europa.

Die Kuppel der Kleinseitner St. Nikolauskirche wird Kilian Ignaz Dientzenhofer zugeschrieben, der das Werk seines Vaters Christoph fortführte. Franz Xaver Palko malte die Kuppel 1752/53 mit Darstellungen von Gottvater, Christus, Engeln, Aposteln und den Kirchenvätern aus.

Barocke Herrlichkeit im Inneren der St. Nikolauskirche auf der Kleinseite: Über dem Hauptaltar eine vergoldete, von Puttos umschwirrte Kupferstatue des heiligen Nikolaus, die 1765 nach einem Modell von Ignaz Franz Platzer gefertigt wurde.

Santini's Bar & Café
Santini's Bar Café
Santini's Bar Café
Santini's Bar Café

Die Nerudagasse

Links: Die Nerudagasse ist ein uralter Fahrweg vom Kleinseitner Ring hinauf zur Burg. Ihren Namen trägt die steile Gasse nach dem bedeutenden tschechischen Dichter Jan Neruda, der im Haus „Zu den Zwei Sonnen“ lebte. Neruda begegnete hier jenen Originalen, die er dann in seinen *Kleinseitner Geschichten* verewigte. In älteren Zeiten trug der Straßenzug nach dem hier ansässigen Gewerbe der Sporner den Namen „Spornergasse“.

Unten: Blick in die Neruda-Gasse (rechte Bildseite) und auf die zum Hradschin führende Burgrampe (linke Bildseite).

Die Karlsbrücke

Die gotische Karlsbrücke zählt zu den bedeutendsten Monumenten mittelalterlicher Baukunst in Böhmen. Bereits im 9. Jahrhundert soll sich an dieser Stelle eine Überfuhr befunden haben, die spätestens 1118, wie der berühmte böhmische Chronist Cosmas berichtete, von einer hölzernen Brücke ersetzt wurde. Im Jahr 1158 trat dann eine erste steinerne Brücke anstelle der Holzkonstruktion. Diese festgefügte Judithbrücke diente den Pragern fast zwei Jahrhunderte, ehe sie 1342 einem Hochwasser zum Opfer fiel.

Zu einem von den kaiserlichen Hofastrologen exakt ausgependelten Zeitpunkt – im Jahre 1357, am 9. Tag des 7. Monats, um 5:31 Uhr – legte dann Kaiser Karl IV. den Grundstein zum Bau einer neuen Brücke, die sich schon bald mit sechzehn Bögen und um fünf Meter höher als ihre Vorgängerin über die Moldau spannte. Architekt und Baumeister war der junge Peter Parler aus Schwäbisch Gmünd. Bis ins 19. Jahrhundert sollte die „Steinerne Brücke" die einzige Verbindung zwischen der Prager Altstadt und der Kleinseite bleiben.

Die Legenden über die Festigkeit des Bauwerks, die der Volksmund zu erzählen weiß, konnten den Einsturz der Karlsbrücke nicht verhindern: Am 4. September 1890 hielten der 6. und 7. Bogen den hohen Wassern und dem Treibgut nicht mehr stand – Statuen stürzten in die Tiefe, zwei Menschen ertranken in den Fluten. Ganze zwei Jahre war die Brücke damals gesperrt!

Auch manches geschichtlich denkwürdige Ereignis hat sich auf der Karlsbrücke zugetragen, etwa im Dreißigjährigen Krieg der heldenhafte Kampf der Prager gegen die vorrükkenden Schweden. Ein Gutteil des wertvollen Fassadenschmucks auf dem Altstädter Brückenturm wurde durch schwedischen Beschuß zerstört, aber noch vor dem Kreuz auf der Brücke mußten die nordischen Landsknechte zum Rückzug auf die Kleinseite blasen.

Die erste der insgesamt dreißig Brückenfiguren wurde 1657 aufgestellt: das gußeiserne Kruzifix, dem 1696 eine hebräische Aufschrift beigefügt wurde. Das zweite Standbild war dann die 1683 in Nürnberg gegossene Bronzestatue des heiligen Nepomuk. Von hier aus nahm der Nepomukkult seinen Ausgang, der sich bald über Böhmen hinaus in ganz Europa verbreitete: Ungezählte Statuen und Bildnisse des frommen Mannes wachen seitdem an Brükken und Übergängen und künden von dem grausamen Martyrium des böhmischen Heiligen auf der Prager Bruck'.

Linke Seite: Die „Steinerne Brücke" zu Prag, im Hintergrund die Türme der Altstadt.

Folgende Doppelseite: Die Lichter der Karlsbrücke und des Hradschins spiegeln sich in der abendlichen Moldau wider.

OBEN: Das Prager Stadtbild wird ganz wesentlich von der Moldau geprägt: Insgesamt 17 Brücken überspannen den Fluß, die bekannteste und älteste unter ihnen ist die Karlsbrücke.

LINKE SEITE: Anno 1683, fast dreihundert Jahre nach seinem Martyrium, wurde auf der Karlsbrücke das nach einer Vorlage von Johann Brokoff aus Bronze gefertigte Standbild des heiligen Johannes von Nepomuk aufgestellt. König Wenzel IV. hatte den frommen Mann von der steinernen Moldaubrücke in die Fluten stürzen lassen.

FOLGENDE DOPPELSEITE: Ein kleiner Traum, ehe der Tag anbricht – Brücke und Silhouette der Altstadt im Morgenlicht.

OBEN: Die beiden Kleinseitner Brückentürme an einem frostklirrenden Winterabend, dahinter die Kleinseitner St. Nikolauskirche.

RECHTE SEITE OBEN: Blick von der Karlsbrücke auf die stille Kampa.

RECHTE SEITE UNTEN: Ein klassisches Prager Motiv – Kleinseite, Karlsbrücke und Veitsdom im Winter.

FOLGENDE SEITE: Blick durch den Altstädter Brückenturm auf den Kreuzherrenplatz.

Die Altstadt

In eine Flußbiegung eingebettet, halbkreisförmig von der Moldau umflossen und daher ideal geschützt, liegt die erste der vier historischen Prager Städte: die Prager Altstadt [Staré Mĕsto]. Ihre Anfänge gehen zurück bis ins erste Jahrtausend christlicher Zeitrechnung – freilich gab es damals noch keinen Grund, den Marktflekken „Altstadt" zu nennen. Diese Bezeichnung bürgerte sich erst ein, nachdem der Luxemburger Karl IV. im 14. Jahrhundert die Neustadt gegründet hatte. Im direkt an das Moldauufer grenzenden nordwestlichen Bereich des Altstadtgebietes entwickelte sich seit dem Mittelalter die Prager Judenstadt.

Den Mittelpunkt der Altstadt bildet der Altstädter Ring mit seinen Dominanten Rathaus und Theinkirche. Die Gallusstadt, ein weiterer Siedlungskern, entwickelte sich rund um die St. Galluskirche.

Im Zuge der Verwaltungsreform unter Kaiser Joseph II. wurden 1784 die Prager Städte Hradschin, Kleinseite und Neustadt mit der Altstadt vereinigt. Auf dem Altstädter Ring befand sich nunmehr das Rathaus der zur Metropole gewachsenen Hauptstadt.

Der „alte Ringplatz" war seit Jahrhunderten die Bühne für das politische und gesellschaftliche Geschehen unter der Burg. Er war die historische Kulisse für längst ins sagenhaft Ferne entrückte Ereignisse: Da loderten Scheiterhaufen im Namen der Inquisition, lagen justifizierte Ratsherren und Bürgermeister in ihrem Blut, empfingen Rebellen, Verschwörer und gemeine Mörder ihren Lohn durch Galgen, Pranger und Rad. Der Platz sah Glaubensstreiter und hussitische Volksrotten ebenso wie den Kampf der empörten Prager gegen das eingefallene Passauer Kriegsvolk und das wirre Durcheinanderrennen bei der Flucht des Winterkönigs Friedrich von der Pfalz. Am 21. Juni 1621 wurden die aufständischen Böhmischen Herren vor das Altstädter Rathaus geführt und dem Scharfrichter überantwortet. Immer wieder schallte der Waffenlärm feindlicher Streiter über den Platz, das Klirren von Lanzen, Schwertern und Klingen, schließlich auch Kanonendonner, Gewehrfeuer und in unseren Tagen das Rasseln stählerner Panzerketten.

Die Prager Altstadt hat noch im 20. Jahrhundert einschneidende Veränderungen erfahren, die dem Bezirk manches von seinem einstigen Reiz genommen haben, etwa die Sanierung der Prager Judenstadt (um 1900), der im nationalen Taumel verursachte Sturz der Mariensäule vor dem Rathaus (1918) und die Vernichtung des neugotischen Rathausostflügels während der letzten Tage des Zweiten Weltkrieges (1945).

Trotz herber Verluste zählt die Altstadt aber immer noch zu den schönsten architektonischen Ensembles Europas.

OBEN LINKS: Blick von der Belvedere-Höhe [Letná] auf die Prager Altstadt.

OBEN RECHTS: Blick vom Rathausturm auf das Häusermeer der Altstadt.

UNTEN: Der Novotný-Steg am Altstädter Ufer, links das Smetana-Museum.

OBEN: Das Haus „Zum Goldenen Brunnen“, die ehemalige päpstliche Nuntiatur am Königsweg.
FOLGENDE DOPPELSEITE: Blick vom Altstädter Brückenturm auf die Dächer und Türme der Altstadt.

Die Theinkirche

Die Kirche „Maria vor dem Thein“ wurde in der Mitte des 14. Jhs. von Kaufleuten gestiftet. Die Bauleitung oblag der Dombauhütte Peter Parlers. Die mit je acht spitzen Seitentürmchen versehenen 80 Meter hohen Türme ragen aus dem Dächergewirr der Altstadt. Der arkadenartige Vorbau, der den Blick auf das Gotteshaus einschränkt, beherbergte im Mittelalter die berühmte „Theinschule“. Während der Hussitenunruhen ruhten die Bauarbeiten. Erst der Wahlkönig Georg von Poděbrady ließ die Kirche vollenden und die beiden markanten Türme aufrichten. Zwischen 1419 und 1621 war die Theinkirche Hauptkirche der Hussiten. Auf dem Giebeldach wachte eine Statue Georgs von Poděbrady, der mit gezogenem Schwert als Verteidiger des Hussitenkelches dargestellt war. Bald nach der für die Katholische Liga siegreichen Schlacht am Weißen Berg wurde wurde der Wahlkönig beseitigt, und der goldene Kelch wurde zum Heiligenschein der nunmehr das Giebelfeld einnehmenden Madonnenfigur umgeschmolzen.

Im Inneren der Kirche befindet sich das Marmorgrab des bedeutenden Astronomen Tycho de Brahe. Eine lebensgroße Halbrelieffigur in voller Rüstung erinnert an den von Kaiser Rudolf II. im Jahr 1599 nach Prag berufenen Dänen.

SALVADOR DALI

OBEN LINKS: Die Aposteluhr [orloj] spiegelt das geozentrische Weltbild des Mittelalters wider: Nicht um die Sonne kreisen die Planeten, sondern um die Erde.

OBEN RECHTS: Das Haus des Verlegers und Buchhändlers Alexander Storch auf dem Altstädter Ring.

LINKE SEITE: Blick auf einen der schönsten Plätze Europas: Links der im Jahr 1364 erbaute Turm des spätmittelalterlichen Rathauses, rechts die Türme der gotischen Theinkirche.

Das Renaissancehaus „Zur Minute“ weist eine Sgraffito-Fassade vom Beginn des 17. Jhs. auf. Der an der Gebäudeecke wachende Löwe ist das Firmensignum der ehemals hier eingerichteten Apotheke „Zum Weißen Löwen“. In diesem Haus wohnte Franz Kafka während seiner Volksschuljahre.

Das Palais Kinsky (links) ist ein reifes Alterswerk Kilian Ignaz Dientzenhofers, nach dessen Tod fertiggestellt von seinem Schüler Anselmo Lurago. In diesem Gebäude verbrachte die spätere Nobelpreisträgerin Bertha von Suttner (1843-1914) die ersten Jahre ihrer Kindheit. Franz Kafka besuchte das im Hinterhof untergebrachte k. k. Staatsgymnasium mit deutscher Unterrichtssprache und später betrieb in dem Palast Kafkas Vater ein Galanteriewarengeschäft.
Das rechterseits benachbarte dreigeschossige Turmhaus „Zur Steinernen Glocke“ wurde in der zweiten Hälfte des 13. Jhs. auf den Fundamenten eines frühgotischen Wohnhauses errichtet. Heute werden hier Konzerte und Ausstellungen ausgerichtet.

ESTAURANT

LINKE SEITE: Die imposante Barockkirche St. Nikolaus in der Altstadt wurde 1732-1737 in unmittelbarer Nachbarschaft zum jüdischen Viertel erbaut. Sie ist ein Werk Kilian Ignaz Dientzenhofers.

OBEN: Im Inneren der Kirche ist ein prachtvoller Kronleuchter aus dem Riesengebirgsort Harrachsdorf [Harrachov] zu bestaunen, dazu ein großes Fresko, das die Legende vom heiligen Nikolaus erzählt.

OBEN: Der um 1370 erbaute gotische Prunkerker des Karolinums erinnert an die älteste Hochschule nördlich der Alpen.

RECHTS: Im Ständetheater fanden die Uraufführungen bedeutender Opern statt, so etwa Mozarts *Don Giovanni* (1787) und *La clemenza di Tito* (1791).

KARLIN 2
FLORENC 1

OBEN: Der Smetana-Saal im Gemeindehaus. Hier wird jedes Jahr im Beisein des Präsidenten das klassische Musikfestival „Prager Frühling" mit Bedřich Smetanas Zyklus „Mein Vaterland" eröffnet.

RECHTS: Das Gemeindehaus neben dem gotischen Pulverturm und dem angrenzenden Graben. Eine ganze Generation hervorragender tschechischer Künstler hat den Jugendstilpalast in ein verschwenderisch ausgestattetes Schaustück nationaler Größe und Kunstfertigkeit verwandelt.

Judenhut und Davidstern – Fassadenschmuck in der ehemaligen Prager Judenstadt.

Die Judenstadt

Niemand kann genau sagen, wann die Juden nach Böhmen kamen, wo und in welcher Stärke sie sich ansiedelten; die Anfänge liegen im Dunkeln. Aus den schriftlichen Quellen des frühen Mittelalters geht hervor, daß schon damals jüdische Kaufleute, Ärzte und Beamte in Prag lebten. Im 10. und 11. Jahrhundert sind mindestens zwei jüdische Siedlungen bezeugt, eine unter dem Hradschin und eine weitere am Vyšehrad.

Nach 1100 siedelte die jüdische Gemeinde in der Umgebung der Spanischen Synagoge (Altschul). Die weithin berühmte Prager Judenstadt, das ummauerte Ghetto in der Altstadt, entwickelte sich schließlich gegen Ende des 12. Jahrhunderts.

Eine bedeutende Blütezeit erlebte das Prager Judentum unter Rudolf II., als Mordechai Maisel, der mit irdischen Gütern gesegnete Hofbankier des Kaisers und Bürgermeister der Judenstadt, die Ghettogassen pflastern, verwaiste Bräute ausstatten, Bäder, Schulen, Synagogen und das berühmte Rathaus errichten sowie den Alten Jüdischen Friedhof „Beth-Chajim“ (Haus des Lebens) anlegen ließ.

Etwa zur selben Zeit wirkte in der Prager Judenstadt der hohe Rabbi Löw – er sollte nicht nur als bedeutender Kabbalist und Theologe in die Geschichte eingehen, sondern auch als Schöpfer des sagenumwobenen Golem (zu deutsch etwa „Erdkeim“). Diese Schöpfung des Rabbi Löw soll den Juden in Zeiten der Verfolgung als Nothelfer zur Seite gestanden sein.

Zweimal wurde die gesamte jüdische Gemeinde aus ihrer Heimatstadt vertrieben: 1541 unter Kaiser Ferdinand I. und 1744 unter Kaiserin Maria Theresia, die per Dekret die Ausweisung aller Juden aus Böhmen verfügte. Drei Jahre nachdem die letzten Familien ihre Häuser verlassen hatten, sah die Monarchin sich allerdings zur Aufhebung des Vertreibungsediktes gezwungen. Erst mit dem Erlaß eines Toleranzpatentes durch ihren Sohn Joseph II. besserte sich die Lage der Juden. Die Judenstadt, heute ihm zu Ehren „Josefstadt“ genannt, verfiel allerdings infolge der nun einsetzenden Abwanderung begüterter Familien in vornehmere Stadtviertel. Zwielichtiges Volk ließ sich in dem Viertel nieder, üble Kaschemmen, Schnapsläden und Freudenhäuser prägten bald das Bild der Judenstadt.

Bei der grundlegenden Assanierung, die etwa ab 1890, nach unzähligen Sitzungen und Beschlüssen, durchgeführt wurde, fiel den Spitzhacken auch ein großer Teil der historischen Bausubstanz zum Opfer. An die Stelle der winkeligen und dunklen Gassen der Armen traten die modernen Jugendstilpaläste der Belle Epoque und die repräsentativen Zinshäuser eines in Reichtümern schwelgenden Patriziats.

Die nationalsozialistischen Machthaber versetzten der jüdischen Gemeinde schließlich den Todesstoß: Allein im sogenannten Reichsprotektorat Böhmen und Mähren waren während der Besatzungsjahre zwischen 1939 und 1945 fast 80.000 Opfer zu beklagen.

LINKE SEITE: Das Jüdische Rathaus mit seinen beiden Uhren – einer hebräisch bezifferten am Dach, deren Zeiger wie die hebräische Schrift „rückwärts“ laufen, und einer lateinischen am Turm. Im Rathaus befinden sich der Sitz des Rates der Jüdischen Kultusgemeinde, ferner ein ritueller Speisesaal sowie die Amtsräume der Prager Jüdischen Gemeinde.

RECHTE SEITE: Die Backsteingiebel der Altneusynagoge wurden erst im 15. Jahrhundert dem bestehenden Gebäude vorgeblendet. Dieses Gotteshaus ist die älteste immer noch ihrer Bestimmung dienende Synagoge in Europa.

Der Alte Jüdische Friedhof

Der Alte Jüdische Friedhof zu Prag ist nach dem „Heiligen Sand“ in Worms der zweitälteste noch bestehende „Judengarten“ in Europa. Über 20.000 Grabsteine sollen auf dem etwa 11.000 Quadratmeter großen Gelände übereinander geschichtet sein, die Toten wurden im Lauf der Jahrhunderte in bis zu zwölf Lagen übereinander bestattet. Der älteste Grabstein (1439) erinnert an Avigdor ben Isaak Kara, den Chronisten des Prager Osterpogroms von 1389. Die bildhafte Darstellung eines Verstorbenen ist im jüdischen Glauben verboten, deshalb zieren Karpfen, Füchse, Löwen, Bären, Lanzetten, Bücher, Äxte, Kannen und dergleichen die Grabsteine und geben Auskunft über Namen, Beruf oder Herkunft des Beerdigten.

Zu den interessantesten Grabstätten gehören jene des reichen Primas der Judenstadt, Mordechai Maisel (gest. 1601), und die Renaissancetumba des Gelehrten Rabbi Jehuda Löw ben Bezalel (gest. 1609).

Das letzte Begräbnis fand hier 1787 statt, als aus sanitätspolizeilichen Erwägungen Bestattungen innerhalb der Stadtmauern untersagt wurden. Im damals lauschigen Vorort Strašnice legte man einen Neuen Jüdischen Friedhof an, wo die Verstorbenen der Prager jüdischen Gemeinde fortan ihre letzte Ruhestätte fanden.

I II III IV V
VI VII VIII IX X

LINKE SEITE: Giebel der Maisel-Synagoge in der gleichnamigen Gasse. Diese ebenfalls von Mordechai Maisel gestiftete Synagoge galt seinerzeit als prächtigstes Gebäude der Judenstadt. Der von zwanzig Säulen getragene Saalbau wurde um 1590 von Josef Wahl und Juda Goldschmied im Stil der Renaissance erbaut.

OBEN: Motive aus dem jüdischen Viertel: Prächtige Fassaden in der Pariser Straße, Jugendstilschmuck in der Karpfengasse.

Das Rudolfinum

Das 1880 von den Architekten Josef Zítek und Josef Schulz im Stil repräsentativer Neurenaissance erbaute Konzertgebäude führt seinen Namen nach dem unglücklichen Kronprinzen Rudolf von Habsburg, dem einzigen Sohn Kaiser Franz Josephs I. und Kaiserin Elisabeths, der 1889 auf Schloß Mayerling unter rätselhaften Umständen aus dem Leben schied.

In den Jahren 1918-1939 debattierten die Abgeordneten der tschechoslowakischen Nationalversammlung in dem Prachtbau, heute dient das Rudolfinum unter dem Namen „Haus der Künstler" wieder den Musen. Regelmäßig werden hier klassische Konzerte, etwa der Tschechischen Philharmonie veranstaltet, und auch das bekannte Musikfestival „Prager Frühling" hat hier seine Heimstatt gefunden. An der Balustrade erinnern Skulpturen an bedeutende Komponisten, unter ihnen auch Wolfgang Amadeus Mozart und Felix Mendelssohn-Bartholdy.

Blick über den Wenzelsplatz zum Brückl [Můstek].

Die Neustadt

Mit ihren mehr als 650 Jahren wird die 1348 von Karl IV. an der Stelle älterer Siedlungen gegründete Neustadt [Nové Město] ihrem Namen kaum mehr gerecht. Freilich ist sie jungfräulich, vergleicht man sie mit der Altstadt oder dem Hradschin, deren Anfänge jeweils ins erste nachchristliche Jahrtausend zurückreichen.

Kaiser Karl IV. gab der aus allen Nähten platzenden Stadt Prag mit dieser Gründung weitere Entfaltungsmöglichkeiten. Er bestimmte nicht nur den Verlauf der Straßen und Plätze, sondern schrieb auch die Lage der Kirchen vor, die aus Stein zu erbauen waren. Seine mittelalterliche Raum- und Verkehrsplanung genügte den verkehrstechnischen Ansprüchen bis ins 20. Jahrhundert hinein.

In einem weiteren Sinn hat die Neustadt bis heute sehr viel jugendhafte und lebendige Ausstrahlung bewahrt, oder besser, entwickelt: Hier spielt sich das moderne Großstadtleben ab, hier haben die bedeutendsten Handelshäuser ihre Niederlassungen, hier fanden vor allem im 20. Jahrhundert die großen politischen Manifestationen eine metropolitane Bühne. Auf dem zum Nationalmuseum hin leicht ansteigenden Platz wurde am 28. Oktober 1918 die Tschechoslowakische Republik proklamiert. Auch 1948, 1968 und 1989 versammelten sich hier die Massen, um die jeweiligen politischen Wandlungen teils zu beobachten, teils voranzutreiben.

Der Wenzelsplatz erstreckt sich vom Brückl an der Grenze zur Altstadt bis zum Nationalmuseum. Noch zu Anfang des 19. Jahrhunderts war der mit seinen 750 mal 60 Metern größte Boulevard Prags von ein- bis dreigeschossigen, meist barocken Bürgerhäusern gesäumt, erst zu Beginn des 20. Jahrhunderts nahm der Platz seinen großstädtischen Charakter an.

Die von Lindenalleen gesäumten breiten Fußwege der Einkaufsstraße sind ein Treffpunkt des jungen Prags mit Besuchern aus aller Welt, und man möchte dem deutschen Dichter Detlev von Liliencron beipflichten, der den Wenzelsplatz als den „stolzesten Boulevard der Welt" bezeichnet hat. Im Vormärz hatte der Platz nach den alljährlichen Pferdemärkten noch „Roßmarkt" geheißen, 1848 schlug der tschechische Journalist Karel Havlíček Borovský die Umbenennung in den heutigen Namen „Wenzelsplatz" vor.

Am oberen Ende des Platzes wurde 1912 die Reiterstatue des böhmischen Landespatrons Wenzel von Josef Václav Myslbek aufgestellt. Eine Reihe denkwürdiger Ereignisse der politischen Landesgeschichte sind mit diesem Wenzelsdenkmal verbunden. Die Prager haben „ihr Pferd" aber auch deshalb so ins Herz geschlossen, weil sie den Platz „unter dem Schweif" als erste Adresse für galante Verabredungen und verliebte Stelldicheins kennen. Schon Babička hat hier in jungen Jahren mit pochendem Herzen – bestimmt nicht an Politik gedacht...

HÔTEL
GRAND HOTEL EUROPA

MERAN
HOTEL

OBEN: Der Landespatron St. Wenzel hoch zu Roß mit Rüstung, Harnisch und Lanze vor dem Nationalmuseum am Wenzelsplatz. Zu Füßen des Heiligen die vier Schutzheiligen Böhmens: St. Ludmilla, St. Prokop, St. Agnes und St. Adalbert.

LINKE SEITE: Prachtvolle Fassaden verleihen dem Wenzelsplatz sein mondänes Aussehen.

KAVÁRNA
KASSA

OBEN: Die heutige Staatsoper (ehemals Neues Deutsches Theater) wurde in den 1880er Jahren von den führenden Wiener Theaterarchitekten Hermann Helmer und Ferdinand Fellner im Neo-Rokokostil erbaut.

LINKE SEITE OBEN: Der ursprünglich nach dem österreichischen Kaiser Franz Joseph I. benannte Hauptbahnhof wurde in den Jahren 1901-1909 nach Plänen des tschechischen Architekten Josef Fanta erbaut.

LINKE SEITE UNTEN: Eine letzte Station des alten Habsburgerreichs – Kuppelsaal und Café im Hauptbahnhof.

OBEN: Das mehr als 1800 Zuschauer fassende, ausschließlich mit heimischen Baumaterialien errichtete Nationaltheater gehört zu den prächtigsten Neurenaissancebauten Prags.

RECHTE SEITE: Die zwei zylindrischen Baukörper des „Tanzenden Hauses", scherzhaft auch Ginger [Rogers] und Fred [Astaire] genannt, heben sich von der nahezu geschlossenen Jahrhundertwendearchitektur in der Umgebung ab.

Vor den alten Toren

Der Vyšehrad

Die Zitadelle Vyšehrad, eine barocke Festungsanlage, liegt still und geheimnisvoll auf einem felsigen Vorsprung hoch über dem rechten Ufer der Moldau. Vermutlich hat sich schon im 8. Jahrhundert im Süden der Stadt Prag eine altslawische Burg befunden, die erste schriftliche Erwähnung findet sich jedoch erst in einer Chronik aus dem Jahr 1002. Im Laufe seiner jahrhundertelangen Geschichte war der Vyšehrad Königssitz, Marktflecken, geistliches Zentrum Böhmens (der Propst des Vyšehrad war neben dem Erzbischof der zweithöchste Würdenträger in der kirchlichen Hierarchie des Landes), Barockfestung und Ausflugsziel für ruhebedürftige Großstadtbewohner. In einer Reihe steinerner Denkmäler klingt die bewegte Geschichte des mythischen Berges nach.

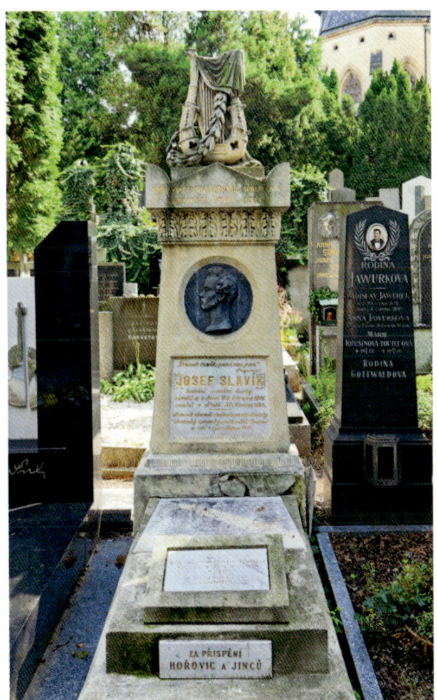

LINKE SEITE: Neugotisches Portal zur Kapitel- und Pfarrkirche St. Peter und Paul auf dem Vyšehrad, mit einer Darstellung des Jüngsten Gerichts im Zwickel.

RECHTE SEITE: Auf dem Vyšehrader Friedhof mit dem Ehrenmal Slavín sind bedeutende Persönlichkeiten des tschechischen Kulturlebens zur Ruhe gebettet, unter ihnen die Dichter Jan Neruda, Božena Němcová und Karel Hynek Mácha, die Maler Alfons Mucha und Mikoláš Aleš sowie die Komponisten Antonín Dvořák und Bedřich Smetana.

Die Villa Bertramka

Ein kleines ehemaliges Weingut im Vorort Smíchov ist in die Musikgeschichte eingegangen: In dem idyllischen Landhaus Bertramka weilte 1787 Wolfgang Amadeus Mozart zu Gast bei seinen Prager Freunden Franz und Josephine Duschek. Hier hat er die Oper *Don Giovanni* vollendet, die am 29. Oktober 1787 im Ständetheater in der Prager Altstadt erstmals zu Gehör gebracht wurde.

Heute ist die Villa ein Museum und die wohl wichtigste Mozartgedenkstätte in Prag. Im Garten des Anwesens erinnert eine Mozartstatue des Prager Bildhauers Thomas Seidan an den Salzburger Komponisten.

Das Lustschloß Troja, eines der prachtvollsten Schlösser des Landes und zugleich das Hauptwerk des böhmischen Barock, wurde in den Jahren 1679-1685 als Sommersitz des Grafen Wenzel Adalbert von Sternberg erbaut. Der Architekt Jean-Baptiste Mathey hat eine dreiflügelige Anlage nach französischem Vorbild entworfen, zugleich aber auch Eindrücke seiner Jahre in Rom umgesetzt. Das Schloß Troja besitzt eine außergewöhnlich schöne Freitreppe mit einer der griechischen Mythologie entlehnten Szenerie, die den Triumph der olympischen Götter über die Giganten veranschaulicht. Der kunstvoll ausgemalte Festsaal („Kaisersaal") ist mit einer Ahnengalerie des Herrscherhauses Habsburg, mit Szenen aus der österreichischen Geschichte (z. B. dem Sieg der Österreicher über die Türken) sowie mit heraldischen und allegorischen Darstellungen das Zentrum und Herzstück der spätbarocken Schloßanlage.

Die Kirche „Maria vom Siege“ am Weißen Berg befindet sich unweit jener Wallstatt, wo am 8. November 1620 das Heer der böhmischen Stände von den Truppen der katholischen Liga vernichtend geschlagen wurde.

Das Schloss Stern

Kaiser Ferdinand I. ließ 1530 vor der Stadt einen Wildpark anlegen und diesen von einer schützenden Mauer umgeben. Sein Sohn, Erzherzog Ferdinand von Tirol, beauftragte 1555 Bonifaz Wohlmut das Lustschloß Stern zu erbauen. Für das Renaissanceschloß wurde die eigenwillige Form eines sechsstrahligen Gebäudesternes gewählt: In fünf Spitzen sind rautenförmige Säle ausgebreitet, die sechste Spitze ist für das Treppenhaus reserviert.

Über dem Erdgeschoß mit den wertvollen Stuckarbeiten von Paolo della Stella und den darübergelegenen Wohnräumen öffnet sich in der obersten Etage ein zwölfseitiger, mit Fresken geschmückter und von Gewölbekuppeln bekrönter Festsaal. Es ist der gebührende architektonische Rahmen für die Wechselausstellungen, die in dem Schloß zu Themen der tschechischen Kultur- und Landesgeschichte gezeigt werden.

www.vitalis-verlag.com

Hergestellt in der Europäischen Union
ISBN 978-3-89919-246-9

Bibliografische Information der Deutschen Bibliothek. Die Deutsche Bibliothek verzeichnet diese Publikation in der Deutschen Nationalbibliografie; detaillierte bibliografische Angaben sind im Internet über http://dnb.ddb.de abrufbar.